新装版 海外の大学・大学院で授業を受ける技術

STUDY SKILLS

川手-ミヤジェイェフスカ 恩（Megumi Kawate-Mierzejewska）著

留学前・留学中に知っておきたい「技術」を詳しく紹介！

はじめに
Preface

　本書は2003年にアルクより発行された『海外の大学・大学院で授業を受ける技術』を「留学応援シリーズ」の1冊として判型を新たにした新装版である。
　本書では、英語圏の大学、大学院などに留学した際に役に立つ、効果的な学習方法や学習に関連した知識を紹介している。具体的には**「予習・復習と学習計画」「リスニングとノート・テイキング」「授業参加とクラス・ディスカッション」「リーディングとノート・メイキング」「ライティング」「プロジェクトとプレゼンテーション」「成績の評価方法と試験対策」**といった項目に注目して解説しており、英語圏での学習スタイルがひととおり理解できるようになっている。
　これらの実践的な内容に加え、人間の記憶のメカニズムなども取り上げた。こうした知識は海外での学習には一見無関係のように思われるかもしれないが、実は新入生のための"Study Skills（スタディ・スキルズ）"のコースなどでは必ずといっていいほど紹介される。ちょっと難しいかもしれないが、事前に日本語で知識を蓄えておくと、英語での授業も楽になるはずだ。
　授業によく登場する専門用語は日本語と英語で表記してある。中でも特に覚えておいてほしい用語には何度も英語表記をつけてあるが、これは、この機会に英語表記をしっかり身につけてほしいとの配慮からだ。
　また、「エピソード」と題した体験談もいくつか掲載したので、コーヒーブレイク代わりに、楽しみながら海外での授業の様子をのぞいてみてほしい。この「エピソード」も含め**随所に授業のコース名が登場するが、これらは留学後、必修科目として必ず目にするものを優先的に選んである。**覚えておくと留学後のコース選択の際にきっと役に立つと思う。
　なお、留学先では英語の文献や教官の講義に日本語訳がつくことはあり得ない。そうした環境に今から慣れてもらおうという方針で、**本書に登場する英文の日本語訳は必要最低限にとどめてある。**一語一語日本語で理解するのではなく、英語の持つニュアンスを感じ取れるようになっていただきたい。英文の表記方法は、本書では英語でペーパーを書く際の代表的なマニュアルのひとつであるAPA（American Psychological Association）のスタイルに従っている。APAのスタイルに関してはⅧ章に詳しく紹介してあるので、最初にこの章を読んでおくのもいいかもしれない。
　本書は、個人レベルでの留学準備だけでなく、日本の高校や大学での留学準備コースのテキストとしてもぜひ活用していただきたい。**留学前、留学中の手引き書として存分に利用して、有意義な留学生活を送っていただければ幸いである。**

目次

はじめに 3
謝辞 6
本書における表記について 8
CD の利用について 8

I章 スタディ・スキルズとは 9
1. スタディ・スキルズの重要性と定義 10
2. 本書の構成 11

II章 1年間の流れ 15
1. オリエンテーション 16
2. 学期の構成 16
3. 受講コース選択 17
4. 受講手続き 19
5. 授業開始 20
6. 受講登録科目の調整 20
7. 学期の終了と単位の取得 21
8. 成績の解釈と Grade Point Average (GPA) 21
9. 成績証明書に使用されるそのほかの表示 23

III章 予習・復習と学習計画 25
1. 予習と復習の重要性 26
2. 目標の設定と学習計画 27
3. 全体的な活動計画と優先順位 33
4. 自分に合った学習方法 35
5. 学習方法と記憶 36

IV章 リスニングとノート・テイキング 51
1. リスニング 52
2. リスニングの練習 60
3. ノート・テイキング 74
4. ノート・テイキングの練習 83

V章 授業参加とクラス・ディスカッション 147
1. 授業参加の基本 148
2. 積極的な授業参加 150
3. 自信を持って授業に参加するために 153
4. 質問をする 154
5. 教官の質問に答える 166

6. クラスメートの発言に対してコメントする　　169
　　7. ディスカッションやペア・ワークの意義　　172
　　8. ディスカッションに参加する　　174
　　9. ディスカッションのための基本的な発話パターン　　179
　　10. ペア・ワークにおける注意点　　181

Ⅵ章 リーディングとノート・メイキング　　185
　　1. 背景的知識と読解力　　186
　　2. クリティカル・シンキングと長期記憶　　192
　　3. SQ3Rメソッド　　196
　　4. SQ3Rメソッド＋Write　　199
　　5. SQR→W2Rメソッド全体の流れ　　204
　　6. 読解力向上につながる学習ポイント　　213
　　7. 辞書の使い方　　219

Ⅶ章 ライティング　　223
　　1. エッセイの重要性　　225
　　2. エッセイの基本構造　　230
　　3. エッセイのさまざまな展開方法　　238
　　4. エッセイを書く　　253
　　5. 討論を目的としたエッセイ　　261
　　6. エッセイ・アサインメントとその種類　　272
　　7. エッセイ以外に注意すべきペーパー:「要約」とその書き方　　275
　　8. ペーパーの形式・書式（MLA・APA）　　278

Ⅷ章 プロジェクトとプレゼンテーション　　281
　　1. プロジェクトとは　　282
　　2. リサーチ・プロジェクトの手順　　283
　　3. プレゼンテーション（発表）　　311

Ⅸ章 成績の評価方法と試験対策　　321
　　1. 成績の評価方法　　322
　　2. 試験勉強の準備　　323
　　3. 実際の試験勉強　　327
　　4. 試験前日の注意点　　341
　　5. 試験当日の注意点　　343
　　6. 試験中のストラテジー　　345
　　7. 試験やライティング・アサインメントでよく使われる指示用語　　362

さくいん　　366

謝　辞
Acknowledgements

　2003年初版の『海外の大学・大学院で授業を受ける技術』執筆からこのたびの新装版の出版に至るまで、多くの方に助力、助言、励ましのお言葉をいただいた。皆さまのおかげで、本書は新装版という形で出版されることになり、大変うれしく、これを機にもっと多くの方々に本書を知っていただければと思う。

この度の新装版の出版に当たり、ご尽力をいただいた株式会社アルクの小川淳子氏と、初版から今日に至るまでご尽力をいただいている株式会社アルクの大塚智美氏に心から感謝の意を表したい。また、初版出版に当たりご尽力をいただいた元株式会社アルクの石渡淳元氏や、増刷の際ご尽力をいただいた株式会社アルクの小枝伸行氏にも感謝したい。

また、初版作成に当たり快く知的財産を提供してくださったDavid Beglar 博士、Marshall Childs 博士、Roman Cybriwsky 博士、Noel Houck 博士、Jeff Hulihan 氏、Richard Joslyn 博士、Hubert Lerch 博士、Steve Mierzejewski 氏、Kirk Patterson 博士、Lee Roser 氏、Kenneth Schaefer 博士、Paul Tagg 氏、Jonathan N. Wu 氏 (listed in alphabetical order) に心から感謝したい。また、資料を提供してくださった江花梢さんと松下優子さん、出版物からの引用を許可してくださった Oxford University Press にも感謝の意を表したい。

そして、テンプル大学ジャパン・キャンパスの同僚や学生たち、この度の新装版になんらかの形で携わってくださったすべての方々にも感謝したい。加えて、Bruce Stronach 学長、Matthew Wilson 教

授、Phil Deans 教授、以下（敬称略）：Thomas Boardman、Glenn Davies、Eugenia Medrano、Andrew Merzenich、Paul Raudkepp、William Swinton、Daniel Tumposky。さらに、（敬称略：五十音順）板谷クリスティーナ絢子、潮　総一郎、小原麻友美、加藤智恵、川口恵理子、木下次子、木下太志、熊谷譲、小山信子、篠田英春、松寿みゆき、高田幸詩朗、高橋尚世、根本斉、深沢清治、北條晃二、谷田部奈々、山口学、山崎勤子、山下早代子、横井友紀子、渡邊伸雄。以上に加えて、常に励ましてくれる父母（川手守、川手たか子）、そして娘の川手恵理香 Mierzejewski にも感謝したい。

2009年夏　川手－ミヤジェイエフスカ　恩
（Megumi Kawate-Mierzejewska, Ed.D）

2017年春の増刷に際して

皆様のおかげで本書も増刷を迎え、大変嬉しく、これを機にもっと多くの方々に本書を知ってもらえればと思う。この度の増刷にあたり、ご尽力いただいた株式会社アルクの左山恵子氏、南美穂氏、そして本書増刷に何らかの形で関わってくれたすべての方々に感謝したい。加えて、常に支えてくれる全国語学教育学会の同僚たちにも感謝したい。以下（敬称略：五十音順）：石田正、神田みなみ、坂谷佳子、霜鳥広樹、白川順子、濱田陽、廣野まき、深沢清治、森山慎吾、山下早代子。加えて、同じく全国語学教育学会の同僚であるColin Bethell、Mark Brierley、Christopher Hennessy、Oliver Roseそして、Peter Ross。最後に、いつも支えてくれる、Steve Mierzejewski、賀来恵理香、川手暢、北折玲子、篠田英春、渡辺伸雄にも感謝したい。

2017年春　川手－ミヤジェイエフスカ　恩
（Megumi Kawate-Mierzejewska, Ed.D）

本書における表記について

　本書における英文並びに参考文献の表示方法は、英語でペーパーを書く際の代表的なマニュアルのひとつであるAPA（American Psychological Association）のスタイルに従っている。特に参考文献の表示として、例えば（Atkinson & Shiffrin, 1986）といった記述が文中に頻出するが、これは「Atkinson 氏と Shiffrin 氏が1986年に発表した文献を参考にした」という意味である。なお、APA のスタイルに関してはⅧ章に詳しく紹介してあるので、こちらも参考にしてほしい。また英文の訳は、英語のニュアンスを大切にするという主旨から、直訳は極力避けた。あまり逐語訳に固執せず、英文全体の雰囲気を味わってほしい。

CD の利用について

　本書第Ⅳ章では、CD に録音した音声を使って、リスニングやノートテイキングの練習ができるようになっている。その際、各ページに掲載されている CD マークに従って、該当するトラック・ナンバーを選択し、音声を再生してほしい。例えば ❶ は、CD のトラック・ナンバー1を意味している。

- 弊社制作の音声 CD は、CD プレーヤーでの再生を保証する規格品です。
- パソコンでご使用になる場合、CD-ROM ドライブとの相性により、ディスクを再生できない場合がございます。ご了承ください。
- パソコンでタイトル・トラック情報を表示させたい場合は、iTunes をご利用ください。iTunes では、弊社が CD のタイトル・トラック情報を登録している Gracenote 社の CDDB（データベース）からインターネットを介してトラック情報を取得することができます。
- CD として正常に音声が再生できるディスクからパソコンや mp3 プレーヤー等への取り込み時にトラブルが生じた際は、まず、そのアプリケーション（ソフト）、プレーヤーの製作元へご相談ください。

I章

スタディ・スキルズとは

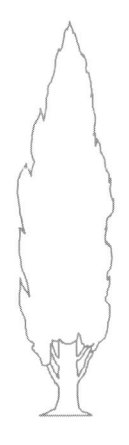

1 スタディ・スキルズ(Study Skills)の重要性と定義

　21世紀に入り、国際化がさらに進み、毎年多くの日本人が留学しているが、留学準備の中で案外見落とされているジャンルがある。それが一般に「スタディ・スキルズ」と呼ばれているものだ。
　英語圏の大学に入学すれば、英語の母語話者と肩を並べて学習することになり、英語を使っていかに効率よく学ぶかという点が重要になってくる。さらに、北米の大学では、新入生には必ず、コースの選択方法や大学での勉強方法なども含めたスタディ・スキルズが何らかの形で紹介される。新入生が一堂にそろうオリエンテーションで何日かけて紹介される場合もあれば、「フレッシュマン・セミナー」や「スタディ・スキルズ」という科目名で、1学期を通しての新入生の必修科目となっている場合も多い。
　「スタディ・スキルズ」の定義はいくつかあるが、すでに述べたように、本書では授業中や自宅での学習に必要なスキルのみならず、授業に付随する行為(新学期の受講手続きなど)をスムーズに行うための知識やストラテジーも「スタディ・スキルズ」ととらえている。そして、読者の皆さんが留学前に、この「スタディ・スキルズ」という概念に慣れること、英語で授業を行っている大学で自信を持ってやっていけるようになることを目的とし、具体的には以下のような項目に沿ってII章以降の解説を試みた。

2 本書の構成

1 ▶ 1年間の流れ

　Ⅱ章では、オリエンテーション、受講コース選択、受講手続き、授業開始、受講登録科目の調整、そして1学期の終了と単位取得といった1年の流れを、学期の構成などにも触れつつ説明する。

2 ▶ 予習・復習と学習計画

　Ⅲ章では、「なぜ予習が必要なのか」「予習にはどのようなメリットがあるのか」、また「復習はどのように役立つのか」というような疑問について、目標の設定や時間の使い方、学習意欲の向上、自己学習スタイルの発見、学習方法と記憶という観点からも説明する。

3 ▶ リスニングとノート・テイキング

　Ⅳ章では、講義の目的や流れ、講義を聞くときに知っていると役に立つ「リスニング・キュー」と呼ばれる表現や話し言葉の特徴などを踏まえて、効率のよいリスニングの方法を探る。また、ノート・テイキングの重要性を解説したうえで、どうやって何をどのような形式でノートに取るのかということを中心に、役に立つノート・テイキングの方法を具体的に紹介する。

　さらにこの章では実際に5つの異なる講義を聞き、アウトラインに沿ってノートを取る練習をする。その後、ノート作成の模範例や講義のスクリプトを参考にすると講義の流れも理解できるようになっている。

4 授業参加とクラス・ディスカッション

　Ⅴ章では、文化の違いも踏まえ、授業やディスカッションへの参加の重要性を考えてみる。また、授業で質問するための準備の仕方、質問の方法やその際の注意点、教官の質問に対する応答の方法や応答時の注意点、クラス・ディスカッションのための準備や自発的な発言方法、さらに発言時の注意点なども紹介する。

5 リーディングとノート・メイキング

　Ⅵ章では、英文の基本構造や読む前の準備などにも焦点を当てながら、個々の目的に合った効率のよい英文の読み方を紹介する。その際、記憶のメカニズムや自分の意見の組み立て方なども交えて説明する。また、効果的な辞書の使い方やノート・メイキング（ノートのまとめ方）についても考えてみる。

6 ライティング

　アカデミック・ライティングで頻繁に使われるエッセイの構成パターン(修辞構造)には「説明を目的としたエッセイ(Expository Essay)」と「討論を目的としたエッセイ(Argumentative Essay)」などがある。Ⅶ章では、上記のエッセイの構成パターンに加えて、「工程・過程(process)」、「拡大定義(extended definition)」、「類似(comparison)」、「対照 (contrast)」、「分類 (classification)」、「因果関係 (cause & effect)」など、エッセイを書くうえで必要となってくるさまざまな展開方法も、例題とともに紹介する。

　最も基本的で書く機会も多い「説明を目的としたエッセイ」については、ブレーン・ストーミング、アウトライン作成といった流れをみた後、完成したエッセイについて説明し、その後の読み直しや推敲、修正といった過程にも触れ、エッセイ全体の構成を解説してみる。

　「討論を目的としたエッセイ」についても全体の構成と討論を発展させ

る各パラグラフの展開方法を紹介し、例題を通してそれを明確にする。

　なおエッセイの構成パターンについては、これらに加えて「叙述を目的としたエッセイ（Narrative）」という分類が挙げられることがある。この分類については解釈の仕方がさまざまなのだが、本書では取り上げることにした。

　ここで説明する、アカデミック・ライティングにおけるエッセイとは、書き手が日々の思いなどをつづったいわゆる日本語感覚の「エッセー」とは異なる（「Ⅶ章　ライティング」参照）。この点を明確にする意味も込めて、本書ではあえて「エッセイ」という表記を用いることにする。

7　プロジェクトとプレゼンテーション

　欧米の大学などでは科目ごとに1学期を通じて取り組んでいくさまざまなプロジェクトがある。Ⅷ章ではプロジェクトとプレゼンテーションに関して知っておくと役立つ一般的な知識に加えて、ある応用言語学のコースでの具体的なプロジェクトを例に取り、その開始からペーパー執筆、プレゼンテーションに至るまでを紹介する。ペーパー執筆においては、リサーチ・ペーパー（リサーチの結果をまとめた論文）の一般的な形式、引用表記の方法、注釈のつけ方、参考文献の書き方などについても説明し、剽窃行為にも言及する。また、図書館の利用方法や、インターネットでの文献の検索方法なども紹介する。

　なお、ここで言うペーパーとは、与えられた課題についての短い論文やリサーチの結果をまとめた論文を指す。一般にレポートなどと訳されているが、実際には日本語で言うそれらとは若干ニュアンスが異なるため、本著ではペーパーと呼ぶことにする。

8　成績の評価方法と試験対策

　Ⅸ章では、試験の評価のポイントを簡単に紹介した後、試験前日の過ごし方や試験中の時間配分なども含めた試験対策全般について紹介する。具体的には北米の大学で頻繁に使われるさまざまな試験形式を

取り上げ、それらに対する試験準備の仕方をみていくことにする。
　さらに、テストの問題文の意味を理解するうえで欠かせない重要な指示用語なども紹介しておく。こうした用語は知っていると大いに役立つはずだ。

Ⅱ章

1年間の流れ

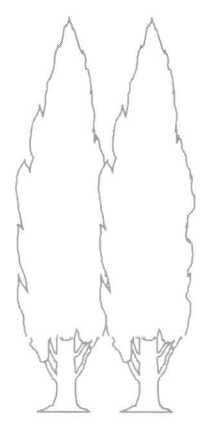

1 オリエンテーション

　オリエンテーションとは**大学生活をスムーズに送るための説明会**のことで、各学期が始まる前に行われる。特に新入生を対象とした学年初めのオリエンテーションでは、大学生活一般や学生のための大学の施設について説明するが、実際にキャンパスツアーを行って構内の様子を紹介する大学もある。

　このほかアカデミック・アドバイザーの助言を受けながら新学期の受講科目を決めたり、受講科目の登録方法の説明を受けたりといったことも行われる。大学によっては、ライティングのような必修科目のクラス分けテストを実施したり、大学生活における時間の使い方や試験準備の方法、さらには、スタディ・スキルズと称して別途時間を取り、予習の仕方やリーディングなどの基本的な学習方法を指導したりしてくれることもある。

2 学期の構成

　北米の大学は、2学期制 (semester system) を採用している大学と4学期制 (quarter system) を採用している大学とに分かれる。2学期制を採用している大学は、夏休みもしくは夏学期 (summer session) を除いた9月から翌年の5月までの1学年 (academic year) を、秋学期 (fall semester) と春学期 (spring semester) に分ける。4学期制を採用している大学は12カ月（1年）を秋学期 (fall term)、冬学期 (winter term)、春学期 (spring term)、夏学期 (summer session) に分けている。2学期制ではひとつの学期 (semester) は祝日や試験準備のための休みなども含めて16〜18週間で構成され、4学期制で

はひとつの学期(term)は 11 〜 13 週間で構成されている。

以下に 2 学期制と 4 学期制の期間を大まかに比較してあるが、**厳密には州、大学によってさまざまなパターンがあるので、自分の留学希望先が決まったら、必ず個々に確認してほしい。**

表2-1 学期制による 1 年の構成

2 学 期 制	
秋 学 期	(fall semester：8 月中旬・下旬、9 月初旬〜 12 月中旬*)
春 学 期	(spring semester：1 月中旬・下旬〜 5 月初旬・中旬以降)
夏 学 期	(summer session：5 月下旬・6 月初旬〜 8 月 20 日前後)

4 学 期 制	
秋 学 期	(fall term：9 月下旬〜 12 月中旬)
冬 学 期	(winter term：1 月初旬〜 3 月中旬)
春 学 期	(spring term：3 月下旬〜 6 月中旬)
夏 学 期	(summer session：6 月下旬〜 8 月中旬 [8 週間コース]、〜 9 月初旬 [11 週間コース])

*期末試験の週も含める。

3 受講コース選択

新学期の初めには、まずカリキュラムを入手して、その学期に開講しているコースや必修科目(requisite courses)を把握する。必修科目が開講されない学期もあるので、その時になって慌てないよう、学年の初めに **1 年を通した開講スケジュールをしっかり把握** しておこう。

そのうえで各自が受講したいコースの目星をつけ、相談役であるアカデミック・アドバイザーの助言を受けながら受講科目を決定する。**受講登録をする前にはアドバイザーに承認してもらうようにしよう。**

さらに学生ビザの関係で、**留学生は正規学生のステータスを満たすための最低受講単位数がある**ことを頭に入れておかなければならない。

このほか、ノート持ち込みの試験をするコース、定期試験の代わりにクイズを何回かするコース、試験はないが短いエッセイを何回か書かせるコースなどさまざまあるので、**各コースの課題の量や試験の形式もコース選択時には考慮に入れておく**とよい。

担当教官の名前をチェックすることは言うまでもない。場合によっては同じ教官の授業をずっと受講するといったことも、大学レベルでの教育で成功を収めるためには大切になってくる。

エピソード 1

同じ教官のコースを取り続けるのも一案

北米の大学に留学してまだ日も浅いころ、右も左もわからないまま、最初に取ったコースが「アメリカ文学入門（Introduction to American Literature）」だった。1週間に何十ページも短編を読むコースで、普段の授業中にも定期的に試験があった。

それまで、限られた時間内にこれほど大量の文章を読んだこともなかったし、日本の大学では文学のコースなど取ったこともなかった私は、講義も半分以下しか理解できず、試験勉強もどうしたらいいのかもわからぬまま、ただ何となく授業に出て試験を受けていた。結果は、当然満足のいくものではなく、どうにか落第は免れたという程度である。

次の学期も同じ教官のコースを取ってみたのだが、やはりそのコースもどうにか落第を免れたという状況だった。そこで「詩」のコースなら読む量も少ないので簡単なのではないかと考え、さらに次の学期でも、また同じ教官から今度は American Poetry 1 というコースを取った。実際には楽などころか、ここでも授業の大変さを実感する羽目になる。とはいえ、ずっと同じ教官についていたので教官の所へ質問をしに行くこともできるようになってきた。

そして、4コース目に取ったのが、またしても同じ教官の American Poetry 2。これもハードなコースだったが、その教官の授業スタイルに慣れてきたせいもあり、ここで初めて普通の成績をもらうことができた。ひょっとしたら、外国語で学ぶという不利な条件の下で、ずっと自分のコースを取って頑張っているので、ちょっと

おまけをしてやろうかなどと教官が思ってくれたのかもしれない。
　もちろんこれはひとつの例にすぎない。教官がおまけをしてくれたというのも私の勝手な推測だ。しかし同じ教官のコースを長期間受講することで、最初は授業にさえついていけなかった人間が、質問をし、それなりの成績を収め、クラス発表までできるようになったことは確かだ。余談になるが発表で使った詩のタイトルは今でも覚えている。William Bryant の "Thanatopsis（死生観）" という詩であった。

（東京　E.K.）

4 受講手続き（Registration）

　新入生の受講科目の登録は、オリエンテーションでの指示に従って行われ、具体的には**オリエンテーションの当日あるいは後日指定された日に、所定の用紙を使って手続きを済ませる**ことになる。大学によっては、学籍管理課（registrar）に直接出向かなくても、指定された期間内にファックス、郵便、メール、電話あるいはオンラインで登録をすることもできる。

　また、次の学期からは在学生となるわけだが、**この場合は前の学期の決められた期間内に新学期の受講科目を登録する**ことになる。その期間を過ぎてからの登録にはペナルティーが発生して遅滞登録料を払わなくてはならないので注意が必要だ。

　興味のある科目はとりあえず受講手続きを済ませて最初の授業に出てみるのがいい。迷っているうちに受講定員に達してしまって、登録できなくなることがあるからだ。いざとなれば、後で受講科目を取り消す（drop）という道もある。

　なお最近では、指定された期間内にオンラインで受講手続きを済ませるよう、在学生に義務付けている大学が増えてきているが、その場合学生は大学から与えられた、PIN (Personal Identification

Number)ナンバーや各自のID(Identification)を使って、大学のシステムにアクセスし、受講手続きを完了させることになる。何らかの理由でオンラインでの手続きができない学生は、その旨をアドバイザーに相談する必要がある。

5 授業開始

　受講科目の登録期間が終了すると、いよいよ授業が始まる。一般に、最初の授業では、1学期を通した授業計画(syllabus)に基づいて、教官がコースの目的、使用する教科書、評価方法、コース・アサインメント（各週のリーディングの範囲、中間・期末試験の形式、ペーパーの課題など）などの説明をする。

　一般的には1学期の中盤に差し掛かると中間試験があり、学期末には期末試験があるが、コースによっては、中間試験や期末試験をペーパーで代行することもあるし、ノートや教科書を持ち込んでもよい試験もある。また、短いペーパーを学期中に何回も提出するコースもある。

6 受講登録科目の調整

　登録科目の調整期間は、授業開始からの経過時間によって数段階に分かれる。以下、テンプル大学ジャパンの例を見てみよう。

第1段階：授業開始から1週間以内
遅滞登録をすることができる。
第2段階：2〜3週目

取り消し手数料を支払えば、記録には残さずに登録を取り消すことができる。

第3段階：4週目ころ
教官の承諾がなくても取り消しはできるが、成績に換算されないW(withdrawal from the class)が記録として残る。

第4段階：5週目〜最終取り消し期限である7週間後
登録を取り消すには教官の承認が必要となり、この場合 W/F（withdrawal from the class while doing unacceptable work）という記録が残ったり、成績に F(fail)がついたりすることがある。なお、最終取り消し期限までに手続きをしないと何らかの成績がついてしまう。

7 学期の終了と単位の取得

授業に出席し、すべてのコース・アサインメントや試験をこなして1学期が終了すると受講科目ごとに成績が出る。**北米の大学では、1学期ごとに成績がつき単位を取得していくことになる。**

こうして学期ごとの単位の取得を繰り返して1学年が終了し、その後は夏学期となり夏休みを取る学生もあれば、夏学期も受講登録をする学生もいる。そして、秋になると学生は大学に戻り、次の学年に進むのである。

8 成績の解釈と Grade Point Average（GPA）

一般に成績は A から F までのアルファベット（レター・グレード）で評価されるが、**D −以上でないと学部課程の単位取得はできない。**

それぞれの成績は数字にも換算され、学期ごとにどれくらいの成果を収めたかが点数によってもわかるようになっている。これらの点数の平均が GPA であり、優秀な学生に特別な賞を与えたり、奨学金を支給したり、大学院への進学の可否を判断したりする際の基準になる。以下テンプル大学ジャパンの学部課程を例に取って、それぞれのレター・グレードに対応する GPA とその解釈を見ておこう。

表2-2　成績の解釈とGPA

レター・グレード	GPA換算ポイント	解釈
A	4.00	Excellent(優秀)
A-	3.67	
B+	3.33	
B	3.00	Good(よい)
B-	2.67	
C+	2.33	
C	2.00	Fair(普通)
C-	1.67	
D+	1.33	
D	1.00	
D-	0.67	Pass(合格)
F	0.00	Fail(単位取得不可)

左記の例はテンプル大学ジャパンの2003年5月時点の情報を基にしているが、成績の評価基準は年度ごとに若干変更される可能性もあるので注意してほしい。

(Undergraduate Bulletin, 2001-2003, Temple University Japan, p. 41)

COLUMN　GPAの算出方法

　各科目のレター・グレードに対応するGPA換算ポイント(表2-2参照)に単位数を掛け、その合計を取得単位数で割って算出する。
　例えば、ある学期に1科目3単位(3 credits)の科目を4科目登録し、それぞれA、B、C、B (GPA換算ポイントは各4、3、2、3)という成績を取った場合、この学生のGPAは(4×3+3×3+2×3+3×3)÷12＝3となる。

9 成績証明書に使用されるそのほかの表示

　成績証明書には、レター・グレードの成績を表すアルファベットのほかにも必要に応じていろいろな記録が表示される。以下、前出のテンプル大学ジャパンの例を紹介する。

表2-3　成績証明書に見られるそのほかの表示

表示	意味	解釈
AU	Audit	授業を聴講するのみで単位は取得しない。よって宿題や試験などの課題はこなさなくてもよい。
I	Incomplete	何らかの理由で課題をこなし切れなかったときに与えられるもので、その課題を提出するとレター・グレードに変えてもらえる。
MG	Missing Grade	何かの手違いで成績がついていないときにもらう。
NR	Not Reported	登録しているのだが授業にまったく出て来なかった学生に与えられるグレード。
P	Pass	コースによってはレター・グレードではなく、パスか否かで評価をするものもある。パスするとPになる。
PI	Permanent Incomplete	Incompleteを与えられた場合、猶予期間内に課題をこなしレター・グレードに変えてもらわないと、この表示がつく。
W	withdrawal from the class	授業開始後3～4週間目くらいまでに登録科目の取り消しをするとWがつくがGPAには換算されない。
W/F	withdrawal from the class while doing unacceptable work.	授業開始後5～7週間目の最終取り消し日までに登録の取り消しをするとW/F（それまでの成績不良）かF（落第）がつく。なお、FはGPAに換算される。

(Undergraduate Bulletin, 2001-2003, Temple University Japan, p. 41)
上記の例はテンプル大学ジャパンの2003年5月時点の情報を基にしているが、年度ごとに若干変更される可能性もあるので注意してほしい。

　表2-3からもわかるように、授業を聴講（audit）しているだけなら、通常はコースの課題をこなさなくてもいいし試験も受けなくてよい。ただし、単位を取得する場合より安くはなるものの、聴講料は払わなくてはならない。また、何らかの理由でIがついてしまったときは一定の期間中に課題をこなしレター・グレードに変えておくようにする。そうしないとPIつまり「永久にI」ということになり、それが

ずっと成績表に残ることになる。また「6　受講登録科目の調整」（p. 20）でも説明したが、**登録科目の取り消し期限にきちんと注意を払っていないと、W という表示が成績表にも残ってしまう。**

参考文献
Undergraduate Bulletin, 2002-2003. Temple University Japan.

資料提供（五十音順）
岩崎　麻紀子（テンプル大学ジャパン学生課　入学手続き担当）
高橋　尚世（テンプル大学ジャパン　学籍登録）
Jonathan Nelson Wu（テンプル大学ジャパン　学部課程アシスタントディレクター）

Ⅲ章

予習・復習と学習計画

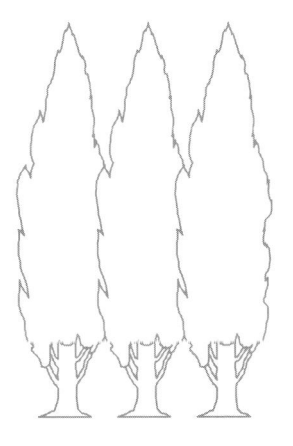

1 予習と復習の重要性

　予習によって講義の前に予備知識をつけておくと、重要な語彙が聞き取りやすくなるばかりか、それらが聞き取れれば、そこから話の内容を正確に推測できるようになり、講義の理解度が深まる。したがってクラスでのディスカッションにも積極的に参加できるようになるし、授業態度にも余裕が出てくる。

　例えば、「アメリカ史 (U.S. History)」のコースで「コロンブスがやって来たころのアメリカ」について学ぶのであれば、彼がいつごろどのように新世界 (the New World) にやって来て、その当時のアメリカはどのような状態だったのかを予習しておけば、授業中に「コロンブス」と聞いただけでも講義の内容がかなり推測できてしまう。キーワードを聞くことにより、それについて知っている知識を脳の中で呼び起こし、講義の内容が推測できるということだ。

　あるいは「南北戦争」の講義に臨むのであれば、「南北戦争」は英語で Civil War と言うのだということがわかっているだけでも講義内容の把握に役立つ。さらに「南北戦争はいつ起こったどんな戦争だったのか」ということを調べておけば、何の予備知識もない場合に比べると、教官の話が頭に入りやすくなるし、講義自体にも興味がわいてきてもっと勉強しようという意欲が出てくる。このようにちょっとした**知識を事前に得ておくだけでも、予習の意義を身をもって体験できる**。

　次に復習の重要性にも触れておこう。講義の最中に取ったノートをそのままにしておくと、後で読み返したときに何が書いてあるのかわからなくなってしまうことがある。こうしたことを避けるため、**ノートは必ず、記憶の確かなその日のうちに**整理しておこう。

　ノートを整理するに当たっては、**聞き逃してしまったところはクラスメートに確認したり、教科書で調べたりして補う**ようにする。それでも不完全な場合は、次回、授業が始まる前に教官に聞くなどして**前回までの流れをきちんと頭に入れておこう**。そうすることによって、

試験にも役立つし、講義内容の理解が深まり、やはり授業が面白くなってくる。

一般に、学期の始まりは授業がゆっくりと進行し、授業の時間外に取り組まなくてはならない課題も少なく試験もないが、学期の中盤に差し掛かると中間試験があったり、試験の代わりとなるペーパーを書いたり、さらに学期末には期末テストや期末ペーパーなどの課題もあったりするのでかなり忙しくなる。つまり、**学期の途中で遅れを取ってしまうと、後から何とかしようと思っても忙しくて挽回が困難になる**。こうなるとよい成績を収められなくなるばかりか、課題をすべてこなせずに"incomplete"という中途半端な結果に終わりかねない。やはり講義には常にきちんとついていけるように**予習・復習を欠かさないことが重要**なのである。

以上のように予習・復習は大切であるが、こうした自己学習を効率的に行ってよい成績を収めるためには「目標の設定と学習計画」「全体的な活動計画と優先順位」「自分に合った学習方法」「学習方法と記憶」などにも注意するといいだろう。以下、それぞれについてみていく。

2 目標の設定と学習計画

新学期が始まったらまず、**それぞれの登録科目で目指す成績を定めよう**。それから**週ごとに達成したい項目（ウイークリー・ゴール）を表にまとめ、見える所に張っておく**。そのうえで1週間ごとに各曜日の予定を大まかに作成していくとよいだろう。

これらの目標は新学期が始まるごとに決め、それに向かって最善を尽くしていくわけだが、不思議なことに、目標を設定して方向が定まってくると気持ちが引き締まり、勉強意欲も増して楽しくなってくるものだ。

このとき、**各曜日の予定をあまり細かく設定しない**ほうがよい。む

しろ各週末にその週の成果を自分なりに評価して、臨機応変に修正していくことが大切である。また、**現実に沿った実現可能な目標を立てる**ことも重要であろう。以下、筆者の「言語心理学入門（Introduction to Psycholinguistics）」のコースに修正を加えたものを例に取り、目標設定について具体的にみておくことにする。

表３－１のようにまず、「コース名」「授業の曜日と時間」などコースの概要を明記し、その後目指す成績を考え、それから各週に読まなければならない予習としてのリーディング・アサインメントの割り当てを作成する。「ページ数」の個所にはW1（ウイーク１、つまり学期最初の週）に入れてあるように教科書の各章やページ数を記入してそれぞれの週にこなすリーディングの目標を立てる。また「その他」の欄にはクイズや発表、ペーパーの提出などの日程をきちんと書き込んで日々の学習計画を立てるときに役立て、それぞれに最善を尽くせるよ

表３－１　目標の設定

コース名	Introduction to Psycholinguistics（言語心理学入門）
授業の曜日と時間	月・水・金　（16:00〜17:00）
単位数	3単位
課題	クイズ（4回）、クラス発表、期末（ファイナル）ペーパー
目指す成績	A

週	リーディング・アサインメント	ページ数	その他
W1	Child Language Acquisition	1章(pp. 1〜18)	
W2	Child Language Acquisition		
W3	Chomsky and Universal Grammar		
W4	Transformational Grammar		クイズ1
W5	Phonetics, Lexis, Syntax, Semantics & Pragmatics		
W6	Animals and Language		
W7	Wild boys and their cases		
W8	Brain Structure and Language Development		クイズ2
W9	Second Language Acquisition		
W10	Second Language Acquisition		
W11	Language Teaching Methods		
W12	Language Teaching Methods		クイズ3
W13	Cross-cultural Communication		
W14	Cross-cultural Communication		クラス発表
W15	Bilingualism and Cognitive Development		
W16	Final examination		クイズ4 期末ペーパー提出

（表3－1における授業時間は架空時間）

うにする。また、色をつけたり文字の大きさを変えたりして自分に合った表を作ることも大切だ。

図3-1　科目ごとのカレンダー

	Monday	Tuesday	Wednesday	Thursday	Friday	Saturday	Sunday
	2003/9/1	2003/9/2	2003/9/3	2003/9/4	2003/9/5 Reading: Kleniewsky Ch.1, pp.3-20	2003/9/6	2003/9/7
	2003/9/8 Reading: Kleniewsky Ch.2, pp.24-25	2003/9/9	2003/9/10 Reading: Kleniewsky Ch.2, pp.26-35	2003/9/11	2003/9/12 Reading: Kleniewsky Ch.2, pp.36-46	2003/9/13	2003/9/14
	2003/9/15 Holiday no class	2003/9/16	2003/9/17 Reading: Kleniewsky Ch.2, pp.74-81	2003/9/18	2003/9/19	2003/9/20	2003/9/21
	2003/9/22 Holiday no class	2003/9/23 Holiday no class	2003/9/24	2003/9/25	2003/9/26 Reading: Kleniewsky Ch.4, pp.82-97	2003/9/27	2003/9/28
	2003/9/29 Reading: Kleniewsky Ch.5, pp.99-117	2003/9/30	2003/10/1 Reading: Kleniewsky Ch.5, pp.117-123	2003/10/2	2003/10/3 In-class exam	2003/10/4	2003/10/5
	2003/10/6 Reading: Kleniewsky Ch.8, pp.173-182 *Short paper assignment (due Oct 24)	2003/10/7	2003/10/8 Reading: Kleniewsky Ch.8, pp.183-193	2003/10/9	2003/10/10	2003/10/11	2003/10/12

GLS R055 Urban Society: Race, Class, and Community　　Instructor: Ann Yamamoto　　Yuko Matsushita

| 表3-2 | 13週目の曜日ごとの学習計画 |

13週目の目標	(1) リーディング・アサインメント　113～137ページ (2) クラス発表の準備 (3) 期末ペーパー執筆のための準備 (4) 復習
日曜日	リーディング・アサインメント　113～120ページ 質問事項のまとめ(読んでいて出てきた質問) クラス発表のアウトライン作成 期末ペーパー執筆のための参考文献の読みと重要点のまとめ
月曜日	授業で取ったノートの整理 クラス発表のアウトライン完成
火曜日	リーディング・アサインメント　121～129ページ 質問事項のまとめ(読んでいて出てきた質問)
水曜日	授業で取ったノートの整理 クラス発表の原稿執筆開始
木曜日	リーディング・アサインメント　130～137ページ 質問事項のまとめ(読んでいて出てきた質問) クラス発表の原稿執筆
金曜日	授業で取ったノートの整理 クラス発表の原稿執筆 期末ペーパー執筆のための参考文献の読みと重要点のまとめ
土曜日	クラス発表の原稿執筆と推敲 期末ペーパー執筆のための参考文献の読みと重要点のまとめ

　このほか、ひと目ですべてが把握できるカレンダーを科目別に作成し、宿題の提出期限や試験日、祭日などを書き込んでおくのもよいだろう(p. 29 図3-1参照)。一から自分で作らず、予定などを書き込める市販のカレンダーを使うと簡単だ。
　では表3-1のW13(13週目)を例に取り、学習計画を考えてみよう。このころは学期末が近づき、いくつもの課題が集中してきてかなり忙しい時期だ。しかしここで大切なのは、この週からW14のクラス発表やW16の期末ペーパーの準備に取り掛かったほうがいいということである。
　表3-2にあるようにまず1週間の目標を個条書きにして、しっかりと頭に入れておく。また**毎日の目標は、曜日によって項目が多いと**

きもあれば、**少ないときもあってよい**。日曜日は、平日よりも時間があるので学習時間も増え、今までの遅れを取り戻したり、先に進んだりすることができる。また日々のノルマを果たせないこともあるので、目標を立てるときには余裕を持たせ、やり残してしまったら次の日に繰り越すなど、**必要に応じて計画の調整をしていくことも大切**である。さらに、授業で特別な課題（extra assignment：必須ではないが、提出すれば成績評価の対象となり、何らかの形で得点を加算され、よい成績へとつながる）が出されてもこなせるような時間的余裕はつくっておきたい。それでは、目標として挙げた項目について、いくつか説明しよう。

1 リーディング・アサインメント

表３－２では授業のある前日（授業の曜日は表３－１参照）の日・火・木曜日に予習としてのリーディング・アサインメントをこなすように計画を立てている。これは、あまり早くから教科書や資料を読んでしまうと内容を忘れてしまうので、**授業に出席する前日に読むのが望ましいからである**。また、**質問事項があったらノートに書き出しておくことも重要**だ。

2 授業で取ったノートの整理

この作業は授業当日にするのがよい。そこで表３－２では月・水・金曜日に授業があるので、その日は必ず計画の中にノートの整理を入れてある。

また、**宿題や試験についての説明やお知らせなどはノートを後ろから使うなどして履修科目自体のページとは別にしておいたほうがよい**。そうすれば、後で確認するときにそうした情報がどこに書いてあるのかすぐわかる。言うまでもないことだが、ノートは科目ごとにきちんと使い分けよう。

3 クラス発表の準備

　クラス発表は当然英語で行う。したがって、自分では十分に準備したつもりでも、英語を母語とする教官やクラスメートの目にはどうしても物足りなく映る場合がある。ましてや自分でも満足できない状態で発表に臨むと、自信を失ってしまうことにもなりかねない。**不慣れな英語での発表という点を考慮して、早めに発表原稿の作成に取り掛かり、練習のための時間もつくれるようにしておくべきだ。**

　実際には表３－２で紹介したように、まず原稿のアウトラインを考え、それに従って毎日少しずつ書いていくのがよい。アウトラインを決めておくと発表の流れがつかめるので、常に全体像を頭に描きながら執筆作業を進められる。さらに、進行状況を把握しながら段階を踏んで準備していけば無駄な作業が減り、時間を有効に使うことができる。こうして、発表直前の週には原稿を書き上げてしまい、**本番の週は日曜日から発表練習に専念できるようにしよう。**

4 期末ペーパーへの取り組み方

　提出締め切りの３週間前くらいから参考文献を探したり読んだりして、執筆準備を着々と整えていく。文献を読む際には重要事項をその都度自分の言葉にしてノートにまとめ、同時に参考文献のリストも作成しておく。こうして自分の言葉で整理した情報や参考文献は、実際にペーパーを書き始めたときにそのまま切り張りできるので、文献をもう一度読み直す手間が省け、能率も上がる。

　ペーパーは締め切り内に提出するのが当然だが、**何らかの事情でどうしても間に合わない場合は必ず担当教官に連絡**し、期限を決めて「提出期限の延長希望」を申し入れ、教官の許可をもらうようにする。もちろん、教官に対しては 礼儀正しく接することを忘れてはならない。

3 全体的な活動計画と優先順位

前のセクションでは「目標の設定と学習計画」という見地から計画的な時間の使い方を考えてみたが、今度はさらに視野を広げ、「睡眠時間」「学校での時間」「自由時間」なども含めた1週間の全体的な活動計画についてみてみよう。

ここで大切なのは、**日々の活動の中で何を優先するか**ということである。例えば試験が近い週は自由時間を減らして学習時間を増やすというように、自分にとって何がいちばん大切なのかをしっかり考えて

図3-2 1週間の活動計画表の例

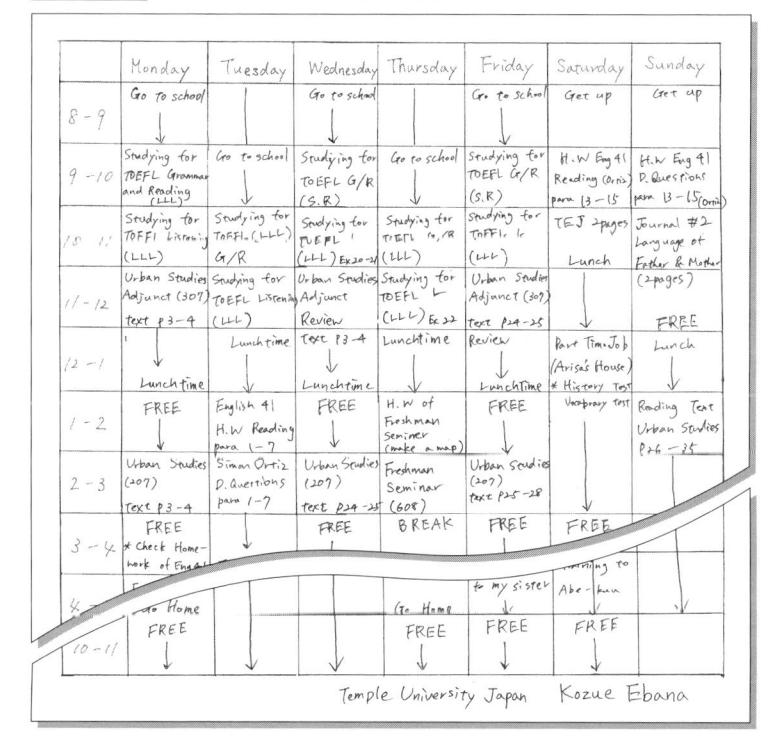

時間を使っていかなければならない。もちろん、週末ごとに時間の使い方を自己評価し、必要であれば計画表を修正していけばいいが、**遊びの誘惑などにかられてやたらに優先順位を変更したりすると、せっかくの活動計画も無駄になる**ので注意が必要だ。ある学生が立てた計画表を図3－2に掲載したので参考にしてほしい。

エピソード 2

優先順位を間違えると……

　北米の大学に留学していたころ、「午後からジャズコンサートに行こう」と突然誘われたことがある。その日は「人類学(Anthropology)」の中間試験の前日で、午後からは講義ノートを借りていたクラスメートと一緒に試験勉強をすることになっていた。にもかかわらず私は誘惑に負け、一緒に勉強する約束をキャンセルしてコンサートに出掛けてしまった。

　コンサートはそれなりに楽しかったのだが、やはり試験のことが頭から離れない。何より帰宅してからが大変で、その日にやるべきことの優先順位を取り違えてしまった私は徹夜で勉強をする羽目になり、重要な個所を中心に丸暗記するのが精いっぱい。十分な準備もできないうちに試験に臨む羽目になってしまった。幸い丸暗記したところが試験に出たのでそこそこの点数は確保できたものの、一夜漬けで覚えた知識は何日かしたらすっかり忘れてしまった。

　それだけではない。この徹夜が尾を引いて試験の次の日の授業中は何度も睡魔に襲われ、さらに、ノートを貸してくれたクラスメートとの仲もそれっきり。誘惑に負け、優先順位を間違えたために後々まで後悔することになった。

（東京　E.K.）

4 自分に合った学習方法

　学習計画や活動計画が決まったら、次に注目すべきは学習方法だ。**成績がなかなか上がらないという人の中には、自分に不向きな学習方法を繰り返している人が少なくない。**自分に合っていれば学習意欲もわきやすいし、時間も有効に使え、結果的によい成績につながる。先行研究からも、学習方法にはいろいろ個人差があり、自分に合った方法で学ぶのが望ましいということがわかっている。
　ではどんな学習方法が考えられるだろう。実際には十人十色、さまざまなタイプが考えられるが、基本的に以下の3種類に大別される。
　（1）本を読んだり、コンピューターの画面を見たりという視覚を通して学習する方法。
　（2）CDや人の話を聞いたりという聴覚を通して学習する方法。
　（3）実際に書いたり何かを使ってみたりという動作や経験を通して学習する方法。
　例えば、英単語を覚えるという行為ひとつを取ってみても、英単語の横に日本語の意味を書いたリストを見ながら丸暗記する人、単語を次から次へと発音するCDを聞いて覚える人、英語で定義を書いたり、言葉を実際に使ってみることで、それを覚えようとする人などさまざまだ。もちろん、多くの場合はこれらを組み合わせることによって学んでいくことになるのだが、**自分は普段どの方法に最も重きを置いているのか**という点にもあらためて注目してみてほしい。
　自分に合った学習方法を見つけるために、もうひとつ別な角度からアドバイスをしよう。視覚を通した学習を好む学生は、教科書を読んだり授業で取ったノートを見たりすることで学習効果が上がる。聴覚を通した学習を好む学生は、授業に出て講義を聞くことを最優先しやすい。つまり、前者は予習・復習に時間をかけるタイプ、後者は予習・復習をたまたま怠ってしまっても授業には必ず出席するタイプと言えるかもしれない。さらに動作や経験を通して学習する方法を好む学生

の場合は、教科書のまとめをしたり、講義ではただ聞いているだけでなくしっかりノートを取ったり、クラスメートと一緒に勉強して自分が学んだことを話すことにより学習事項を習得していくタイプということになるだろうか。

5 学習方法と記憶

さて、自分に合った学習方法の目星はついてきただろうか。ではここで脳の働きについて若干触れておこう。学習とは知識を吸収する過程なのだから、**脳の記憶のメカニズムに沿って行うことが大切**になってくるからだ。こうした基本的なメカニズムに矛盾する学習を続けていても、効果はなかなか上がらない。

▶1 記憶のメカニズム

私たちは**五感（聴覚・視覚・嗅覚・味覚・触覚）によって新たな情報を取得し、それらを記憶する**。またすでに記憶され習得されている知識を取り出して学習成果を得るとされている(Good & Brophy, 1986; Hilgard & Bower, 1975)。このように、情報処理の過程は、
（1）脳の中にさまざまな情報が入る(encoding)
（2）それらが記憶される(storage)
（3）記憶された情報を必要に応じて取り出す(retrieval)
という3段階のメカニズムから成っている。そして(2)の記憶過程はさらに2段階に分かれる。つまり五感を通してインプット（sensory registry）された情報は、
・「短期記憶(short-term memory)」となり、
・その中のいくつかはさらに「長期記憶(long-term memory)」としてずっと脳の中に保存される(Atkinson & Shiffrin, 1968)。

入ってくる情報は視覚や聴覚によるものがほとんどだが、このうち不必要な情報は捨てられ、**必要なものだけが脳に残る**。なお、不必要な情報は意識的に捨てられることもあれば無意識的に捨てられることもある。残された情報は脳で識別・解釈されるだけでなく、理解されるという過程を経なければ短期記憶とはならない。

　この**短期記憶にある情報は繰り返し暗唱したり使ったりすることによって保持できるが、それらを怠ると忘れ去られてしまう**。短期記憶というのは"working memory"とも呼ばれ、現在覚えようとしていることを蓄えていく記憶システムである（Gleitman, Fridlund, & Reisberg, 2000）。さらに、心理学者の Miller(1956)によれば、短期記憶の中に存在する情報は無制限ではなく、保持できるのはせいぜい5つから9つの項目やまとまりだとしている。つまり、新しい情報が入ってくるとそれ以前に入ってきた情報は押し出される。しかしそれらの押し出された情報は、もう一度聞いたり、思い出したり、書いたものを再度見直したりして繰り返し使うことにより、その都度、短期記憶の中に戻ってくる。このような過程の中で脳は常に思考を繰り返してトピックごとに情報をまとめ直すといった作業をし、既存の情報と結び付け、理解を深めていく。ちなみに、このとき脳の中では、情報を大きなカテゴリーから小さなカテゴリーへと整理する作業が行われる。

　このまとめ直しなどを経て当初の情報は自分にとって意味のあるものとなり、やがて**長期記憶に移行して半永久的に脳の中に保持される**のである(Bransford & Johnson, 1972)。

　ここで大切なのは、短期記憶と長期記憶は隣り合わせになっているのではないということだ。**短期記憶と長期記憶の間には長い回路があり、この回路の途中にある情報が、繰り返し使われて長期記憶へ移行していく**(Gleitman, Fridlund, & Reisberg, 2000)。

　長期記憶の収容能力には制限はないと考えられており、一度**長期記憶となった情報は必要に応じて取り出すことが容易にできる**。こうした状態になって初めて、学問では何かを習得したと言えるのである。

COLUMN 脳はいかにして単語を覚えるのか
～意外と知らない日常単語を例に考えてみる～

　脳にはいろいろな記憶システムがあるのだが、その中のひとつで日常生活でもよく使われる"mental dictionary（脳にある辞書）"の働きを紹介しよう。

　教科書を読んでいて新しい単語が出てくると、まず単語のつづりや言葉の定義などを繰り返し書いたり見たりするが、これだけではその単語は短期記憶にしかとどまらない。そこで脳はさらに単語の意味を中心に既存の語彙に関連づけ、グループ分けをする。この分類過程には一般に、幅の広い大きなカテゴリーからより小さなカテゴリーに至る2～3段階が存在する。新出単語はほとんどどこかのグループに属しているので、そのグループさえ見つけ出せば単語はきちんと整理されて長期記憶へつながる回路に保持される。そこで何回も取り出して使っていれば長期記憶に保持されていく。

　図3-3を参照しながら、新しい単語が短期記憶にとどまって以降の脳の働きについて具体的に、単純明快に説明しよう。例えば、"durian（ドリアン）"という新しい単語が"My friends in Singapore love durians though I somehow cannot eat this fruit.（シンガポールにいる友人はドリアンが大好きだが、なぜか私はこの果物を口にできない）"という文脈で出てきた場合、脳ではまず、"durian"を「食べられる物」と「食べられない物」の2つのカテゴリーのうち「食べられる物」に分類する。

　次にそれはどんな種類の食べ物なのかを、短期もしくは長期記憶としてすでに保持されているサブカテゴリーの中から選択し、「果物」というカテゴリーに"durian"を加えるのである（実際にはもっと複雑で脳はまず「生物か無生物か」というような判断をすると考えられるが、ここでは便宜上、その部分は省略する。以下の単語についても同様）。

　ではアメリカの伝統的な行事「感謝祭」の食事に欠かせない"turnip（カブ）"を取り上げてみよう。"I bought turnips today for my Thanksgiving cooking with other vegetables such as potatoes and pumpkins.（ジャガイモやカボチャとか、ほかの野菜と一緒に、今日、感謝祭用にカブを買った）"というよう

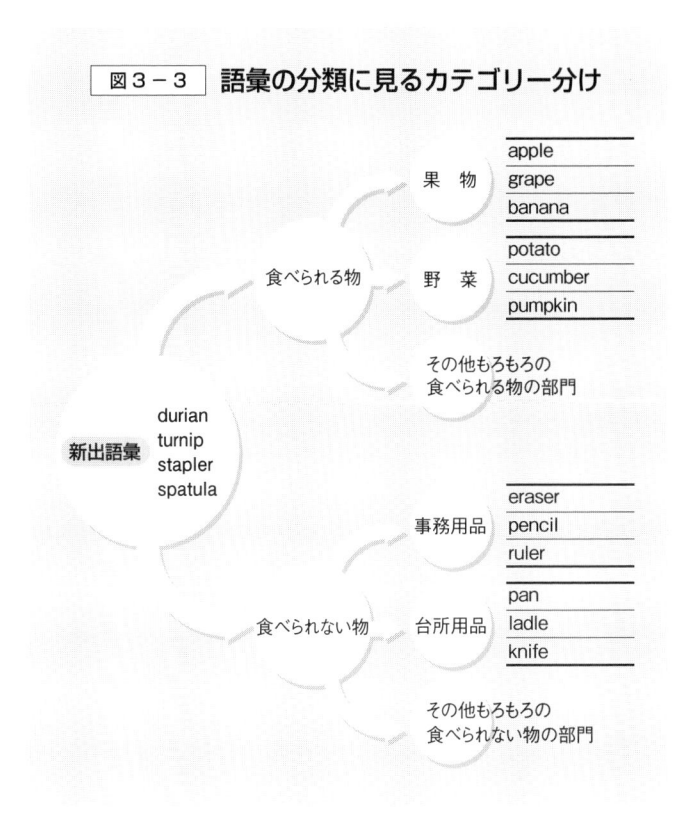

図3-3　語彙の分類に見るカテゴリー分け

新出語彙：durian, turnip, stapler, spatula

- 食べられる物
  - 果物：apple, grape, banana
  - 野菜：potato, cucumber, pumpkin
  - その他もろもろの食べられる物の部門
- 食べられない物
  - 事務用品：eraser, pencil, ruler
  - 台所用品：pan, ladle, knife
  - その他もろもろの食べられない物の部門

な文の中で "turnip" が出てきたとき、"durian" の場合と同様にまず「食べられる物」というカテゴリーに分類され、それから「野菜」というサブカテゴリーに入れられて繰り返し使っているうちに長期記憶として保持される。

　なお、図3-3では「果物」と「野菜」以外はすべて「その他もろもろの食べられる物」というグループに一括されているが、これはもちろん図をわかりやすくするための便宜的な措置にすぎない。

　それでは "stapler（ホチキス）" という単語はどうだろうか。教官が配った参考資料をホチキスで留めておこうというクラスメートは意外と多く、ホチキスを使うしぐさをしたクラスメートに "Do you have a stapler?（ホチキス持ってる？）" と聞かれることがよくある。そこで、この依頼（表現形式は質問だが、話者の意図は「ホチキ

スを使わせてほしい」という依頼である）を受け、相手の動作を見て"stapler"の意味が理解できた時点で、脳は"stapler"を「食べられない物」というカテゴリーに分類する。

「食べられない物」といっても数え切れないほどのサブカテゴリーがあるので、その中でもどんなグループに入れられるのかを、脳は既存の記憶に照らし合わせてさらに考え、「道具」というカテゴリーを見つけ、次には用途別に考え、"stapler"を最終的に「事務用品」のグループに入れる。ここでも図3-3で「事務用品」と「台所用品」以外は「その他もろもろの食べられない物」としてあるのは便宜的な措置だ。

最後に"spatula（フライ返し）"という単語についても考えてみる。北米では、屋外でピクニックやバーベキューをすることが多いが、お昼には必ずと言っていいほどハンバーガーを作るためにハンバーグを焼く。そのとき使われるのが"spatula"で、ハンバーグを焼いている友人から"spatula"を指差しながら"Could you pass me the spatula?（そのフライ返し取ってくれる？）"と言われることもあるだろう。そこで、"spatula"が何かということがわかり、脳の中では、"stapler"の場合と同様にまず「食べられない物」というカテゴリーに分類され、それから用途に基づき「台所用品」というサブカテゴリーに入れられるのである。

2 記憶のメカニズムを有効に利用した学習方法

　ここでは、これまでに説明した記憶のメカニズムを利用した効果的な学習方法について考えてみる。

　以下にポイントをまとめたので、これに沿ってみていこう。

> **ポイント**
> - **A** アウトラインを理解する
> - **B** 情報を選択する
> - **C** インプットした情報を基に自分の意見を組み立てる
> - **D** 新情報はグループやカテゴリーに分けてまとめてみる
> - **E** 継続的な学習で、常に脳を刺激する
> - **F** 短時間でも集中的に勉強する
> - **G** 演繹的アプローチを生かした学習方法を身につける

A アウトラインを理解する

　教科書を読むときはまず、大きな枠組みを頭に入れ、それから具体例などをみていく。

　新しい情報は脳の中で一般的なグループ(大きなカテゴリー)から細分化されたグループ(小さなカテゴリー)へと整理され、長期記憶に至る回路に移行し、さらに繰り返し使われることで最終的には長期記憶として保持される。したがって教科書を読むとき（左脳の機能を使う作業）でも、まずアウトラインを理解してから読むと効率のよい学習ができる。

　具体的には各章のタイトル、サブタイトルといった太字で書かれた個所を見てアウトラインを理解しながら写真や図表などと結び付け、その思考過程を通して理解をさらに深めていく。それから、質問事項の解答を探したり、疑問点がある場合にはそれらを解明したりしながら読んでいくのが望ましい。

　また逆に、写真や図表などを見て太字の情報と結び付けていくことも大切である。脳の中にイメージを描くという**右脳の機能も使うので学習過程も単調にならないし、視覚によってアウトラインの理解も深まる**からである。

　例えば歴史のコースで、その当時の人々の着ている服装を見れば、彼らの職業や暮らしぶりを頭の中に描くことができ、教科書の描写の理解も進む。また、地理のコースでは、"latitude（経度）"や"longitude（緯度）"などの複雑な定義を文章で読む前に、教科書にある世界地図を見てそれらを図で把握しておけば解説文の理解も早いし、英語では「経度」や「緯度」はこんなふうに定義づけられるんだと思ったりする余裕まで出てくるかもしれない。

講義を聞くときも同様で、教官がどういうテーマについてどのようなスケジュールで講義を進めていくのか、大まかなアウトラインをまずしっかり把握しよう。

B 情報を選択する

次に、教科書や講義の内容を「必要な情報」と「それ以外の情報」に分けるという作業を反射的にしかも適切に行う必要がある。これは、授業中だけでなく予習をする際にも欠かせない作業だ。

では具体的にはどうすればいいのか。例えば、歴史の教科書を読んで重要事項をまとめる場合、「いつ」「どこで」「だれとだれが」「なぜ」「何をした」のか、またその出来事の「行方」や「結果」はどうなったのかという点をまとめるだけで必要な情報は十分カバーできる。特定の人物の武勇伝までノートに書き写す必要はないわけだ。

また、**各章の最後によくある質問事項（study questions）を利用する**という手もある。それらの答えを探しながら読むことで、習得しなければならない情報を収集していることになる。

さらに前にも述べたが、**講義中にビデオや図表やハンドアウトなどを使って説明された内容や、何回も繰り返し強調された事柄は大切なポイントと判断してよい。**つまり、ほかの事柄は聞き逃してもそこだけはしっかりと押さえておかなければならないということだ。

ちょっと横道にそれるが、**情報・事柄は意味を成すものであればたやすく習得できる**と考えられる。これは、文章に関する簡単な実験でも証明できることだ。例えば、まったく意味を成さない「カオケラこう行かもでに」という文より「カラオケにでも行こうか」という意味を成す文のほうが即座に理解でき、何分たっても覚えていられるだろう。前者のような意味を成さない文は理解が伴わないので、その場ではどうにか暗記できても数分のうちに忘れてしまうに違いない。

C インプットした情報を基に自分の意見を組み立てる

　新情報を選択したら、それぞれのトピックに関して考える習慣をつける。例えば、「政治学(Politics)」のコースで、「マスメディア(Mass Media)の役割とその長所と短所」について学習したら、例えばそれらを基に「マスメディアは民主主義を支えているかどうか」を考えてみる。「マスメディアは、報道の自由にのっとり国民が必要とする情報を正確に伝えてくれるので民主主義を支えている」と考える学生もいれば、「いや、そうではなくてマスメディアは視聴率を上げることに気を取られ、国民が本当に必要としている情報は伝えていないので民主主義を支えてはいないのではないか」と考える学生もいるだろう。

D 新情報はグループやカテゴリーに分けてまとめてみる

　新情報をインプットするとき、まずアウトラインに目を通したり、それらをまとめたりしておけば、大まかな共通点でくくって覚えることができるので、整理のできていない情報をいきなり覚えようとするよりも、脳内の作業が容易になる。つまり**情報を整理してから覚える**ということは、記憶するという作業の一環として本来脳が無意識に行う「情報の分類作業」を、事前に済ませてしまっているからだ。

E 継続的な学習で、常に脳を刺激する

　復習をしたり、新情報を取り出したりする作業を通して**脳を定期的に使うことで、それらの情報を短期記憶として保持できる**ばかりか、最終的には**長期記憶へと移行する**こともできる。逆に言うと、定期的な復習を怠ると新情報は長期記憶に移行するどころか、短期記憶（あるいは長期記憶移行への回路にある状態）からも消えてしまう。要するに、**定期的な復習により**短期記憶として保持されている情報や知識を呼び起こし、**記憶を確認しておく必要がある**ということになるのかもしれない。こうしておけば、試験が近づいてから慌てることもなく、また忘れてしまった学習事項を何時間もかけて最初から頭に入れ直す手間も省け、効率よく試験勉強ができる。

なお、定期的な繰り返しで脳を刺激しているうちに、さらなる情報がインプットされた場合は、すでにそこに短期記憶としてあるものは既存の情報となり、新たにインプットされた情報を理解するのに役立つこともある。

F 短時間でも集中的に勉強する

学習時間に関しては、**短い時間でも十分に効果がある**。長時間学習したからといって成績が上がるとは限らない。

人間の記憶は新情報をインプットした後、1時間もすれば半分以上忘れてしまうという。つまり時間をかけてだらだらと勉強していると次から次へと新情報を忘れてしまうことにもなりかねない。そうなるとまた一からやり直しだ。これでは復習ではなくてインプット段階への逆戻りということである。ところが、短時間に集中して復習すれば、その日のうちに学んだことを忘れてしまう前にもう1回見直すことも可能だから、短期記憶へとつなげておくことができる。ここでいう短時間とは、集中して机に向う数時間でもいいし、バスや電車に乗っている何分かの間でも構わない。例えば帰宅時を復習に充てるのであれば、短期記憶を次々と復唱していくことにより、学習効果を上げることができる。どこにいようと集中できれば、その時間内で効果的な学習はいくらでもできるものだ。

別の見方をすると、**人間の集中力には限界があるので、それを超えるといくら勉強しても脳のメカニズムがうまく働かなくなる**とも言えるだろう。こうなると脳を休めなければ能率は上がらない。やはり、**集中力が維持できる短時間に密度の濃い学習をしたほうが効果が上がる**ということだ。

最後にもう1点付け加えるなら、長時間の学習は疲労を伴うばかりでなく、その間に学習を妨げるような事実（電話がかかってくるとか食事をしたくなるとか）の発生も予想される。理由は何であれ学習が中断されると、脳の作業もとぎれとぎれになり学習効果は上がらない。

G 演繹的アプローチ生かした学習方法を身につける

　以上説明してきたように、新情報が脳の中で整理されるときは演繹的アプローチ（一般的なグループ［大きなカテゴリー］から細分化されたグループ［小さなカテゴリー］へと整理する作業）が使われる傾向にあるので、その特徴を生かした学習方法を身につければ効率がよく成果も上がる。つまり、Aで述べたように**アウトラインという大枠をつかみ、それからそれぞれのセクションなどを肉付けしていくように**すると、脳のメカニズムと一致してその働きを助長できる。

エピソード 3

「成績が上がった」学生からのコメント

　常日ごろ、周りの人間から勉強の要領が悪いと言われ続け、とても悩んでいた。母親までが教官と一緒になって「そんなに要領が悪くては点数も上がらないわよね」などと他人事のように言う始末（まあ親子とはいえ見方によっては他人かもしれないが）。自分としてはノートを整理したり、何回も教科書を読んだりして、それなりに勉強はしているつもりだったのだが、成績が思うように上がらない。そこで思いついたのが、自分でテストを作成してみることだった。やってみると、重要な点もはっきりとわかるようになった。しかし、最初のうちは、自分で作成したテストを数回やっただけで試験に臨み、試験中に忘れてしまった事項もあった。そこで、繰り返しの復習が必要だと気づき、自分が作成したテストを何回もやり直すようになった。テストの繰り返しなので時間はあまりかからず、集中的に勉強できた。当初コピーも取れる自宅のファックスを使って、自前のテスト問題をコピーしくは解答していたのだが、あまり、頻繁にコピーしたので機械の調子が悪くなり、最終的にはコピー専門店に行ったほどだ。しかし、それが効を奏してか成績が90点以下の科目はなくなった。この方法が自分に合っていたのと繰り返して復習したことがよかったのだと思うが、何より、短時間で復習できるのが魅力だった。

（長野　E.K.）

3 授業でも生かされている記憶のメカニズム

　実は授業中に教官が投げ掛けた質問への回答を探し始めた時点で、学生は長期記憶を形成するための第一歩を踏み出している。例えば、アメリカの大統領選挙について学んでいるとき、教官が日本人学生に日本の内閣総理大臣はどのようにして任命されるのか聞いたとしよう。この場合の新情報はアメリカの大統領制度に関する知識であり、既存の情報は日本の政治制度に関する知識だ。

　質問された学生は既存の情報を引き出して回答を考えることになるが、その過程で新情報であるアメリカの大統領選挙についても既存の情報と照らし合わせて考えることができる。こうして**すでにある情報と比較検討する作業などを経て、新たな情報は分類・整理されて長期記憶へと移行される回路に保持される**。

　したがって、授業中に教官の質問を聞き逃さないようにすることはこの意味でも大切なのだ。ちなみに聞き逃すのは集中力に欠けているからだが、同時に、聴覚から入ってきた新情報を適切に取捨選択できなかったという言い方もできる。

　このほか、学習しているトピックについての短いペーパーを読んでまとめてくるようにという課題が出されたりすることもあるが、こうした課題を処理する過程も、視覚から入ってきた新情報を、**思考過程を経て適切に取捨選択し、既存の情報と照らし合わせて自分なりに整理して習得する**作業にほかならない。

4 試験に役立つ知識とは

　長期記憶への移行回路の段階にまで達した知識は、**復習を繰り返す限りはいつでも取り出せるので、試験などでも役に立つ**。例えば、教科書をまとめて大切な個所を整理した学生が、ただ教科書に下線を引いただけの学生よりも試験の点数がいいという理由はここにある。

　つまり、教科書をまとめて重要点を整理しておけば繰り返しの復習もたやすくできるし、何よりも、思考過程を使って新情報を既存情報

と照らし合わせ、きちんと分類したうえで短期記憶に収めたということだから、必要であれば長期記憶への移行回路から取り出すことができる。これに対し、**下線を引くというだけの作業では新情報は一時的に短期記憶となるだけ**なのである。

　また、「徹夜で丸暗記をしても何日かたったらすっかり忘れてしまった」という件も同様だ。確かに試験範囲の英文を何ページにもわたって丸暗記した場合、内容を理解したうえで、ポイントもうまくつかんでいれば、そこそこの点数は確保できる。しかし、その場しのぎの試験勉強には変わりないので長期記憶として習得するまでには至らない。試験に向けて学習した内容は、試験が終わると同時に復習したり使ったりする機会も減りがちだ。したがって長期記憶になっていない丸暗記情報は、試験が終わればすっかり忘れてしまうわけである。

COLUMN　要領のよさを身につけよう

　皆さんは、勉強する暇があるのかと思うほどほかのことで忙しそうにしているのに、試験ではしっかり高得点を上げる、いわゆる要領のいい学生を見たことがないだろうか。一方ではまじめに勉強しているのに試験では思うように点が伸びない学生もいるのだから、何とも不公平な話だ。

　要領がいい学生と聞くと、おそらく自分に合った学習方法を心得ていて、それを短時間に集中して行っている、ということは容易に想像できる。だが、それ以前に重要なこととして、**彼らはアウトラインを素早く理解して、そこから必要な情報を的確に選択する力にたけている場合が多い**。つまり、**最初の段階から余計な情報の学習に時間を浪費していない**のである。

　これに対し、要領が悪いと言われる学生は、必要な情報を適切に取捨選択するという最初の段階でつまずいたりして、記憶のメカニズムが効果的に作用していないようだ。もちろん学習方法そのものに問題がある場合も少なくない。

　逆に言うと、こうした人たちも講義に集中し、教官の意図を把握して情報を正しく取捨選択すれば（例えば講義の中で図やビデオで説

Ⅲ章　予習・復習と学習計画

明されたり、何回も繰り返し説明されたりするポイントを見逃さなければ)、改善の余地が十分あるのである。

　自分は要領が悪いなどと決め込まず、自分の学習方法をもう一度見直してみてはいかがだろうか。

エピソード 4

片道15分の学習

　当時、大学があるダウンタウンから徒歩15分くらいの所でアパート住まいをしていた私は、いつも歩いて通学していた。そのうちに周囲の景色もすっかり見飽きてしまい、登校時には予習のために読んだ教科書の記述や授業で学んだ内容を歩きながら頭の中で整理する習慣がついた。

　帰宅時は、その日の講義の流れを頭の中で追って復習タイム。この作業は記憶がまだ新鮮なのでたやすくできた。「この部分を教官は図表を参考に説明していた」といった授業の光景を思い出すと、習ったことも次々と浮かんでくる。そこで授業の最初からアウトラインを頭の中で順序立てて整理し、それぞれのセクションで教官がどんなことについて話していたのかを考えてみた。どうしても思い出せない個所はアパートに帰ってからノートにさっと目を通して、さらに、寝る前に目を閉じてもう一度頭の中で復習する。そうしているうちに眠くなり、知らず知らずのうちに寝てしまっていたのだが。

　このような作業を繰り返しているうちに、最初のころより短い時間で授業内容を思い出せるようになり、思い出せない個所もほとんどなくなった。思いがけない副産物に気づき始めたのはこのころだ。多くの事柄を短時間に記憶できるようになったり、記憶力が改善されているのではないかという実感がわいてきたりしたのだ。もちろん、科学的に証明したわけではないが、記憶が新鮮なうちに、脳を最大限に使ったことで、記憶力の面にもよい影響をもたらしたのかもしれない。

　こうして学習した内容は最初の何文字かが出てくればユニットごと思い出せることが多く、試験勉強もノートを見ながらもう一度復習するだけで済むようになった。教官が何か質問をしてくれないかと期待

して授業に参加していたほどだ。そんなうまい話が、と思われるかもしれないが、事実は小説よりも奇なり。私が体験した学習法をぜひ一度試してほしい。

（東京　S.K.）

参考文献

Atkinson, R. C.& Shiffrin, R. M. (1968). Human memory: A proposed system and its control processes. In K.W. Spence & J.T. Spence (Eds.), *The Psychology of Learning and Motivation*, Vol 2. New York: Academic Press.
Bransford, J.D. & Johnson, M.K. (1972). Contextual prerequisites for understanding. *Journal of Verbal Learning and Verbal Behavior*, *11*, 717-26.
Gleitman, H., Fridlund, A.J. & Reisberg, D. (2000). *Basic Psychology* (5th ed.). New York: W.W. Norton & Company.
Good, T.E. and Brophy, J.E (1986). *Educational Psychology: A Realistic Approach*. Third edition. New York: Longman.
Hilgard, E.R. and Bower, G.H (1975). *Theories of Learning* (4th ed.). Englewood Cliffs, NJ: Prentice-Hall, Inc.
Miller, G. A. (1956). The magical number seven, plus or minus two: Some limits of our capacity for processing information. *Psychological Review*, *63*, 81-97.

Ⅳ章

リスニングと
ノート・テイキング

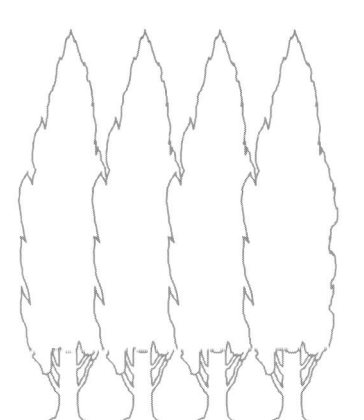

リスニングとは、授業に出席して講義を聞くことで、ノート・テイキングとは聞いた講義をノートに取るという作業である。したがって、リスニングとノート・テイキングは一対のものであるが、この章では便宜上それぞれのセクションを切り離して説明する。

1 リスニング

1 講義の内容を聞き取るために

講義をしっかり聞き取ろうと言われると、とかく自分のリスニング力にばかり目がいってしまう。だが、リスニングの向上のためにはほかにも押さえておきたい重要なポイントがいくつかある。それは授業に臨む際の心構えと言ってもいいかもしれない。ではひとつひとつ順を追って説明しよう。

> **ポイント**
> A 条件のいい席を確保する
> B 食事は事前に済ませる
> C 携帯電話の電源を切る
> D 内容を把握する
> E 話し手の動作にも注意を払う

A 条件のいい席を確保する

講義を聞くときは、**条件のいい席を選んで座ろう**。例えば、あまり後ろに座り過ぎると板書が読みにくいし、入り口付近に座ると遅刻し

てくる学生が気になり講義に集中できなかったりする。さらに、教室のドアが開いていると、廊下で話している学生などの声が大きく、講義が聞きにくいこともある。したがって、個々の好みはあると思うが、一般的には、教官に近い教室の前方、しかも板書がよく見える席がよい。なお、間違いなく講義に集中できなくなるので、話し掛けてきたり、講義中にごそごそと何かを食べたりするような学生の隣には座らないほうがいい。

B 食事は事前に済ませる

食事は講義の前に適度に取り、講義には集中できる状態で臨もう。空腹では集中力も低下するだろう。また、講義の最中にものを食べている学生を見掛けることがあるがあまり感心しない。ほかの学生の迷惑になるのはもちろんだが、自分自身も講義に集中できないだろうし、ノートを取り損ねたりすることが多いからだ。

C 携帯電話の電源を切る

講義が始まったら特別の事情がない限り、**携帯電話の電源を切る**ようにしよう。携帯電話の呼び出し音が鳴ったりすると、教官をはじめ、ほかの学生にも迷惑だ。さらに、マナー・モードにしてあっても、電話がだれからかかってきたのかを確認したりしていると講義に集中できない。

D 内容を把握する

講義には集中し、内容の把握を心掛けよう。ほかのことに気を取られてちょっとでも聞き逃したりすると、講義についていけなくなることもある。講義中にほかのコースのアサインメントをやっていたりするのも感心できない。また、**授業中の居眠りは厳禁**だ。睡眠は十分に取るようにしよう。

E 話し手の動作にも注意を払う

講義中は下ばかり向いていないで、**適度に話し手である教官のほう**

も見よう。教官のジェスチャーや表情などにより、その意図することが伝わってきたり、トピックの重要性がわかったりする。例えば、教官が板書を指差して "This issue is very important.（この件はとても重要です）" などと言って強調するかもしれないが、その瞬間を見逃すとどれが重要なのかわからない。また、教官の表情によってトピックの難易度が何となくわかったりする。例えば、教官がにこにこしながら "This is REALLY difficult." と言ったとしよう。もしかしたら本当は簡単なのだが学生にしっかり勉強してほしいために「難しいよ（しっかり復習しておいてね）」ということなのかもしれない。

2 リスニングにおける重要点

講義をしっかりと聞き取るための心構えはできただろうか。では次に、授業中の聞き取りのテクニックについていくつか紹介しよう。

> **ポイント**
> A 講義全体の流れを把握して、教官の話を予測する
> B 講義の本体部分の構造を理解する
> C リスニングのカギとなる重要表現に注目する
> D リスニングのカギとなる英語の特性を理解する

A 講義全体の流れを把握して、教官の話を予測する

講義には**全体的な流れがある**ので、まずそれを把握しよう。流れをとらえて、今教官が何について話しているのかがわかると、次に話すことを予測できるようになる。

図4-1からもわかるように、講義は一般に「導入部分」「本体部分」「まとめの部分」という3つの部分から構成されている。

図4-1　講義の全体的な流れ

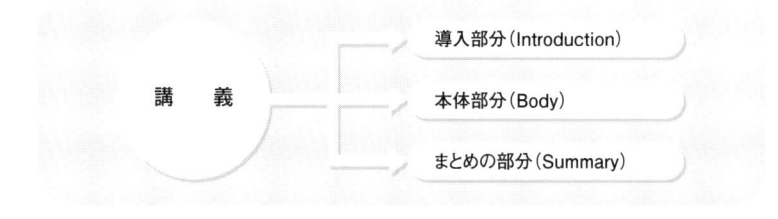

```
                    ┌─ 導入部分（Introduction）
        講　義  ────┼─ 本体部分（Body）
                    └─ まとめの部分（Summary）
```

　大まかに言うと、**導入部分ではその日に学習するトピックの概要を説明したり、前回学習したところの簡単なまとめをしたりする**。ただし具体的なスタイルは教官によってさまざまで、その日のトピックについてざっと説明した後、前回の復習にも触れる教官、その日の講義目的を述べるだけの教官などいろいろだ。あるいはいつも同じパターンを使っている教官もいれば、少しずつ違うパターンを使う教官もいる。いずれにしても導入部分では、ここに説明したような情報を期待できるわけである。

　講義の本体部分とは、その日のトピックで新しく学習する個所のことである。これは、一般的にはメイン・トピックからサブトピック、そしてそれをサポートしている詳細へと講義が進められていくので（詳細は後続の「B 講義の本体部分の構造を理解する」参照）それを知っているだけでも、講義の理解が楽になる。

　講義の終わりには、教官は時間があれば、**手短に大切なポイントだけを拾い出しながらその日の講義のまとめをする**。時間がないときはまとめは省略され、本体部分の後ですぐに次回の講義の内容を簡単に述べて終わりとなる。

B　講義の本体部分の構造を理解する

　ひとつの章はいくつかのメイン・トピックによって構成されている。ここでいうメイン・トピックとは、ひとつの章を構成している各項目の見出しのことである。そして、講義は、それらのメイン・トピックを中心に進んでいく。メイン・トピックの長さはまちまちなので、一回の講義でひとつのメイン・トピックしか学習できないこともあれば、

次のメイン・トピックにまで進むこともある。なお先に説明したとおり、講義は概要から詳細へと進められていくので、アウトラインを考えると下の図4－2のようになる。

一般に、講義の本体部分は「メイン・トピック（講義のテーマ）」→「項目別サブトピック」→「（サブトピックを）サポートするアイデア」→「詳細（定義や具体例）」というように構成されている。時間があれば、次のメイン・トピックに進むこともあるが、その場合でも基本的には同様の流れを繰り返す。

ここに出てくる「（サブトピックを）サポートするアイデア」とはサブトピックを構成している内容のことで、「詳細」とは専門用語の定義やさらに詳しい例題や事実を指す（詳細は「Ⅶ章 ライティング」参照）。

図4－2　講義の本体部分の構造

I. Main Topic	メイン・トピック（講義のテーマ）
A. Subtopic	サブトピックA
1. support	Aをサポートするアイデア1
a. detail	詳細
b. detail	詳細
2. support	Aをサポートするアイデア2
a. detail	詳細
b. detail	詳細
(i) greater detail	さらなる詳細
B. Subtopic	サブトピックB
1. support	Bをサポートするアイデア1
a. detail	詳細
b. detail	詳細
2. support	Bをサポートするアイデア2
a. detail	詳細
b. detail	詳細
(i) greater detail	さらなる詳細
(ii) greater detail	さらなる詳細
(C, D, E, ... similar to A or B)	C、D、E… 上記と同様の繰り返し
II. Main Topic	メイン・トピック（講義のテーマ）
A. Subtopic	サブトピックA
(similar to above)	（上記同様の繰り返し）

C リスニングのカギとなる重要表現に注目する

　講義では教官の話の中に、**リスニング・キュー**と呼ばれる表現がよく登場する。これは**講義の始まりや話題の切り替えを示したり、キーワードのような重要ポイントや詳細などの登場を示唆したりするもの**で、ときにはポーズ(話の間)や繰り返しなどがこの役割を果たすこともある。これらの意味するところを心得てうまく聞き取れるようになれば、教官の話の展開を予測できるので頭の中で次の話題の準備ができる。リスニング・キューとは前述のように**講義の流れをつかんでいくうえで大切な表現**で、キーワードというのは**講義の内容を把握するうえで大切なポイントとなる表現**である。

　例えば教官が、「レトリカル・クエスチョン (Rhetorical Question)」と呼ばれる、聞き手の返答を要求しない質問（表4－1の3. [p. 58]参照)で新しいトピックを紹介した場合、学生は教官自身がその質問に対する答えをこれから話すのだろうと予測しながら聞くことができる。また、**ポーズの後には重要な事項が述べられる**とか、**教官が何度も繰り返して強調した事柄は重要事項である**とかということを知っていれば、講義のポイントを把握するのに役立つ。

　次ページの表4－1に、よく使われる一般的なリスニング・キューや後続の練習問題に登場するリスニング・キューを紹介しておく。

　リスニング・キューにはここに紹介した**表現以外に、因果関係、類似、対照、追加、分類、例証などを表す転換語（つなぎ言葉：transition word)もある**(詳細は「Ⅶ章　ライティング」参照)。こうしたリスニング・キューの役目も担っている転換語は、講義の導入部分、本体部分、まとめの部分など、必要に応じてあらゆる場面で使われる。表4－1では、重要ポイントを列挙するときの表現の一例や、同じことを言い換えるときに使われる表現など、使用頻度の高いものだけを紹介しておく。

　なお、表4－1に挙げた例はすべて基本的な言い回しになっている。実際の講義ではこれらのフレーズの前に Then（では)、So（じゃあ)、OK(ということで)、Now(さてそれでは)といった言葉が入ったり、あるいは Let's(しよう)が抜けるなど、さまざまなケースが考えられる。

Ⅳ章　リスニングとノート・テイキング

表4-1　リスニング・キューとその役割

講義の導入部分＊	
1. 前回やそれまでの講義の復習をする。	In our last meeting, we talked about . . . Last time, we [I] talked about . . . We've been talking about . . . So far we talked about . . . In the previous classes we focused on . . .

講義の本体部分	
2. その日のトピックや講義の目的、教官がこれから話そうとすることを紹介する。	We turn our attention to . . . My main purpose in today's lecture is . . . I'm going to talk about . . . I'd like to look more closely at . . .
その日の講義を始めたり重要ポイントの説明を始めたりトピックの提起をしたりする。	We'll start with . . . Let's start with . . . Let me start with . . . Let's talk about . . . Let me point out that . . .
講義を理解するうえで大切な概念を強調する。	It is important to remember that . . .
3. ポイントやトピックを提起する。あるいはポイントの定義をしたり説明を始めたりする（質問形式のものは「レトリカル・クエスチョン」と呼ばれ、聞き手に回答を要求しているわけではない）。	What is it? What does this mean? What's the argument of . . .? Why? How (did . . . do this)? What happened? How much (agreement is there between . . .)? To what extent . . .? We talk about this as . . . What kind of . . .? What negative aspects does it bring? What did . . . do? What I am trying to point out is . . .
4. 意味を明確にすることにより重要ポイントの確認や強調をする。	I'm focusing on . . . I'm not discussing . . . I'm not trying to suggest that . . . I'm talking about . . . What I want to emphasize is . . . Let me emphasize here that . . . I'd like to point out that . . . What I mean is . . . To clarify, . . . The final point here is . . . The final point, I'd like to emphasize is . . .

5. トピックをサポートする重要ポイントの詳細、例題などを紹介・説明する。	Let's look at . . . Let's take a look at . . . I'm going to use . . .	
6. 次のトピック（サブトピック）などへ進む（話題を変える）。	Let's move on to . . . Let's turn to . . . We now (must) turn to . . . Then . . . It is necessary to look more closely at . . .	

講義のまとめの部分

7. 講義のまとめをする。	Today, we talked about . . . Let me summarize what we've talked about today. To conclude . . . Let me conclude by . . . To sum it up . . .
8. 次回のトピックの紹介をする。	Tomorrow we'll look at . . . Next time we will look more closely at . . .

以下に挙げた単語や表現は講義のあらゆる場面に登場する

9. 列挙（重要ポイントなどを列挙）**	Above all . . . First of all . . . Let me next talk about . . . The second thing that . . . The third phase or event that . . . Thirdly . . . Finally . . . In addition to . . .
10. 言い換え（同じことを再度説明）	That is to say . . . In other words . . . That just means . . .
11. 対照（複数の項目を比較）	On the other hand . . .
12. 結果の表示	（前文にある原因を受けて）Therefore . . .

*　講義の初めに、その日のトピックを発表してから、前回の復習を手短にして、その日のトピックにつなげていくこともある。
**　ここに挙げた単語や表現は、文章を書くときに使うと「分類」「追加」「時間的順序」といった機能分類になるが（Ⅶ章の表7－4参照）、話し言葉の中ではむしろ「列挙」という機能に分類するほうが適当である。

D リスニングのカギとなる英語の特性を理解する

　講義を聞くときは、話し手の韻律的特徴（話し方の強弱や速度）や人称代名詞（he、she、they . . .）、指示代名詞（this、that、these . . .）の使い方にも注意しよう。
　まず、韻律的特徴に関してだが、一般的に講義では大切な情報は強

調される傾向にある。したがって、教官が強く発話する個所は重要事項ということになるので聞き逃さないようにしよう。逆に、早口でぼそぼそと話す場合は、説明事項が細部まで必要以上に長引いていて、教官自身あまり重要でないと感じていることが多い。なお、重要事項を講義するときは、口調は強くなるものの、話す速度は普通である。

　代名詞はすでに出てきた情報（単語［words］、言葉の固まり［phrases］、節［closes］）の繰り返しを避けるために使われる。したがって、各代名詞が何を指しているのかをしっかり聞き分けていくことが大切だ。では、以上説明してきたことを念頭に、リスニングの練習をしてみよう。

2 リスニングの練習

■ Practice 1 の目的

➡ リスニング・キュー、キーワード、繰り返して説明されている重要ポイントを聞き取る。

■ Practice のポイント

➡ 付属の CD は便宜上、3つのパート（CD トラック No. 1〜3）に分けて録音してあるが、下記の3つのタスクを実行する際には、できるだけすべてのパートを通して聞いてみることが望ましい。
➡ そのうえで、聞き取れなかったらパートごとに再度聞いてみよう。
➡ Practice が終わったら、全体を通してもう一度聞いて、内容を確認しておこう。

Practice 1

アウトラインの書き取り

コース名 The American Political System（米国の政治体制）
講義のトピック Federalism（連邦主義）

　ここでは実際の The American Political System のコースの中から、"Federalism" の講義の一部（途中を省略している個所もある）を聞いてアウトラインをノートに書き取ってみよう（原稿はテンプル大学の Richard Joslyn 博士の講義より）。

　この音声は、実際の講義の話し言葉をそのまま再現しているので、話し言葉特有の表現の仕方などもあるが、本書ではあくまでも実践的な練習を目指し、あえて原文のまま収録した。なお本書では、各練習の解説部分を読めば、講義の概略がわかるようになっているが、取り上げた講義に出てくる語彙についてはほとんど説明していない。ひとたび留学してしまえば日本語での意味を教官が説明してくれることはあり得ないので、今から自分で調べる習慣をつけてほしい。

Task 1

　p. 58 の表4－1を参考にしながら講義を聞き（CD トラック No. 1～3）、どのようなリスニング・キューが使われているのか下の空欄にメモしてみよう（解答は p. 64）。

Task 2

講義をもう一度聞きながら下のカッコに当てはまる言葉（内容に関するキーワード）を各パートの最後に掲載してある「語群」から選んで書き入れてみよう。この講義では、教官はサブトピックを質問形式で紹介しているので、それらの答えの部分が聞き取れれば合格だ（解答は p. 64）。

Part 1

Main Topic (　　　　　　　　　　　　　)
A. Subtopic　　　　What is Federalism?
　1. support　　　　Definition/Concept of Federalism

> 語群
>
> the Constitution, the National Government, Federalism, the Articles of Confederation, the United States, the state governments

Part 2

B. Subtopic　　　　Why Federalism?
　　　　　　　　　　　Two main reasons
　1. support　　　　(　　　　　　　　　　　　　)
　1-2. restatement　(　　　　　　　　　　　　　)
　2. support　　　　(　　　　　　　　　　　　　)
　　a. detail　　　　(　　　　　　　　　　　　　)
　　b. detail　　　　(　　　　　　　　　　　　　)
　　　i. greater detail　(　　　　　　　　　　　　　)
　　　ii. greater detail　(　　　　　　　　　　　　　)

> 語群
>
> different economies, prevention of tyranny, agriculture based in southern states, diversity of conditions, different social structures, fragmentation of power, commerce based in northern states

Part 3

C. Subtopic	How [did they divide powers]?
1. support	Selected Constitutional Powers
a. detail	the national level
i. greater detail	. . . omitted . . .
b. detail	the state level
i. greater detail	. . . omitted . . .
2. support	( )
a. detail	Definition
i. greater detail	( )

語群

a chart, Dual Federalism, a metaphor, a very clear distinction, a layer cake, the frosting

注：Part 3 では実際にはチャートを見ながらそれぞれの政府の役割を説明しているのだが、音声ではその部分は割愛 (omitted) してある。

Task 3

講義を聞き、パートごとに列挙した下記のリストから、それぞれ何度も繰り返して説明されている事柄に印をつけよう。各パートの正解は複数の場合もある (解答は p. 65)。

Part 1

1. Problems and weaknesses of the Articles of Confederation
2. A definition/concept of Federalism
3. Japanese national government
4. Unitary government

Part 2

1. fragmentation of power
2. prevention of conditions
3. diversity of conditions

Part 3
1. How did they divide powers?
2. Specific roles of each government
3. The concept behind Dual Federalism
4. An up-dated description of Dual Federalism

Task 1 の解答

　この講義の流れをつかんでいくうえで大切なリスニング・キューを、その役割とともに列挙しておく。

Part 1　Today we turn our attention to...(講義のトピックの紹介)
　　　　　OK, we talked about...(前回の復習の示唆)
　　　　　Then, what is it?(ポイントの定義)

Part 2　Then, why...?(ポイントの提起)
　　　　　Why?(ポイントの提起)
　　　　　I'm going to talk about...(次に話す内容の紹介)

Part 3　OK, so, let's move on to...(次のサブトピックへの移行)
　　　　　...how did they do this?(ポイントの説明の開始)
　　　　　...how did they divide powers?(ポイントの説明の開始)
　　　　　OK, so how did they go about...?(ポイントの説明の開始)
　　　　　Look at...(例題の紹介)
　　　　　OK, now I'm gonna...(詳細の説明)

Task 2 の解答

Part 1

Main Topic	(Federalism)
A. Subtopic	What is Federalism?
1. support	Definition/Concept of Federalism

Part 2
B. Subtopic	Why Federalism?
	Two main reasons
1. support	(Fragmentation of power)
1-2. restatement	(prevention of tyranny)
2. support	(diversity of conditions)
a. detail	(different economies)
b. detail	(different social structures)
i. greater detail	(agriculture based in southern states)
ii. greater detail	(commerce based in northern states)

Part 3
C. Subtopic	How [did they divide powers]?
1. support	Selected Constitutional Powers
a. detail	the national level
i. greater detail	. . . omitted . . .
b. detail	the state level
i. greater detail	. . . omitted . . .
2. support	(Dual Federalism)
a. detail	Definition
i. greater detail	(a layer cake)

Task 3 の解答

Part 1 2. A definition/concept of Federalism
Part 2 3. diversity of conditions
Part 3 1. How did they divide powers?
         3. The concept behind Dual Federalism

Ⅳ章 リスニングとノート・テイキング

トランスクリプト

(注1) 太字はリスニング・キュー、下線はキーワードが含まれる部分を示している。
(注2) 文中の「::」「:::」という記号は音声が伸びていることを示している。例えば「A::」となっている個所は、教官が言葉と言葉の合間に「あ〜」という音（日本語にすれば「え〜」くらいのニュアンス）を発したということである。専門的な会話分析などで話し言葉を文章に起こすときはこの記号が使われる。

Practice 1

The American Political System
Federalism

Part 1

Today we turn our attention to Federalism.

OK, we talked about one of the challenges that the authors of the Constitution faced was how to balance the amount of political power that the newly created National Government would have versus the power that the state governments had and there were things pulling them in both directions. A:: they worried about all the problems and weakness of the Articles of Confederation which pulled them in the direction of strengthening the national government, transferring a good amount of power across the two different levels.

The traditional fact was that the states had existed longer than the national government and they knew that they were going to have to adjust their proposed constitution for ratification pulling them in the other direction of maintaining a::: recognizing a significant amount of political power at the state level. So they had to figure out a::: where they would end up and a::: considerable discussion had been abundantly observed and the result was to create this division of power which has come to be called Federalism.

Then, what is it? They didn't call it Federalism at that time.

Only we call it Federalism now when thinking about what they did and also thinking about how different aaa:::: our approach to this is from approaches of most other democratic countries around the world. So, Federalism is just a:: fundamentally a decision to divide political power across governmental levels.

OK? And the fact is we're talking about power. That's important. In Japan, you know, you have a national government a:: national government institutions and then you have sub-national administrators as well. Aa:: but power isn't divided across the levels. The sub-national levels are just there to help the national government do what they want to do. So, they're more like the administrators of national government aa::: powerfully, but the United States is very different. Power's divided between two levels. So, there are some things the national government can do and some things the state governments can do. We call this, we might call this dual sovereignty.

OK? Aa:: suggesting that both levels, national and state levels have the right to exercise power. Dual means two. OK? So both governments have power within their domains. They aren't necessarily dependent on each other, so they exercise the power separately because they have a dual system of power. So, we aa::: there are or I don't know, there are a handful of countries in the world that have done a similar kind of thing: actually created a federal a::: government, dividing power between national and state levels, but most democracies are what we call unitary government which means sovereignty is exercised by the national government level purely. Power of the exercise that national government might create aa::: power levels of governors that help them govern, but power fundamentally resides in the national government itself, nowhere else. No one has power without the national government. OK? So, Federalism, dual sovereignty, is division of political power across two levels.

Part 2

Then, why Federalism? I'll quote this, OK? **Why? I'm going to talk about** the main reasons for the situation at the time the Constitution was written. The authors of the Constitution justified this decision of creating Federalism in terms of a fragmentation of power aa:: a:: prevention of tyranny and also aa:: they made an argument that a:: their needs and circumstances of each of the states were so different that it didn't make sense to engage all of the political power that exists in the national level. So, they thought about aa::: diversity of conditions and, therefore, needs across the states. For example, Southern states are more agricultural based: aa:: cotton and cash crops, large plantations, et cetera, whereas Northern states are more industrial, aa:: manufacturing purpose so commercial based. So, they thought that aa:: states having such different economies and social structures would inevitably need different things from the government. Therefore, they argued to get some political power at the state level. OK?

Part 3

OK, so:: aa:: **let's move on to** "how" then. Now, **how did they do this?** Dual federalism, power of separation, **how did they divide powers?**
[distributing handout]
OK, this is a chart that attempts to aa:: show how power was divided across the levels in the Constitution. OK? So . . .
OK, so how did they a:: **go about** dividing powers in the

Constitution? **Look at** the top of this chart. It says "Selected Constitutional Powers." These are powers that were aa:: talked about in the Constitution and basically this framework, you know, assigned powers either at the national level or the state level, or both. List of policy responsibilities in each category are . . .

So, this is complicated. Somewhat complicated situation of some powers the national government has, some powers the state government has, and some powers both of the governments have. Some powers may not be exercised by the national government, so a little bit, a:: little bit complicated, but basically the approach . . . we now refer to the approach as aa:: Dual Federalism.

The idea behind Dual Federalism was an attempt to keep the levels separately and give very different powers to these two levels in order to be very clear about what each level of government could do.

OK, now I'm gonna use a metaphor, I think the author of the text used this metaphor, the metaphor that people will aa:: recognize in the stages to explain them. The reason I use the metaphor is because aa:: this has changed over time and aa:: well, anyway, just wait. Trust me. Maybe this makes sense, but I'm not sure. We often use a metaphor of a layer cake to describe Dual Federalism. OK, now the cake we're talking about is the, you know, aa:: dessert. OK, just regular cake. Aa:: do you use this term, layer cake in Japan? If you go to the bakery to buy a cake, do you . . . , do you use this term, layer cake? "I wanna layer cake." Layer cake is just a cake that has layers . . .

So, the idea of the layer cake is . . . you can very clearly see the layer . . . so, the layers have a very clear distinction and are separated from one another by the frosting. OK? And this is the metaphor for Dual Federalism. We have the national government and the state government. They are separated from each other by the very clear distinction between them. There's no doubt about what the national government can do and what the state government can do, and there's no real relationship, nor action between them. They are separate, doing their own affairs. OK? So, that's the metaphor often used to try to aa∷ try to communicate this original approach that we call <u>Dual Federalism</u>. OK, now the approach's been replaced. It's no longer an accurate description of federal powers between the levels . . .

(This lecture was originally given by Richard Joslyn, Temple University Japan, Summer 2003)

解　説

講義の流れとリスニング・キューの使い方

　この講義では教官がサブトピックを質問形式で紹介しているので、聞き手はそれを基に次に話される内容を予測していくとよい。では、上記のスクリプトの各パラグラフに番号を振ってから、以下の解説を読んでみよう。

　なお、以下の講義に出てくる National Government (= Federal Government) は、アメリカの「連邦政府」のことだが、ここでは州政府との対比を明確にするため、あえて「中央政府」という訳語を使った。

Part 1

● **第1パラグラフ**

　ここではまず、"Today we turn our attention to . . .（今日は…について詳しくみていく）" という言葉で始まっている。この発言で教官は、今日は "Federalism（連邦主義）" について講義することを最初

70

に明確にしているのである。

● 第2パラグラフ

　次に、"OK, we talked about . . ."（さて、前回は…について話した）" という言葉で、前回の復習が始まっている。ここで述べられていることをみると、前回の講義では、新たに発足した中央政府と長い歴史を持つ州政府の政治力のバランスをいかにうまく取るか、連合規約(the Articles of Confederation：米国最初の憲法)の抱える問題点をどうするかといったことについて、憲法の草案者たちが頭を痛めていた事実を学んだようだ。なおこのパラグラフの最後に出てくる "the two different levels" とは、中央政府と州政府を指している。

● 第3パラグラフ

　ここでは、州という政治単位のほうが中央政府よりも歴史が古いこと、憲法の批准に当たって、州にかなりの政治力を残そうとする動きがあったことなどを説明している。そしてその行き着く先として "Federalism" が登場したようだ。

● 第4パラグラフ

　前のパラグラフの結末を受け、"Federalism" とはどういうものなのかという定義や概念が、例題なども織り交ぜて繰り返されるのだが、そのきっかけとなる言葉は "Then what is it(=Federalism)?" だ。ここで「一体 "Federalism" とは何なのだろう」と問い掛けているので、聞き手は「教官がこれから "Federalism" の概念について説明してくれるのだ」と予測できる。現代では当時の人たちの業績や、この国の政治体制とほかの民主主義国家との違いに注目して "Federalism" という言葉を使っているが、当時は "Federalism" という表現はなく、中央政府と州政府に政治力を分割するという決断を意味していたにすぎないと、教官は解説している。

● 第5パラグラフ

　ここでは日本の政治体制とアメリカのそれを比較している。日本では地方はあくまでも中央政府の補助機関であり、両者の間に権力の分割はないと教官は言う。一方アメリカでは明確な分割が存在しているようで、こうした体制を"dual sovereignty（二重の統治権、くらいの意）"と呼んでいる。なおここに出てくる、"sub-national administrators"とは日本の地方自治体を指していると思われる。

● 第6パラグラフ

　教官は"suggesting that . . .（…ということを示唆している）"として、先の"dual sovereignty"という言葉が想起させる内容について触れている。さらに、ほかのほとんどの民主主義国家では統治権は中央政府にあるとして"unitary government（単一政府）"という言葉も使っている。そして最後に"Federalism"とは"division of political power across two levels（２つのレベルでの政治権力の分割)"である、と念を押しているのである。なお、"So, we"で始まる７番目のセンテンスでは、"So, we"は"actually created"で始まる部分に直結している。しかし"So, we"と言いかけたところで、教官が思い出して、"aa::: there are or I don't know, there are a handful of countries in the world that have done a similar kind of thing:（え〜、このように異なるレベルでの政権の分割を採用している国が、世界にいくつかあるかどうかはわからないが）"という説明を入れているのである。

Part 2

● 第7パラグラフ

　ここでは"Then, why Federalism? . . . Why?"というようにまず、「じゃあ、なぜ"Federalism"を採用する必要があったのか」と質問形式を用いてサブトピックを紹介している。そこで聞き手は「教官は次に連邦主義を採用した理由について説明してくれるんだな」とわかるので、この点について予習してあれば、それを思い出しながら講義の

内容を予測することもできる。

また、質問形式でサブトピックを紹介した後すぐに教官は "I'm going to talk about the main reasons for ...（…の主な理由を考えてみよう）" と言ってサブトピックの焦点を絞っているので、ここがしっかり聞き取れれば、さらに次の話の展開が予測できるのだ。

教官の話を少し聞いてみよう。どうやら合衆国憲法の草案者は、"fragmentation of power（権力の分断）" つまりは "prevention of tyranny（専制政治を導かないための策）" として "Federalism" の設立を正当化したようだ。彼らは "diversity of conditions（[各州の] 状態の多様性）" や "needs across the states（各州に存在するさまざまなニーズ）" に思いを巡らせたようで、その例として南部の州は農業を基盤とし、北部はより産業化されている点を挙げている。ちなみに講義では話し言葉が使われることが多いのでその点も頭に入れておこう。

そして、このように経済状態も社会構造も州によって違うのだから、それぞれが政府に求めるものも当然違ってくる。そこで、州レベルでなにがしかの政治権力を持たせるという論議が生まれたのだと結んでいる。

Part 3

● 第8パラグラフ

ここでは、まず、"OK, so:: aa:: let's move on to "how" then（さて、では "how" という点に話を移そう）" という言葉が聞き取れれば OK だ。このひと言で「次のサブトピックに移るのだな」とわかるので、頭を切り替えてこの "how" について予測してみよう。ここでは、教官は何回も "how" の質問を繰り返して次に何を話すのかを明確にしている。

● 第9〜10パラグラフ

実際の講義ではどのようにして "Federalism" ひいては権力の分割を実施したのかについてチャートなどを見ながら説明している。スペースの都合上、講義の一部を割愛してあるが、ここでは憲法に定めて

あるそれぞれの政府の役割もチャートを使って説明しているのである。

● **第 11 〜 12 パラグラフ**

中央政府と州政府に権力が分割されている体制を"complicated（複雑だ）"としつつ、そうした状況を"Dual Federalism（二重の連邦主義、くらいの意）"という概念でも説明している。

● **第 13 〜 14 パラグラフ**

ここでは"OK, now I'm gonna . . .（では、…しよう）"という「詳細の説明」を予期させる表現を使っている。詳細説明の具体的な方法として"layer cake（複数の層になっているケーキ）"という"metaphor（隠ゆ、比ゆ）"が用いられている点が聞き取れただろうか。

3 ノート・テイキング

このセクションではまず、ノート・テイキングの重要性について説明しよう。その後で、実際にノートを取るときの注意点を挙げ、役に立つノートの取り方を探ってみる。

1 なぜノート・テイキングは大切なのか

> **ポイント**
> A 講義のアウトラインの把握と新情報のインプットができる
> B 講義に集中できる
> C 重要ポイントの把握ができる
> D 試験対策になる
> E 講義でしか得られない貴重な情報の記録になる

A 講義のアウトラインの把握と新情報のインプットができる

　ノートを取ると、**書くという作業を通して講義のアウトラインがはっきりみえてくるので、教官の話を理解しやすくなる**。また、人間は１時間もすれば聞いたことや読んだことを半分以上も忘れてしまうので、講義でせっかくいろいろなことを教わっても家に帰るまでには半分以上も忘れている。しかし、ノートに書いておけば、**読み返しができるので、新しい情報も覚えやすい**。

B 講義に集中できる

　ノートを取るという作業は、集中力を要する作業だ。したがって、ノートを取ることにより、ほかのことを考えたりする暇がなくなり、**必然的に講義に集中することになる**。

C 重要ポイントの把握ができる

　授業中は講義の重要な点をノートに取っているのだから、これを読めば**授業内容を要領よくまとめて把握できる**。

D 試験対策になる

　自分の言葉で書かれた情報を読むことは、**忘れかけていた記憶を呼び覚ます際に大きな助けとなる**。こうした点からも、ノートは試験対策の強い味方と言える。もちろん試験直前の学習だけではなく、学期を通して、定期的な復習や予習に役立てることもできるし（詳細は「Ⅸ章　成績の評価方法と試験対策」参照）、後にそのコースに関連のある別のコースを受講するときにも参考になる。

E 試験でしか得られない貴重な情報の記録になる

　講義では教科書には書いていない説明などをしてくれることもあり、それらがとても大切な情報である場合もある。つまり、ノートを取ることにより、教科書には書かれてない、**講義でしか得られない情報を、記述しておくことができる**。別な言い方をすると、教科書だけ

読んでいたのでは、この手の情報は入手できないということだ。

2 ノート・テイキングにおける一般的な注意点

ノート・テイキングの重要性を理解していただいたところで、次にノートを取る際の注意点をいくつか挙げておく。

> **ポイント**
> A 読みやすく書く
> B ノートを選ぶ
> C 板書されたことはすべてノートに取る
> D 板書以外の情報の扱いを明確にする
> E ノートの構成を決める
> F ノートを取るときにはさまざまな工夫をする
> G ボイスレコーダーの功罪を理解する

A 読みやすく書く

ノートを取るときには、**後で読んでもすぐ理解できるような書き方**をしなければいけない。そのためには、少なくとも**読みやすい字**で書いておいたほうがいい。講義を聞きながら急いで書くので、とかく読みにくい字になってしまいがちだが、復習に役立てるためにも、字の読みやすさには注意を払おう。殴り書きでは後で困るだけだ。

ここでいう「読みやすさ」とはあくまでもノートを取った本人にとってということなので、**他人にとって読みやすいものである必要はない**。いろいろなスタイルのノートがあっても一向に構わないし、極端なことを言えば、他人が見て読みにくくても、本人にとって読みやすいノートならいいのである。

さらに細かいことを言えば、ノートを取るときは**鉛筆よりボールペンのほうがいい**。鉛筆だと、何度も見直したりするうちにこすれて字が読みにくくなるが、ボールペンならそうした心配もない。

B ノートを選ぶ

　ノートは少なくとも標準サイズである 8.5 インチ × 11 インチ（22 × 28 cm：ほぼ A4 サイズ）**のものを選ぼう**。それより小さいと情報が途切れ途切れになってしまい、講義の全体的な流れを把握するのが難しくなる。また、ノートは無地よりも横線が引いてあるもののほうがいいし、線と線の間隔が広いほうが書きやすい。

　コースごとに別々のノートを作り、きちんと分けておこう。個人的には、持ちやすさを考え、**あまり厚くないノート**をおすすめする。コースによっては 2 冊になってしまうことがあるかもしれないが、逆に 1 冊にまとめようとして分厚いものを選ぶと、重いばかりでなく使い勝手も悪くなる。また、こんな厚いノートが使い終わるのだろうかなどと考えると学習意欲も減退するだろう。薄いノートなら先もみえて、ノートの枚数が減れば減るほど「けっこう書けた」という満足度が増し、学習意欲も増加するというものだ。

　ルーズリーフのノートを使う方法もあるが、個人的にはおすすめしない。ルーズリーフは引き離して 1 枚ずつでも持ち歩けるが、紛失する可能性が高い。かといってバインダーを持って歩くと、重いしかさばるばかりだ。とじる順序を間違えると講義の流れが混乱してしまうことも考えられる。また、記録の保管という点からも、コースごとに 1 冊ずつになっているほうが何かと便利である。

　このほかレポート用紙をノート代わりに使う人も見掛けるが、ばらばらになってしまったり、紛失したりすることもあるので、やはりおすすめできない。

C 板書されたことはすべてノートに取る

　教官の板書は講義の理解に役立つアウトラインや重要語句が主な内容なので、**すべてノートに書き写そう**。あるいは教官の板書した事項にちょっとした印をつけ、後で板書を写したものだとわかるようにしておくのもよいだろう。試験勉強の際はそうした重要ポイントに焦点を当てるようにすれば、時間も有効に使える。

D 板書以外の情報の扱いを明確にする

　ノートを取る際、**トピックと日付は必ず書いておくこと**。実際のノートの取り方は各自さまざまだと思うが、一般論として言うならば、教官の発言内容や OHP (Overhead Projector) などで映し出された文章をすべて書き留めようなどとは考えないほうがいい。それよりも、名詞や名詞句を使って主題、重要事項、定義、専門用語などを中心に書き留めたり、例題や事実などは要約して列挙していくとよい。意味を左右する動詞(例えば "summon" と言えば素人のボランティアを募って一時的に軍隊を結成することを意味するが、"draft" を使っている場合には本職の軍人を召集して軍隊を結成することになる)はかなり重要になってくるので注意しよう。このようにしてノートを取るにはかなりの集中力が必要になるので、情報の聞き逃しが少なくなり重要点を網羅できるようになる。

　なおこれまでの説明と逆行するが、**自分にとって使いやすいノートになるのであれば、教官の言ったことをほとんどすべてそのままの形で書き留めるのも悪くはない**と思う。あくまでも筆者の個人的意見だが、教官の発言を逐一記録すると、さまざまな表現の仕方がわかり英語の勉強にもなるし、後で見直すときに講義の筋道がはっきり把握でき、試験の準備もしやすい。英語を母語としない日本人にとってはかなり役立つこともある。ただし、教官は学生がひとつのことを書き終わるまでいちいち待っていないので、これをするには、**かなりの記憶力と集中力が必要**だ。

　教官が教科書や参考文献を読み上げたときは、そのページや、教官の教科書の記述に関するコメントを手短にまとめてノートに書き留めておくとよい。それらのコメントは重要ポイントであることが多いのである。

E ノートの構成を決める

　これもまた、各自いろいろなノートの使い方があるので一概には言えないが、一例を紹介しておく。まず、両面が一度に見られるように、

| 図4-3 | ノートの使い方と構成

```
┌─────────────────────┬─────┬──────────────────────────┐
│   予習用ページ       │Q&A  │     講義用ページ          │
│                     │     │                          │
│                     │     │ 日付(1)                   │
│                     │     │ Main Topic(2)             │
│ (こちらのページの詳細は│     │   A. Subtopic(1)         │
│ 「Ⅵ章 リーディングとノ│     │     1. support(1)        │
│ ート・メイキング」参照)│     │        a. detail(2)      │
│                     │     │        b. detail(2)   Q&A*│
│                     │     │     2. support(1)         │
│                     │     │        a. detail(2)       │
│                     │     │        b. detail(2)       │
│                     │     │          (i) greater detail(3)│
│                     │     │          (ii) greater detail(3)│
│                     │     │   B. Subtopic(1)          │
└─────────────────────┴─────┴──────────────────────────┘
```

＊右ページでいうQとは、講義を聞いたりノートをまとめたりしているときに出てきた疑問点のことだ。それらの疑問点(質問事項)とその答え(Q&A)は関連する事柄の横に書こう。上の例でいうなら、ここにあるQ&AはA-1-aに関するものということになる。

ノートは左側のページから使うとよい。そして、ノートを取るときは、**左側のページに予習での教科書のまとめ**(詳細は「Ⅵ章 リーディングとノート・メイキング」参照)を書き、**右側のページはクラスでの講義**に使うとよい。その際に、各ページの端4分の1は、質問事項などを書き込む欄として空けておく。つまり、予習をしていて浮かんだ質問事項は左側のページの右端4分の1の該当個所に、講義中に浮かんだ質問事項は右側のページの右端4分の1の該当個所に書いておく。答えがわかったらそれぞれの質問の下に解を書き込んでいくのだ。

実際にノートを取るときは**講義のアウトラインに沿って肉付け**をしていこう。体系付けずただ羅列するだけでは、後で役に立つノートにはならない。教官によっては講義の内容が四方八方に飛ぶ場合もたまにあるが、そういうときでも予習で得た情報を基に自分なりにアウトラインを作っていこう。また、**聞き逃してしまった個所は空白にしておき、後で調べたり質問したりして埋めていくようにする**。

以上述べてきたことを簡単な図にすると図4-3のようになる。図

にあるカッコの中の数字は余白の行数を表す(あくまでも目安であるが余白はたっぷり取ったほうがよい)。

F ノートを取るときにはさまざまな工夫をする

　早口で話されても内容をしっかりと把握できるよう、ノートを取るときにはいろいろな工夫が必要だ。具体的には**略語(abbreviations)や記号(symbols)を使用したり図形を利用**したりする。また、be動詞(are、am、is、was、were)や冠詞(a、the)、指示代名詞(this、that、these、those...)、人称代名詞(I、we、he、they、them...)のような、**書かなくても講義が把握できるような言葉は省略してもよい**。ただし、"and" "but" "with" "without" などは、意味を大きく左右することがあるので書いておいたほうがよい。単語のつづりがわからないときは、とりあえずカタカナで書いておいて後で調べるようにしよう。

　以下、知っておくと便利な略語や記号、そして図形をみておく。これらは教官が板書するときにも使われる。

表4-2　ノート・テイキングで使われる略語・記号・図形

	略語	英語の意味	日本語の意味
ラテン文字からきた略語	cf.	compare	…を参照
	i.e.	that is	つまり
	e.g.	for example	例えば
	etc.	and so on	…など
	vs.	versus (against)	…に対比して
科学に関する略語	a.m.	ante meridiem	午前中
	C	degree Celsius	摂氏( )度
	cm	centimeter	センチメートル
	F	degree Fahrenheit	華氏( )度
	g	gram	グラム
	in.	inch	インチ
	kg	kilogram	キログラム
	min	minute	分
	p.m.	post meridiem	午後
	s	second	秒
その他の略語	w/	with	…で
	w/o	without	…なしで
	adv	advantage	利点
	cont'd	continued	続く
よく使われる記号	+, &	and	…や(と)
	#	number	例えば #5 は 5 番の意。
	%	percent	パーセント
	?	question	疑問・質問
	♀	females	女性
	♂	males	男性
	′	foot	フィート
	″	inch	インチ
	∵	because	なぜならば
	∴	consequently	それゆえ
数学記号	=	equal	…に等しい
	≠	not equal to	…と等しくない
	x	by	例えば x2 は 2 倍の意。
	<	less than	例えば A<B は A は B より少ないの意。
	>	greater than	例えば A>B は A は B より多いの意。
	≒	approximately	だいたい
図形の利用	ⵗ		左右の項目の関連を示す。
	↗		上昇する
	↘		下降する・落ち込む
	x*		よくない・欠点
	○**		よい・利点

* / **　×とか○はおそらく、日本人だけが使うものであると考えてよい。このほか州の名前なども略語で表記されることが多いので(例えばニューヨーク州ならNY)、あらかじめ自分で調べておこう。

IV章　リスニングとノート・テイキング

図4-4 ノート・テイキングの例

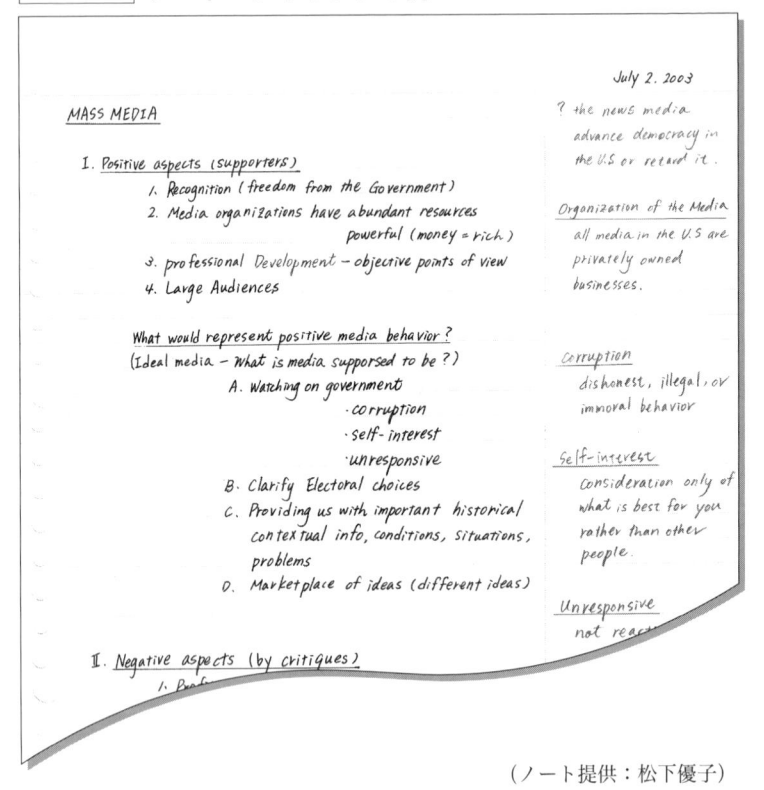

```
                                              July 2, 2003
MASS MEDIA                              ? the news media
                                        advance democracy in
  I. Positive aspects (supporters)      the U.S or retard it.
    1. Recognition (freedom from the Government)
    2. Media organizations have abundant resources    Organization of the Media
                      powerful (money = rich)         all media in the U.S are
    3. professional Development - objective points of view   privately owned
    4. Large Audiences                                businesses.

  What would represent positive media behavior?
  (Ideal media - what is media supposed to be?)      Corruption
         A. Watching on government                    dishonest, illegal, or
              · corruption                            immoral behavior
              · self-interest
              · unresponsive                          Self-interest
         B. Clarify Electoral choices                 consideration only of
         C. Providing us with important historical    what is best for you
            contextual info, conditions, situations,  rather than other
            problems                                  people.
         D. Marketplace of ideas (different ideas)
                                                      Unresponsive
                                                      not rea...
  II. Negative aspects (by critiques)
    1. ...
```

（ノート提供：松下優子）

G　ボイスレコーダーの功罪を理解する

　講義の内容をボイスレコーダーに録音する学生がいるが、これには長所と短所がある。まず長所だが、何らかの理由でちょっと聞き逃してしまった個所や教官の話すスピードについていけなかったりして理解できない個所があっても、**後で何度でも聞き返すことができる。**

　次に短所だが、録音内容には教官の表情やジェスチャー、板書までは含まれない。教官の真意はそうした音には表れない部分も含めて把握すべきなので、**音声だけに頼るのは危険だ。**つまり、**講義を録音していても、やはり同時にノートも取る必要がある。**また、上手に音声が録音されていないと聞きにくいこともある。さらに、録音した講義

を聞き返してまとめるとなるとかなりの時間がかかる。これは学生からよく聞く話だが、講義を録音しても実際には聞くことはあまりないようだ。

ボイスレコーダーを使うかどうかは個々の判断だが、何らかの理由で講義に出席できずクラスメートに録音を頼む場合を除き、あくまでも補助的な使用にとどめておいたほうがよさそうだ。

最後に、レコーダーを使う場合のマナーだが、**録音する前に必ず教官の許可をもらうことが大切だ**。これは基本的な礼儀である。あたかも録音して当たり前というように黙って録音を始める日本人学生をよく見掛けるが、必ず「録音させてほしい」とひと言お願いしてからにしよう。

ではこれまでに学んだことを参考に、ノート・テイキングの練習をしてみよう。

4 ノート・テイキングの練習

ノートを取る練習をするに当たり、このセクションでもリスニング・キューを聞き取る練習に焦点を当てる。**今回は表4－1で紹介したもののほかに、講義の流れを理解するうえで大切な、段落のつなぎ目に使われたものにも注目していく**。なお、ここで取り上げられなかった表現については「Ⅶ章　ライティング」を参照してほしい。

それでは、付属のCDで講義を4つ聞きながら、タスクに挑戦してみよう。この練習はあくまでも実践を想定しているので、多少難しいかもしれない。したがって最初のうちは的を射た解答がなかなかできないかもしれないが、根気よく何度も練習してほしい。単語の意味がわからなくて講義の流れを把握できないときは、講義スクリプト（各講義の練習問題ごとに掲載してある）を参考にそれらを調べ、講義をもう1度聞き直してみよう。なお、CDに収録されている下記の4つ

のトピックは、留学後受講しなければならない、アメリカの政治や歴史、科学のコースで扱われる。

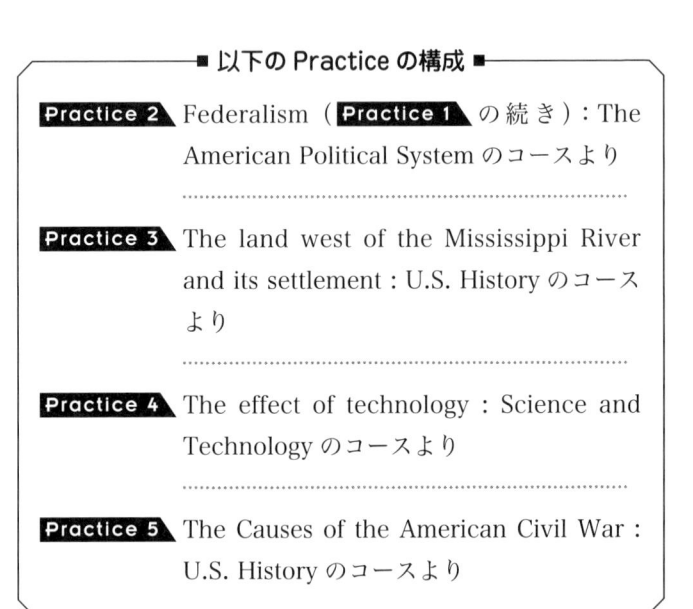

> ■ 以下の Practice の構成 ■
>
> **Practice 2** Federalism (**Practice 1** の続き): The American Political System のコースより
>
> **Practice 3** The land west of the Mississippi River and its settlement : U.S. History のコースより
>
> **Practice 4** The effect of technology : Science and Technology のコースより
>
> **Practice 5** The Causes of the American Civil War : U.S. History のコースより

■ Practice 2〜5 の目的

→ まずリスニング・キューを確実に聞き取り、その役目を理解する。
→ その後でアウトラインに情報を加味する形でノートを作ってみる。
→ Practice 5 では、CD を聞いて自由にノートを取ってみる。
→ ただし、これはノート・テイキングの一例の練習であり、ここで練習するノートの取り方が唯一無二ではない。

■ Practice 2〜5 のポイント

→ 付属の CD は便宜上、複数のパートに分けて録音してあるが、下記のタスクを実行する際には、できるだけすべてのパートを通して聞いてみることが望ましい。

➡ そのうえで、聞き取れなかったらパートごとに再度聞いてみよう。
➡ Practice が終わったら、全体を通してもう一度聞いて、内容を確認しておこう。

Practice 2

ノート・テイキング（1）

コース名 The American Political System（米国の政治体制）
講義のトピック Federalism（連邦主義）

これから聞く講義は Practice 1 で聞いた "Federalism" の講義の続き（原稿はテンプル大学の Richard Joslyn 博士の講義より）である。したがってここでの講義は、すでに聞いた3つのサブトピックに続く4つ目から始まる。まず p. 66 に戻ってこれまでのアウトラインにざっと目を通してから始めよう。

Task 1

p. 58 の表 4 − 1 を参考にしながら講義を聞き（CDトラック No. 4〜8）、どのようなリスニング・キューが使われているのかを下の空欄にメモしてみよう（解答は p. 88）。

Task 2

講義をもう一度聞きながら、アウトラインに沿ってノートを取ってみよう。すでに記入されている部分をヒントにして、四角い枠の中には必要な情報を自分の言葉でまとめて記入し、[　　]にはキーワードを入れること(記入例は p. 88)。

注：ここで聞く CD トラック No. 4 は講義の4つ目のサブトピックから始まっているが、そこに至るまでの最初の3つのサブトピック (p. 70～74 で説明済み) もアウトラインとしてつけ加えてある。

Main Topic　　　Federalism
　A. Subtopic　　What is Federalism?
　B. Subtopic　　Why Federalism?
　C. Subtopic　　How [did they divide powers]?

Part 1
D. What happened to Dual Federalism?
"Triumph of National Idea" (TNI)
1. Definition

```
┌─────────────────────────────────────┐
│                                     │
│                                     │
│                                     │
└─────────────────────────────────────┘
```

(a) How did this happened?

```
┌─────────────────────────────────────┐
│                                     │
└─────────────────────────────────────┘
```

Part 2　(以下の3つのパートにまたがる内容)
2. Three causes (three crises or events)

Part 3
　(a) [　　　　　　　　　　　　　　　　　　　　　　]

(i) problems

(ii) How did this relate to TNI?

Part 4

(b) [   ]

(i) problems

(ii) How did this relate to TNI?

Part 5

(c) [   ]

(i) problems

(ii) How did this relate to TNI?

Task 1 の解答

この講義の流れをつかんでいくうえで大切なリスニング・キューをその役割とともに列挙しておく。

Part 1　OK, now, let's move on to . . .(次のサブトピックへの移行)
　　　　　What happened . . . ?(ポイントの提起)
　　　　　. . . why . . . ?(ポイントの提起)
　　　　　We talk about this as . . .(ポイントの定義)
　　　　　That just means . . .(同一内容の再度の説明)
Part 2　Now, let's take a look at . . .(詳細の紹介)
Part 3　First of all, . . .(列挙：最初の項目の提示)
Part 4　The second thing that . . .(列挙：2番目の項目の提示)
Part 5　OK, the third phase or event that . . .(列挙：3番目の項目の提示)

Task 2 の記入例

ノート・テイキングの一例を紹介しておこう。なお、本書に示すノートの記入例では、実践を想定しているため、授業内容の理解を妨げない範囲で一部、冠詞、前置詞などを省略してある (p. 80「F ノートを取るときにはさまざまな工夫をする」参照)。

Part 1

D. What happened to Dual Federalism?
　"Triumph of National Idea" (TNI)
　1. Definition

An expansion of the national Govt power
(increased its power of the national Govt over the state Govt)

(a) How did this happened?
　Over a period of 200 plus years

Part 2　（以下の3つのパートにまたがる内容）
2. Three causes (three crises or events)

Part 3

(a) [Civil War]
　(i) problems
　　- Northern states (against slavery) VS. Southern states (in favor of slavery)
　　- The balance of power between N and S states when free states were added
　　- S decided to secede from the Union but N did not accept
　(ii) How did this relate to TNI?
　　- established the principal of national superiority
　　- national Govt won the war and preserved the Union

Part 4

(b) [Industrialization]
　(i) problems
　　- expansion of inter-state commerce w/o appropriate regulation
　　- water/air pollution across the state boundary
　(ii) How did this relate to TNI?
　　- national Govt started to regulate inter-state commerce

Part 5

   (c) [Great Depression]
    (i) problems
   - unemployment (40%)
    (ii) How did this relate to TNI?
   - Supreme Court recognized national Govt policy to reverse Great Depression

トランスクリプト

（注1）太字はリスニング・キュー、下線はノートに取るべき重要なポイントを示している。
（注2）文中の「::」「:::」という記号は音声が伸びていることを示している。例えば「A::」となっている個所は、教官が言葉と言葉の合間に「あ～」という音（日本語にすれば「え～」くらいのニュアンス）を発したということである。
（注3）パラグラフの最後に「... (omitted)」となっている場合は、録音の都合上実際の講義内容が割愛されていることを示している。なお "omitted" の後に記入がある場合は、割愛された内容の説明になっている。

Practice 2

The American Political System
Federalism

Part 1

OK, now let's move on to talk about the next issue. **What happened** more recently to this idea of Dual Federalism and **why** did I say that it's no longer relevant aa:: an accurate description?

Well, aa:: basically this is a long complicated story that we don't really have time for, but basically between 1787 and the present, there have been a lot of changes in the allocation of political power between the national and state levels. And in general what happened is that the national government power has been increased over the 200 plus years of period of time. OK? Generally speaking, aa:: It's not a simple thing, nor a straightforward thing. It isn't all in one direction, but basically . . . when comparing what the national government is doing now with what they were a::: charged with doing in 1787, there's a huge difference. The national government is involved in many more policy areas that we now recognize.

So, sometimes we talk about this general, general trend, over 200 plus years. **We talk about this as** the "triumph of the national idea." **That just means** aa:: in general the idea that the national government should exercise power rather than the state government has won out. For a long time there was no movement in any direction, and actually right now there's some movement in the other direction, but in general over 200 plus years, the national government has increased its power tremendously.

Part 2

Now, let's take a look at the causes. Aa:: some would argue that this happened primarily because of aa:: three crises or events in U.S. history. There are three really troublesome, aa:: worrisome events that occurred and were resolved by the national government. The three most important crises are:

Part 3

First of all, the Civil War. The Civil War was of course the most aa:: worrisome and aa:: bloody threat to this whole idea of Federalism because what precipitated the civil war was the decision on the part of many Southern states to secede from the Union. OK?

Now, you recall that aa:: slavery was considered legal in the U.S. when the Constitution had been proclaimed a:: read. Aa::

basically, it's up to the state whether to permit slavery or not. Some of the states decided to outlaw and some of the states decided to preserve it. For example, Northern states decided it was outlawed, but Southern states decided to preserve it.

So, as the country grew and the population moved westwards, the territories that were west of the original states began to be organized and coordinated states, and added to the Union. OK? Every time a new state was added to the Union, they had to decide whether slavery was prohibited or not. OK? . . . (omitted)

And aa:: Southern states were always worried that eventually there would be so many states in which slavery was illegal that they might try to outlaw slavery in the whole nation. OK? So they got so worried whenever so called "free states" were added to the Union. So whenever additional states decided to join the union and if they wanted to join on the basis of slavery being illegal, that tended to make the Southern states nervous . . . (omitted)

So, the number of free states added were a very important matter because of the balance of power between Northern and Southern states. And it became pretty clear to Southern states that eventually aa:: there would be more free states than slave states in the Union, and slavery might become jeopardized.

Anyway, to make a long story short, aa:: aa:: some of the Southern states got so worried about the situation, so worried about the existence of slavery, a:: the states decided to secede from the Union. Then, they didn't want to be part of the Union anymore. They wanted to govern themselves. However, the North decided that aa:: they could not permit this. They wanted to preserve the Union together aa:: and so the war broke out.

In the end, the Southern states were articulating the philosophy now called "states rights." The philosophy that says the states had fundamental power over slavery and it's recognized by the Constitution. So the states have rights: rights to govern themselves and rights to preserve slavery if they want to.

Anyway, as a result of the war that the North won, they preserved the Union. This tended to discredit "the states rights" philosophy and they established the principal of national supremacy or superiority. So this was the first kind of big event, or big episode, that tended to strengthen the hand of the national government and weaken the state government because basically the national government won the war and preserved the Union over rejections.

Part 4

The second thing that developed the strength of the national government was Industrialization: transformation from agrarian economy to industrial economy. And what industrialization did is basically to transform intra-state commerce into inter-state commerce.

With industrialization, what usually happened was that:
You build the factory in a particular place and the factory produced something out of raw material that came from some place else. So you import the woods from some other states, you import some minerals from some other states aa∷ aa∷ and in a manufacture processing produce some goods and then you will sell the goods not just right there by the factory, but then you send the goods across state boundaries to other states in order to sell the goods. OK? So, commerce became inter-state commerce more than intra-state commerce . . . constantly crossing state boundaries in order to sell goods that people were making . . .
(omitted)

The problems of Industrialization such as water/air pollution also tended to be created across the state boundary. For example, people living in this other state, here comes this polluted water from the neighboring state and they had to deal with them. You know they didn't do it. They didn't pollute the water, it was polluted by the factory in another state. And so, problems tended to be created across the state boundary also. So, for both of these reasons, aa::: people started to believe that appropriate levels of government should regulate this commerce, handle problems created by the inter-state commerce. So the national government started to regulate inter-state commerce. . . (omitted: more details)

Part 5

OK, the third phase or event that developed national government power was the Great Depression. The time in the late 1920's and early 1930's when the American economy collapsed. Aa::: 40 percent unemployment, 40 percent unemployment during the Great Depression. People committed suicide because they lost money in the stock market. It was a really worrisome time. So, the national government decided to deal with the situation to overcome, or reverse the Great Depression. So Congress started to create a lot of legislation. They passed whole bunches of legislation to reverse the Great Depression. Then the Supreme Court said that you could not do that . . . (omitted: a detailed explanation of the conflict between congress, president, and the Supreme Court)

In the end, the Supreme Court stopped interfering with the national government's policy during the Great Depression. So this led to . . . the result of this was that an expansion of national government power was officially recognized by the Supreme Court.

(This lecture was originally given by Richard Joslyn, Temple University Japan, Summer 2003)

解　説

講義の流れとリスニング・キューの使い方

　では、上記のスクリプトの各パラグラフに番号を振ってから、以下の解説を読んでみよう。

Part 1

● 第1パラグラフ

　まず"OK, now let's move on to . . .（では、…に移ろう）"という次のトピックへの移行を示唆するリスニング・キューで始まっている。そして"What happened more recently to . . . ?"という表現で、"Dual Federalism（二重の連邦主義、くらいの意）"が近年、どうなってしまったのかという疑問を投げ掛け、さらに"why did I say that . . . ?（なぜ…であると言ったのか）"とうい疑問形を続けて、サブピックを提示している。

● 第2パラグラフ

　サブトピックの提示を受けて、ここでは説明に入るのだが、" . . . this is a long complicated story . . .（とても長く複雑な話で[すべてをひと言で説明できるものではないのだが]）"としてから、1787年以降今日に至るまでに政治権力の配分に多くの変化が起き、この二百余年以上の間に中央政府の権力が増大した事実を強調している。現在では(州政府より)中央政府のほうが多くの政策にかかわっているというのだ。

● 第3パラグラフ

ここで、"triumph of the national idea（中央政府の圧勝）"という概念が出てきて、結局今日では "the national government（中央政府）"の力が "the state government（州政府）"に勝るようになってしまったと言っている。

Part 2
● 第4パラグラフ

この短いパラグラフは以下のパート3～5全体への導入部になっている。ここではまず "Now, let's take a look at the causes.（原因についてみてみよう）"と言って、"the national government" の力が "the state government" に勝るようになった理由を考察することを明確にしている。そして理由として、中央政府がそれらの解決に関与しなければならなかった3つの難局や出来事が挙げられると指摘し、次につなげている。

Part 3
● 第5～12パラグラフ

ここでは "First of all ...（まず）"と言って、理由のひとつは "the Civil War（南北戦争）"であると指摘している。そして、そこに存在する問題点を挙げてそれらがどのように "triumph of the national idea"にかかわっているのかを明確にしている。

ここでざっと、内容に目を通してみよう。まず "the Civil War"がなぜ "Federalism"にとって脅威 (threat) になったのかという点に関し、南部の数州が当時の連邦（中央政府）から脱退する (secede from the Union) という決断を下したことで、この戦争がぼっ発した (precipitated) という現実を指摘している。そして第6パラグラフでは、奴隷制度を巡る南北の対立に言及し、次のパラグラフでは、西部開拓が進み新たな州が誕生するごとに、奴隷制度の可否が決断されたことを告げている。多くの州が奴隷制度を違法としたことで、奴隷制度を容認する南部諸州が危機感を持ち、それが連邦からの脱退につながっ

たこと、そして脱退を許さない北部諸州との戦争が始まったという歴史的背景を、教官は説明する。こうした動きの中で、南部の州は憲法で認められた"states right（州の権利）"という哲学を持ち出したようで、これによると、奴隷制度を容認するか否かの決定は州にあるというわけだ。しかしこの戦争は北部（中央政府）の勝利に終わったため、南部が主張した"states right"という概念は失墜し、逆に中央政府が力を強めることとなった。

Part 4
● 第13、14パラグラフ

次に"The second thing that . . .（…の２つ目は）"と言って２番目の理由を話すことを明瞭にし、その後でそれは"Industrialization（産業化）"であると述べている。さらにこの"Industrialization"とは基本的に"intra-state commerce（州内取引）"から"inter-state commerce（州間取引）"への移行だとして第13パラグラフを締めくくっている。第14パラグラフは、この州間取引の実態の説明だ。

● 第15パラグラフ

ここでは"Industrialization"によって、水質汚染や大気汚染が州をまたがって起きるようになったというマイナス面について触れ、こうした問題を背景に"the national government"の介入が必要となり各州を統括して管理するようになったとしている。

Part 5
● 第16～17パラグラフ

そして３つ目の原因を挙げるに際し、"OK, the third phase or event that . . .（では、…をもたらした３つ目の局面すなわち出来事は）"とまず次に何を話すのかをはっきりさせてから、"the Great Depression(世界大恐慌)"を挙げている。その後この大恐慌が抱えた問題点を挙げ、その解決に"the national government"がどうかかわっていったのかに焦点を当てながら、歴史的経緯を説明。最終的に"the

Supreme Court（最高裁判所）"が世界恐慌を克服しようとする政府の政策に口出ししなくなったことが、中央政府の権力拡大を公式に認める結果になったとしている。

Practice 3

ノート・テイキング（2）

コース名	U.S. History（アメリカ史）
講義のトピック	The land west of the Mississippi River and its settlement（ミシシッピ川以西の土地と開拓地）

今度は U.S. History のコースの講義を聞いて、ノートを取る練習をしてみよう。この講義の原稿は Steve Mierzejewski 氏により早稲田大学 TOEFL ウェブのために書かれた原稿に本人が修正を加えたものである。

Task 1

p. 58 の表4-1を参考にしながら講義を聞き（CD トラック No. 9 〜 11）、どのようなリスニング・キューが使われているのかを下の空欄にメモしてみよう（解答は p. 102）。

Task 2

講義をもう一度聞きながら、アウトラインに沿ってノートを取ってみよう。(　　　)で補足してある英文やすでに記入されている部分をヒントにして、下線部に必要な情報を自分の言葉でまとめてみよう。[　　　]にはキーワードを入れること(記入例は p. 103)。

Part 1

Review　　Westward expansion in the U.S.
　　　　　　e.g., [　　　　　　　　　　] & their families
　　　　　　(into [　　　　　　　　　　])

Introduction

The Land West of the Mississippi River and its settlement
A. Why _____?
　(= Why did people decide to leave their homelands?)

Part 2
Body

Q: What encouraged western settlement?

1. Three big events + one more issue
   (a) _____ (in 1846)
      (i) extension of boundary to [   ]
   (b) _____ (in 1848)
      (i) gaining Southwest and [   ]
   (c) _____ (in 1849)
   (d) Laws or [   ] encouraging western settlement
      (i) many of these gave _____

2. Individual Reasons
   (a) _____
   (b) [   ] of risks
   $\downarrow$
   However
   $\downarrow$

   People, normal + comfortable lives in East also moved into West.
   Q: Why?

3. Differences between people who stayed East + those who went West
   (a) those who stayed East
      (i) _____
      (ii) _____
   (b) those who went West
      (i) looking for [   ]

4. The story of Nathaniel Wyeth
   (a) comfortable life in [   ]
   (b) wanted to start [   ]
      (i) _____ to the East
   (c) smart man knowing everything possible about
      [   ]
   (d) failed his idea of starting business
      (i) [   ] everything he invested
   (e) another trip, but [   ] again
         ↓
        Then
         ↓
   What kind of man was Wyeth?

5. About Nathaniel Wyeth
   (a) _____
      (i) not often so practical
   (b) _____
      (i) four trips to [   ] he made
   (c) _____
      (i) never giving up his belief in success of business
   (d) _____
      (i) not giving up his ideas

Part 3
Conclusion
   (1) Only special person could settle in the West
   (2) _____
   (3) Normal people could move into the West, for the first settlers

Tomorrow Topic

Life in some of those first towns and ＿＿＿＿＿＿＿＿＿＿＿

Task 1 の解答

　この講義の流れをつかんでいくうえで大切なリスニング・キューをその役割とともに列挙しておく。Part 2 は 2-1 〜 2-5 まで、サブトピックごとにさらに細分化したが、各サブトピックのまとまりは必ずしも個々のパラグラフには対応していない。それぞれのまとまりに出てくるリスニング・キューを手掛かりにして、サブトピックの区切りをスクリプトで確認してほしい。

Part 1　Last time we began our look at . . .（前回の復習の示唆）

　　　. . . today I would like to focus on . . .（講義のトピックの紹介）

　　　My main purpose in today's lecture is . . .（講義目的の紹介）

　　　Let me point out that . . .（トピック提起における重要ポイントの強調）

　　　. . . why . . . ?（トピックの提起）

Part 2-1　. . . first of all, let's look at. . .（サブトピックの最初の事項の提示）

　　　First . . .（列挙：最初の項目の提示）

　　　Then . . .（列挙：2番目の項目の提示）

　　　. . . the third event . . .（列挙：3番目の項目の提示）

　　　In addition to [these events] . . .（追加の提示）

Part 2-2　. . . it is necessary to look more closely at . . .（サブトピックの紹介）

　　　Why . . . ?（ポイントの提起）

　　　Let's move on to . . .（次のサブトピックへの移行）

Part 2-3　Why . . . ?（ポイントの提起）
Part 2-4　. . . let's look at . . .（サブトピックの紹介）
　　　　　I'd like to point out that . . .（重要ポイントの確認）
　　　　　So what happened . . . ?（ポイントの提起）
Part 2-5　Therefore . . .（結果の提示）
　　　　　What kind of . . . ?（ポイントの提起）
　　　　　Above all . . .（列挙：最初の項目の提示）
　　　　　Secondly . . .（列挙：2番目の項目の提示）
　　　　　Thirdly . . .（列挙：3番目の項目の提示）
　　　　　And finally . . .（列挙：最後の項目の提示）
Part 3　　To conclude . . .（まとめの提示）
　　　　　I would like to point out that . . .（重要ポイントの確認）
　　　　　. . . so that . . .（so that 原因から結果への展開の示唆）
　　　　　Tomorrow we'll look at . . .（次回のトピックの紹介）

Task 2 の記入例

Part 1

Review　　　Westward expansion in the U.S.
　　　　　　　　e.g., Daniel Boone & their families (into Kentucky)

Introduction

The Land West of the Mississippi River and its settlement
A. Why did people decide to move into an unknown land?

Part 2

Body

Q: What encouraged western settlement?
　1. Three big events + one more issue
　　(a) obtaining the Oregon Country (in 1846)
　　　(i) extension of boundary to Pacific Ocean

(b) Victory in the Mexican-American War (in 1848)
   (i) gaining Southwest and California
(c) California gold rush (in 1849)
(d) Laws or bills encouraging western settlement
   (i) many of these gave free land

2. Individual Reasons
   (a) poor + desperate for a better life
   (b) ignorant of risks
            ↓
         However
            ↓
   People, normal + comfortable lives in East also moved into West.
   Q: Why?

3. Differences between people who stayed East + those who went West
   (a) those who stayed East
      (i) rich & comfortable
      (ii) afraid of hard work
   (b) those who went West
      (i) looking for a better life

4. The story of Nathaniel Wyeth
   (a) comfortable life in the East
   (b) wanted to start a business
      (i) shipping salmon (in Oregon) back to the East
   (c) smart man knowing everything possible about the Oregon Territory
   (d) failed his idea of starting business
      (i) lost everything he invested

(e) another trip, but failed again
　　　↓
　　Then
　　　↓
What kind of man was Wyeth?

5. About Nathaniel Wyeth
   (a) an idealist
      (i) not often so practical
   (b) hardworking
      (i) four trips to Oregon he made
   (c) optimistic
      (i) never giving up his belief in success of business
   (d) stubborn
      (i) not giving up on his ideas

Part 3
Conclusion
   (1) Only special person could settle in the West
   (2) Being stubborn is important in settle down
   (3) Normal people could move into the West, for the first settlers worked very hard to make the place livable

Tomorrow Topic
   Life in some of those first towns and "What made the first towns in the West survive and grow?"

スクリプト

（注）　太字はリスニング・キュー、下線はノートに取るべき重要なポイントを示している。

Practice 3

U.S. History

The Land West of the Mississippi River and its Settlement

Part 1

Last time we began our look at westward expansion in the U.S. with the first movements of frontier men like Daniel Boone and their families into Kentucky. But **today I would like to focus on** what we think of as the true west: the land west of the Mississippi River and its settlement. **My main purpose in today's lecture is** to try to discover what kind of person would undertake such a difficult move. **Let me point out that** many of these people were not the rugged frontier men in the style of Daniel Boone, but regular men and women. We must try to answer the question of **why**, for example, a∷ a store clerk would take his wife and children on an arduous and dangerous journey into a land they knew very little about?

Part 2

Well, **first of all, let's look at** the three big events which encouraged settlement of the western United States. **First** was the acquisition of what was then called the Oregon Country from Great Britain in 1846. This extended the boundaries of the U.S. to the Pacific Ocean. **Then** in 1848, the U.S. gained more land, mostly the Southwest and California, due to its victory in the Mexican-American War. Still, it was really **the third event**, the California Gold Rush of 1849, which encouraged many to leave the comfort of the East and travel west. Though many returned from California after their hopes for wealth were not fulfilled, others stayed and began to develop communities there. **In addition to** these events, various laws or bills were passed to encourage western settlement. Many of these gave free land to anyone with the desire and energy to move there and settle. For many poor immigrants, this incentive to own your own land for free was enough to send them off on their journeys but others went for different reasons.

Here **it is necessary to look more closely at** these individuals willing to take such a risk. As I mentioned, some were simply poor and desperate for a better life at any cost. Some may have simply been ignorant of the risks involved and took the trip without thinking too far ahead. But, there were many others who had fairly normal, fairly comfortable lives in the East. **Why** would they want to leave everything they had and try to live in what was still a wilderness? **Let's move on to** discuss the differences between those who went West and those who remained in the East.

For the most part, the rich and the comfortable didn't want to go. **Why** would they? Life, for them, was already good. They needed nothing more. The fainthearted certainly had no reason to leave. After all, there was always the threat of attacks by Indians or wild animals, the uncertainties of weather, and the very real possibility of death by starvation. No matter how tough life might be for these less daring people, it was still considered much better than to take any risks. In addition, those afraid of hard work stayed where they were. Those who went West were probably similar to those around the world who leave their homelands in search of a better life.

Before I go any further, **let's look at** one example of such an average man. Nathaniel Wyeth is a man you probably never heard of. He had a comfortable, if perhaps boring life in the East with his family and children. Then, one day he had the idea of traveling to Oregon to make a fortune. His main idea, among others, was to start a business shipping the abundant salmon of the Columbia River back to the East. He believed he could persuade the local Indians to catch salmon for him for a small amount of money. He invested all of his savings in making the trip to Oregon.

I'd like to point out that Wyeth was not an ignorant man. He studied everything possible about the Oregon Territory and he knew how dangerous the journey could be. So he began to organize a party of men to accompany him on his 3,000 mile trip to Oregon and arranged for a ship to meet him there with all the necessary supplies.

Well, it was a terrible journey. Let's just say he met with every possible problem including almost being killed by Indians. **So what happened** when he finally, after many months, made it to the Columbia River? As you might have expected, his ship was not there. He waited for four months for it to arrive and then learned that it had been wrecked and all of the supplies he had invested in were lost. Most of the men of his expedition deserted him and he was eventually forced to return to Boston.

Now for most men, this would have been the end of the story, but not for Wyeth. He still believed money could be made in Oregon and he went around raising money for another expedition. He again traveled West experiencing again the same hardships. He again attempted setting up his business but, despite all of his efforts, he could not make a success of it.

Therefore we must answer the question: **What kind of** man was Wyeth? Yes, he looked for a way to make a fortune like most businessmen. There is nothing so unusual about that. But he could have stayed in the East and started some business. **Above all**, you would have to call him an idealist because idealists are not often so practical. **Secondly**, he was hardworking. He would have had to be to endure four trips across the continent. **Thirdly**, he was optimistic. He never gave up his belief in the success of his business ideas. **And finally**, and I think most importantly, he was stubborn. He simply was not going to give up on his ideas and his ideals so easily, even though it seemed logical to do just that.

Part 3

To conclude, I think it took a special person to settle the American West. **I would like to point out that** although it was important to be idealistic and hardworking, there were many idealistic hardworking people who returned to the East after their first real trial. I admit that being stubborn isn't always looked upon as a positive trait, but without it the West would have been settled much more slowly and carefully. The first settlers made the trails, built the towns and lessened the risks **so that** thousands of more "normal" people could go there and lead a rather comfortable life.

That's enough for today. **Tomorrow we'll look at** life in some of those first towns in the West and see what made them survive and grow.

(The contents of this script were written by Steve Mierzejewski for Waseda University TOEFL Web and kindly revised by Mr. Mierzejewski for ALC Press Incorporated.)

解　説

講義の流れとリスニング・キューの使い方

　スクリプトの各パラグラフに番号を振ってから、以下の解説を読んでみよう。

Part 1
● 第1パラグラフ

　ここではまず "Last time we began our look at . . .（前回は…についてみるところから始めたが）" と切り出して、前回の講義について軽く触れてから、" . . . today I would like to focus on . . .（今日は…に注目したい）" というようにして本日の講義のトピックを紹介している。さらに "My main purpose in today's lecture is . . .（今日の講義の主な目的は…）" と、講義の目的に言及している。教官のこの後の言葉により、聞き手は " . . . what kind of person would undertake such a difficult move（こんな危険な旅に乗り出そうとしたのはいったいどんな人たちなのか）" について説明が始まることがはっきりわかるのである。

　次に教官は "Let me point out that . . .（…について指摘しておこう）" という言葉で、先ほど明確にした今日のトピックあるいは目的における重要ポイントを強調している。ちなみにここで強調されているのは、危険な旅に乗り出した人の多くが、ごく普通の男女で、彼らがなぜ見も知らぬ地へ旅立ったのかを明らかにする必要があるということを、"why" を使ったセンテンスで提起している。

Part 2

　このパートはサブトピックで区切ったまとまりごとにみていく。ただし各まとまりは必ずしも個々のパラグラフに対応していない。いくつかのパラグラフを使ってひとつのサブトピックについて説明しているケースもあるので注意しよう。

● 第2パラグラフ
　まず、西部移住を助長した理由を4つ挙げている。実際には最初の3つを"First . . ." "Then . . ." ". . . the third event, . . ."と順に列挙し、4つ目は"In addition to . . .（…に加えて）"を使って追加という形で紹介している。ちなみにこの4つとは、「英国からの土地の獲得」「対メキシコ戦の勝利(による領土拡大)」「ゴールドラッシュ」「西部開拓を奨励するさまざまな法律の成立」である。
　ここでは、多くの法律は西部移住を望む移民には無償で土地を与えるもので、それは貧しい移民にとっては西部移住を駆り立てるのに十分なものであったが、無償で与えられる土地のために移住を試みた人ばかりではなかった、と言って次のパラグラフにつなげている。

● 第3パラグラフ
　次に、移住した人々の中には単に生活の豊かさを求めた人や、危険を顧みない人がいたという話が始まるが、東部でかなり快適に暮らしていたごく普通の人たちまで西部に乗り出したことにも指摘が及ぶ。そして"Why . . . ?"を使ってなぜ彼らが恵まれた生活を捨ててまで荒野へ旅したのかという問題提起をしたり、"Let's move on to . . .（…に移ろう）"を使って、「西部へ旅立った人と東部に残った人の違いを考えてみよう」という次のサブトピックを紹介している。

● 第4パラグラフ
　西部に移住した人々と東部にとどまった人々を比較しながら、それぞれの理由を説明している。現状に満足していた人や西部に進めば起こり得るであろう困難な状況に対応できない人は東部に残ったようだ。他方、西部に移住した人たちはヨーロッパから新世界である北米に移住してきた人々と同じように故郷を捨て、生活の豊かさを求めて移住したのであろうと教官は話している。

● 第5～8パラグラフ
　ここでは、東部で何不自由なく暮らしていたにもかかわらず、コロ

ンビア川に生息するサケを東部に運んで大もうけをしようとしてオレゴンを目指した Nathaniel Wyeth の話をしている。まず " . . . let's look at one of example of . . .（…の例のひとつをみてみよう）" を使ってこれから Nathaniel Wyeth の話をするということを聞き手に伝え、それからこの人物についての話が始まる。そして次のパラグラフでは、"I'd like to point out that . . .（…という点を指摘しておきたい）" を使って彼を語るうえでの重要ポイントを確認している。その後のパラグラフの内容をみると、Nathaniel Wyeth の旅は困難を極めたようで、ようやくコロンビア川にたどり着いたものの、必需品を乗せた船は難破して到着せず、仲間にも見捨てられ、やむなくボストンに戻ったようだ。しかし彼は懲りもせずまた西へと向かい、再度失敗の憂き目をみるのである。

● 第9パラグラフ

"Therefore（ということで）" という転換語を用いてそれまでの講義とこれから話す内容が因果関係にあることを明示し、"What kind of . . . ?" で問題を提起している。それから、失敗にもめげず何度もオレゴンに向かった Nathaniel Wyeth という人物の性格を、"Above all" "Secondly" "Thirdly" "And finally" と4点列挙しながら分析している。

Part 3
● 第10パラグラフ

まず、"To conclude（結論として）" と言っているので、聞き手は「講義のまとめに入るのだな」とわかる。ここでも "I would like to point out that . . .（…という点を指摘しておきたい）" を使って重要ポイントを確認し、西部開拓にとって、"being stubborn（一度決めたことは貫き通すという強い意志を持って目的に進む態度）" が大きな役割を果たしたことを説いている。

● 第11パラグラフ

最後に "Tomorrow we'll look at . . .（明日は…についてみていく）"

を使い、次回のトピックである「初期の西部での生活の様子そして、そうした生活が存続してさらに発展した理由」を紹介している。

Practice 4

ノート・テイキング (3)

コース名 Science and Technology(科学技術)
講義のトピック The effects of technology(テクノロジーの影響)

　ノート・テイキングの3回目は Science and Technology のコースから、ある講義を聞いてノートを取ってみよう。この講義の原稿は Steve Mierzejewski 氏により早稲田大学 TOEFL ウェブのために書かれた原稿に本人が修正を加えたものである。

Task 1

　p. 58の表4-1を参考にしながら、講義を聞き（CDトラック No. 12〜14）、どのようなリスニング・キューが使われているのか下の空欄にメモしてみよう(解答は p. 117)。

Task 2

講義をもう一度聞きながら、アウトラインに沿ってノートを取ってみよう。(　　)に補足してある英文やすでに記入されている部分をヒントにして、下線部に必要な情報を自分の言葉でまとめてみよう。[　　]にはキーワードを入れること(記入例は p. 118)。

Part 1
Review _____

    e.g., transistor (by Sony Corporation)

Part 2

The effects of technology on our lives

Body

A. A double-edged sword
  1. benefits of technology
     (a) electricity
     (b) telephone
        (i) communication
  2. negative aspects
     (a) electricity
        (i) _____ — air & water pollution
        (ii) _____ — radiation threat
        (iii) blackout — U.S. incident
     (b) telephone
        (i) _____ — taking up free time

B. Historical development of new technology
  1. [   ] side of technology > positive side
     (a) the anti-tech Luddites
        (i) early [   ]
        (ii) groups of [   ]
        (iii) destroying [   ] to save their life —
           textile mills
     Q: What did L do?
        (1) declared _____
           ↓ (then)
        (2) started _____
     Q: What were the results?
        (1) [   ] the war
           BUT

(2) [   ] the problem w/ introduction of new tech.
Q: Summary (points)
   (1) new tech _____
      BUT
   (2) tech [   ] on despite the protests

C. Why is some tech accepted while some tech is resisted?
   (a) Resisted tech
   Why?_____
   (i) nuclear power
   (b) Accepted tech
   Why?_____
   (i) television
   Q: Does tech really improve emotional quality of our lives?
   A: _____

Part 3
Conclusion
   (1) Technological developments continue in:
     a. good or bad economic times
     b. good or bad [   ]
     c. good or bad [   ]
   (2) Tech is like an unstoppable force:
     a. continues one way or another
     -despite [   ]
     -despite whether people are happy w/ it or not
        ↓
Social condemnation can [   ] tech but it never [   ] its progress.
Thus, progress is simply progress neither good nor [   ].

Next time Topic _____ — computer

Task 1 の解答

　この講義の流れをつかんでいくうえで大切なリスニング・キューをその役割とともに列挙しておく。Part 2 は 2-1 ～ 2-3 まで、サブトピックごとにさらに細分化したが、各サブトピックのまとまりは必ずしも個々のパラグラフには対応していない。それぞれのまとまりに出てくるリスニング・キューを手掛かりにして、サブトピックの区切りをスクリプトで確認してほしい。

Part 1 　Last time I talked about . . .（前回の復習の示唆）
Part 2-1 　Today, I would like to look more closely at . . .（講義のトピックの紹介）
　　　　　Let's look at . . .（サブトピックの紹介）
　　　　　. . . what negative aspects does it bring?（ポイントの提起）
Part 2-2 　I'm not trying to suggest here that . . .（重要ポイントの確認）
　　　　　What I am trying to point out is . . .（ポイントの提起）
　　　　　So let's look a little at . . .（サブトピックの紹介）
　　　　　So what did these craftsmen, . . . do?（ポイントの提起）
　　　　　To sum it up . . . But why . . . ?（重要ポイントのまとめをして、次のサブトピックの紹介）
Part 2-3 　It is important to remember that . . .（大切な概念の強調）
　　　　　What I mean is . . .（重要ポイントの確認や強調）
　　　　　Let's look at . . .（サブトピックの紹介）
　　　　　On the other hand, . . .（対照）
　　　　　How . . . ?（ポイントの提起）
　　　　　To clarify, . . . ?（重要ポイントの強調）
Part 1 　Let me conclude by . . .（まとめ）
　　　　　Let me emphasize here that . . .（重要ポイントの強調）

The final point here, . . .（最後の重要ポイントの強調）
. . . next time we will look more closely at . . .（次回のトピックの紹介）

Task 2 の記入例

Part 1

Review　　Practical applications of science
　　　　　　　e.g., transistor (by Sony Corporation)

Part 2

　　　　　　　The effects of technology on our lives
Body
A. A double-edged sword
　1. benefits of technology
　　(a) electricity
　　(b) telephone
　　　(i) communication
　2. negative aspects
　　(a) electricity
　　　(i) (problems of) power stations — air & water pollution
　　　(ii) nuclear power plants — radiation threat
　　　(iii) blackout — U.S. incident
　　(b) telephone
　　　(i) invading privacy — taking up free time

B. Historical development of new technology
　1. negative side of technology > positive side
　　(a) the anti-tech Luddites
　　　(i) early 19th C
　　　(ii) groups of craftsmen

(iii) destroying the new machines to save their life — textile mills
   Q: What did L do?
      (1) declared war on machines
         ↓ (then)
      (2) started to attack + destroy them
   Q: What were the results?
      (1) lost the war
         BUT
      (2) pointed out the problem w/ introduction of new tech.
   Q: Summary (points)
      (1) new tech destroyed lives of some people while good for most people
         BUT
      (2) tech continued on despite the protests

C. Why is some tech accepted while some tech is resisted?
   (a) Resisted tech
      Why? Disrupt people's normal routines & change their lifestyle
      (i) nuclear power
   (b) Accepted tech
      Why? Harmless
      (i) television
      Q: Does tech really improve emotional quality of our lives?
      A: No

Part 3
Conclusion
   (1) Technological developments continue in:
      a. good or bad economic times

b. good or bad environments
       c. good or bad social situations
　(2) Tech is like an unstoppable force:
       a. continues one way or another
           -despite all oppositions
           -despite whether people are happy w/ it or not
             ↓
Social condemnation can slow down tech but it never stops its progress.
Thus, progress is simply progress neither good nor bad.

Next time Topic　the impact of specific technologies ― computer

スクリプト

(注)　太字はリスニング・キュー、下線はノートに取るべき重要なポイントを示している。

Practice 4

Science and Technology

　　　　　　　　The Effects of Technology

Part 1

　Last time I talked about technology as being the practical application of science and how scientific discoveries that may seem very useless when they are announced can later have very practical applications. As you may remember, the prime example was the development of the transistor which remained unrecognized until it was developed by the founder of Sony Corporation.

Part 2

Today I would like to look more closely at the effects of technology on our lives. Technology is a double-edged sword. It's relatively easy to see the benefits of technology; just look around this classroom, but the negative aspects are usually noticed only later. Take electricity, for example. You don't have to look far to see what benefits it gives, but it brings with it the problems of power stations. Big power stations can pollute the air and water. Nuclear power plants are always a radiation threat. In addition, the more we become dependent on a technology, like electricity, the more helpless we are when we lose it. Just take a look at what happened in the U.S. during the last blackout and the effect it had on people and the whole nation.

Let's look at another example: the telephone. Sure, it's a wonderful way to communicate with people in faraway places, but **what negative aspects does it bring?** Well, it certainly invades our privacy. We can be contacted by anyone, anywhere, at any time. Our free time has, therefore, been made less free.

Now, **I'm not trying to suggest here that** technology is negative. **What I am trying to point out is** that there is always that hidden element within it that can have a negative impact on human life. **So let's look a little at** how new technologies have been historically received. Throughout history, there have always been people who have seen or experienced this negative side of technology more than the positive side. I suppose the prime example of this is a group known as the Luddites of the early 19th century. The Luddites were groups of craftsmen who organized to destroy the new machines that threatened their livelihood. They were especially set against textile mills. You see, these mills could make high quality clothes quickly. But what was worse, at least for these craftsmen, was that these high quality clothes could be sold at lower prices than the clothes they took many more hours to make. **So what did these craftsmen**, the anti-tech Luddites **do**? First of all, they actually declared war on these machines and set about actually attacking and destroying them. Of course, it was a war destined to fail, but it did point out a trend that we see with the introduction of any radical new technology. **To sum it up**, though this new technology was good for most people, it destroyed the lives of others who had no other way to make an income. Yet, technology continued on despite the protests. **But why** is some technology, like the radio or television, accepted so readily while other technology, like nuclear power, is resisted from the beginning?

   It is important to remember that people in general like to keep their life free from complications. **What I mean is**, most people are happy with life going on just the way it is. New technologies, any new technology, disrupt their normal routines and change their lifestyles. **Let's look at** nuclear power. Here the word "nuclear" is enough to scare most people because of its association with the "nuclear bomb." Therefore, in the minds of many people, living next to a nuclear power station is akin to living next to a nuclear bomb. What could be more life disrupting than that? **On the other hand**, the television seemed rather harmless. Sure, at first, some people worried that there might be dangerous radiation coming from the TV, but most just welcomed this new technology into their homes. But **how** did it disrupt their lifestyle? Well, how many of you, as children, or even as adults, were told not to watch so much TV? How many mothers worry that their children will not get enough exercise or will be exposed to violence through watching TV? Look at yourselves, the clothes you wear, the things you buy. **How** much of this was in some way influenced by what you saw on TV? Now at this point I'd like to ask you all something? **How** do you think your lives would have been different if you never were exposed to TV? **How** would the world be different? I'd like to suggest that these are not easy questions to answer but I'd like you to consider one simple question: Do you think you would be as happy with life as you are now if you never had a TV? I think this is the most important way to look at technology. **To clarify**, does technology really improve the quality, I mean here the emotional quality, of our lives? Well, the answer seems to be that technology doesn't really care.

Part 3

Let me conclude by explaining what I mean by this. If we look at technological developments throughout history we can see that they continue in good or bad economic times, in good or bad environments, and in good or bad social situations. Technology is like an unstoppable force. It continues one way or another despite all opposition and despite whether people are happy with the technology or not. **Let me emphasize here that** social condemnation can slow down technology, look for example at the resistance to cloning, but it never really stops its progress.

The final point here, I guess, is that there will always be "Luddites" who appear with every new technological advance. Perhaps we need them to point out the negative aspects of the new technology. For in the final analysis, it seems progress is neither good nor bad. Progress is simply progress.

Well, **next time we will look more closely at** the impact of specific technologies, like the computer, and try to look into the future to see what technological wonders may lie ahead.

(The contents of this script were written by Steve Mierzejewski for Waseda University TOEFL Web and kindly revised by Mr. Mierzejewski for ALC Press Incorporated.)

解　説

講義の流れとリスニング・キューの使い方

　上記のスクリプトの各パラグラフに番号を振ってから、以下の解説を読んでみよう。

Part 1
● 第1パラグラフ

　まず、"Last time I talked about . . .（前回は…について話した）"と言って講義を始めているので、聞き手は「これは前回の講義の復習だ」とわかる。ここに出てくる "practical application(s)" とは「実用的な使い道」くらいの意味である。

Part 2
● 第2〜6パラグラフ

　"Today I would like to look more closely at . . .（今日は…についてより詳しくみていく）" を使い、この講義では何について考えてみるのかをまず述べている。そして「テクノロジーの持つマイナスの側面（negative aspects）」についての例題が出てくる。具体的には第2パラグラフの後半で「電力」のマイナス側面（大型発電所による大気汚染や水質汚染、原子力発電所が抱える放射の脅威、停電になったときの被害）、第3パラグラフでは「電話」のマイナス側面について触れている。

　その後、第4パラグラフでは、"I'm not trying to suggest here that . . .（ここで言っているのは…ということではない）"や "What I am trying to point out is . . .（ここで言いたいのは…）" と言って、

講義のポイントを明らかにしている。

　さらに "So let's look a little at . . .（では、…について少しみてみよう）" 以降で、新しいテクノロジーに対する人々の反応などを振り返り、その一例として、科学の持つ否定的な側面に対応しなければならなかった "the Luddites" を挙げている。彼らが何者かについては、講義の中で説明しているのでじっくり聞いてみよう。この後、教官は "So what did these craftsmen . . . do?（では［機械化により生計手段を脅かされた］職人たちは何をしたのか）" と問題を提起しているが、彼らが工業機械を破壊したのはご存じのとおりだ。

　続いて "To sum it up . . .（まとめると）" と言って、一度ここまでの講義のポイントを総括しているが、最後のセンテンスでは "But why . . . ?（でもなぜ…）" と言って話を転換させ、次の話題（原子力と違い、ラジオやテレビのようなテクノロジーはなぜたやすく受け入れられたのか）を提起している。

　これを受けた第5パラグラフではいよいよ具体的に新しい話題に入っていく。ここではまず "It is important to remember . . .（…について思い出してみることが重要だ）" という表現で一般的な概念から入り、"What I mean is . . .（つまり）" と言ってここでのポイントを明確にしている。教官によると、一般的に人々は厄介事にはかかわりたがらず、つまりは今のままの生活が続くことに幸せを感じるということらしい。ところが新しいテクノロジーはことごとく、日々の生活を混乱させ、ライフスタイルに変化をもたらすという。

　そして次に "Let's look at . . .（…についてみてみよう）" というよく見掛けるリスニング・キューが登場している。このフレーズは、例題を示して話の詳細をみていくことを聞き手に伝えるときに使われるのだが、ここではまず「原子力（nuclear power）」の危険性を取り上げている。その後 "On the other hand,（それとは異なり）" という表現を使い、原子力とは対照的に多くの人々に受け入れられているテレビに話が移り、"How . . . ?" を使っていくつかの問題を提起している。

　このパート2では最後に、" . . . does technology really improve the quality, I mean here the emotional quality, of our lives?（テク

ノロジーはわれわれの生活の精神面［情緒的側面］を本当に改善するのだろうか)"という質問を投げ掛け、それに対し、"Well, the answer seems to be that technology doesn't really care.（どうやらテクノロジーはそんなことはお構いなしのようだ)"と否定的に結んでいる。

Part 3

● 第7パラグラフ

　ここは "Let me conclude by . . .（話をまとめると)" で始まっているので、結論部分だと一目瞭然だ。さらに、このパラグラフの最後が "Let me emphasize here that . . .（ここで強調しておきたいのは…)" となっているので、聞き手はこの後に来る言葉が講義の重要ポイントであるとわかる。テクノロジーは好むと好まざるとにかかわらず進歩し続けるものらしい。その例として、クローン技術を挙げ、世間の非難はテクノロジーの進歩を遅らせることはできても、止めることはできないと説明している。

● 第8パラグラフ

　さらにこのパラグラフを "The final point here . . .（ここで最後に指摘しておきたいのは…)" という言葉で始め、もう1点つけ加えている。いつの世にも "Luddites" は存在し、新たなテクノロジーのマイナス面を指摘するために彼らのような存在は必要だ。結局進歩はいいとか悪いとかいうものではなく、単に進歩なのだ、と教官は締めくくっている。

● 第9パラグラフ

　最後のパラグラフは次回の講義の予告だ。" . . . next time we will look more closely at . . .（次回は…についてより詳しくみていく)" というお決まりのせりふが使われている。次回は「コンピューターのような特別なテクノロジーのもたらした影響」などについての講義であるということが聞き取れただろうか。

Practice 5

ノート・テイキング（4）

コース名 U.S. History（アメリカ史）
講義のトピック The Causes of the American Civil War（南北戦争の原因）

ノート・テイキングの練習の仕上げとして、最後に U.S. History のコースから、ある講義の一部を聞いてみよう。この講義の原稿はテンプル大学の Hubert Lerch 博士が作成したものだが、リンカーンが歴史的に果たした役割をひとつひとつ列挙する形式で述べている。したがって、それぞれの役割を語り始める際のリスニング・キューがしっかり聞き取れれば、話題(リンカーンの役割)が切り替わるポイントがわかり講義にもついていきやすくなる。

Task 1

これまでの練習を基に、講義を聞きながら、次ページ以降の空欄に自由にノートを取ってみよう。

The Causes of the American Civil War
— The historical role of Abraham Lincoln —

Part 1
Review

Introduction

Part 2〜7
Body

Part 2
The Man of the People

Part 3
The Democratic Populist

Part 4
The Modernizer

Part 5
The Man of the Executive

Part 6
The Maker of the Republican Party

Part 7
The Tyrant

Part 8
Conclusion

Next topic

Task 2

では Task 1 で重要な点を聞き漏らしていないか、ここで情報を整理してみる。講義をもう一度聞きながら、下線部に必要な情報を書き込んでみよう。[   ]にはキーワードを入れること（記入例は p. 135）。

Part 1
Review
 (1) New technology in industry, [   ], & military
 (2) [   ] in Europe
 (3) Age of the masses
 (4) Relative advantage of [   ] over autocratic government
 (5) [   ]
 (6) Territorial expansion & [   ]

Introduction Lincoln & [   ] Party
 Lincoln Famous — monuments in Washington D.C. + South Dakota
     BUT
     Not many people know much about Lincoln.
     THEN
     Q: Who was [   ] & Why is he
       remembered as a [   ]?

Part 2
A. The Man of the People
 1. a man of humble origins w/ _____
 2. came from a [   ] family
  (a) no space for [   ] + [   ]
  (b) worked hard
   (i) cleared trees

    (ii) [   ] fences
3. Railsplitter
4. grew up w/o [   ]
   (a) less than [   ] of formal education
     (i) [   ] school — log cabin instruction
              ↓
        LATER ON
              ↓
5. started his political career via:
   (a) read [   ] & [   ] pamphlets
   (b) [   ] people w/ their legal documents
   (c) talked to _____

Part 3

B. The Democratic Populist
1. became [   ]
2. worked in [   ] counties + 13,000sq km
   (a) [   ] a year
   (b) attended local sessions of his judicial circuit
     (i) _____
     (ii) Won cases w/ his [   ] skills
     (iii) Influenced people w/ his [   ]

Part 4

C. The Modernizer
1. made [   ] party the dominant force for 25 yrs
   (a) made his apprenticeship as a [   ]
   (b) showed [   ], charisma, & clear political debate
   (c) developed [   ] in political maneuver

第IV章 リスニングとノート・テイキング

2. adjusted the state to needs of strong president
   ↓
   modernized state machinery via:
   (a) _____
   (b) Introducing a new federal tender
       (i) greenbacks (paper currency)
   (c) _____
   (d) [   ] Act of 1863
       (i) allowing [   ] to sell bonds

Part 5

D. The Man of the Executive
   1. Commander in Chief of [   ] + Navy of America, & of [   ] of several states
   2. A symbol of [   ]
   3. introduced ways of subduing enemy w/o approval of [   ]
      (a) recruiting volunteers to join the militia
      (b) expanding regular [   ]
      (c) _____

Part 6

E. The Maker of the Republican Party
   1. became the [   ] Republican president of U.S. in 1861
      (a) most unpopular president
          (i) less than [   ] % of the voter behind him in 1860
          But [   ] layer
      (b) became one of the ten most popular presidents
          (i) [   ] % of the voter behind him

2. Reasons for his popularity
   (a) _____
       (i) became a national hero
   (b) _____
       ↓ As a result
   smoothed the way for Republican Govt until 1884

Part 7
F. The Tyrant
   1. Was [   ] a tyrant?
   2. [   ] he the president setting slaves free + holding the U.S. together?
   3. Was he a [   ]?

Part 8
Conclusion
   Abraham Lincoln _____

Next topic
   Taking a look at _____

Task 2 の記入例

Part 1
Review
   (1) New technology in industry, communication, & military
   (2) Nationalism in Europe
   (3) Age of the masses
   (4) Relative advantage of democratic over autocratic government
   (5) Slavery
   (6) Territorial expansion & immigration

Introduction   Lincoln & the Republican Party
  Lincoln   Famous — monuments in Washington D.C. + South Dakota
  BUT
  Not many people know much about Lincoln.
  THEN
  Q: Who was Lincoln & Why is he remembered as a hero?

Part 2~7
Body

Part 2

A. The Man of the People
  1. a man of humble origins w/ a pioneer spirit
  2. came from a poor family
     (a) no space for play + education
     (b) worked hard
        (i) cleared trees
        (ii) built fences
  3. Railsplitter
  4. grew up w/o education
     (a) less than one year of formal education
        (i) ABC school — log cabin instruction
              ↓
           LATER ON
              ↓
  5. started his political career via:
     (a) read newspapers & political pamphlets
     (b) assisted people w/ their legal documents
     (c) talked to many people

Part 3

B. The Democratic Populist
  1. became a lawyer
  2. worked in 15 counties + 13,000sq km
     (a) twice a year
     (b) attended local sessions of his judicial circuit
        (i) Great opportunities for frontier people to get together
        (ii) Won cases w/ his oratorical skills
        (iii) Influenced people w/ his words

Part 4

C. The Modernizer
  1. made the Republican party the dominant force for 25 yrs
     (a) made his apprenticeship as a "logroller"
     (b) showed skill, charisma, & clear political debate
     (c) developed an expertise in political maneuver
  2. adjusted the state to needs of strong president
         ↓
     modernized state machinery via:
     (a) Introducing new federal taxes
     (b) Introducing a new federal tender
        (i) greenbacks (paper currency)
     (c) Stimulating inflation
     (d) National Banking Act of 1863
        (i) allowing Govt to sell bonds

Part 5

D. The Man of the Executive
  1. Commander in Chief of Army + Navy of America, & of Militia of several states
  2. A symbol of the Union

3. introduced ways of subduing enemy w/o approval of Congress
   (a) recruiting volunteers to join the militia
   (b) expanding regular army
   (c) suspending constitutional rights

Part 6

E. The Maker of the Republican Party
   1. became the first Republican president of U.S. in 1861
      (a) most unpopular president
         (i) less than 40% of the voter behind him in 1860
            But 4 yrs layer
      (b) became one of the ten most popular presidents
         (i) 55% of the voter behind him
   2. Reasons for his popularity
      (a) the Civil War
         (i) became a national hero
      (b) developed Republican Party into a strong national organization
            ↓ As a results
         smoothed the way for Republican Govt until 1884

Part 7

F. The Tyrant
   1. Was Lincoln a tyrant?
   2. Wasn't he the president setting slaves free + holding the U.S. together?
   3. Was he a hero?

Part 8

Conclusion

   Abraham Lincoln is a controversial man.

Next topic
Taking a look at the historical events to understand Lincoln better.

スクリプト

（注）　太字はリスニング・キュー、下線はノートに取るべき重要なポイントを示している。

Practice 5 🎧

U.S. History
The Causes of the American Civil War
— The historical role of Abraham Lincoln —
(Written by Hubert Lerch, Temple University Japan)

Part 1

In the previous classes we focused on the historical context. We discussed:
- The new technology in industry, communication, and the military
- Nationalism in Europe
- The Age of the Masses
- The relative advantage of democratic over autocratic government
- Slavery

  and
- Territorial expansion and immigration

Today we turn our attention to Lincoln and the Republican Party. All of you have already heard about Abraham Lincoln. His name is as famous as the names of George Washington or John F. Kennedy. The Lincoln Memorial in Washington, D.C. and Mount Rushmore in South Dakota, to mention just the two most famous monuments, are known around the world and attract many visitors every year. Few, however, know little more about "the famous guy" than that he stands for American democracy and that he was assassinated. But who was that man and why is he remembered as a hero?

Part 2

First of all, Abraham Lincoln was "the Man of the People." Lincoln was a man of humble origins, farmers with a pioneer spirit living on the frontier. Lincoln said of his father Thomas that he "even in childhood was a wandering labor boy, and grew up literally without education. He never did more in the way of writing than to clumsily sign his own name." The family was often on the move. Life centered on the bare necessities and left no space for play and education. His frontier tool, the axe, to clear trees and build fences made of split poles even brought him his nickname "the Railsplitter" during his presidential campaign. Lincoln's formal education amounted to less than one year at an ABC school, the name for log cabin instruction in basic "readin', writin', and cipherin'."

Later on, Lincoln unknowingly helped his future political career when he took over a general store in New Salem near Springfield, Illinois. The general store, like an inn in Europe, was a place to exchange news and discuss politics. Lincoln had enough time to read newspapers and political pamphlets, assist less literate customers with their legal documents, and talk to many people.

Part 3

Let me next talk about Lincoln as "the Democratic Populist." His political career received another, more decisive, boost when Lincoln became a lawyer upon the advice of the Whig floor leader of Illinois, John T. Stuart. Being a lawyer, Lincoln traveled twice a year through his judicial circuit covering 15 counties and an area of nearly 13,000 square kilometers (sq km) to attend local sessions of the circuit court. These sessions were not only great opportunities for frontier folks to get together. Court hearings were also much less formalized than today so that a case often depended on the oratorical skills of a lawyer. There is no doubt that Lincoln had such a gift, knew the effect of his words on the populace, and thus possessed the two most important qualities of a democratic politician.

Part 4

Thirdly, I'd like to point out that Lincoln was "the Modernizer." Lincoln made his apprenticeship as a "logroller" (who was an activist in support of an elected politician), showed skill, charisma, and clarity in political debate, and developed an expertise in the art of political maneuver. He made the Republican Party the dominant force for a quarter of a century. On top of this, Lincoln tailored the state to the needs of a strong president to the point that Albert Jay Nock called his presidency "a monocratic military despotism."

Surely, Lincoln, by the need to finance the most horrible war hitherto, streamlined, centralized, and thus modernized the state machinery by :
・Introducing new federal taxes

- Introducing a new federal tender, the famous *greenback*
- Stimulating inflation

  and
- Laying the foundation to the American banking system with the National Banking Act of 1863 which allowed the government to sell bonds

Part 5

In addition to those features of Lincoln introduced so far, Lincoln was also "the Man of the Executive." Lincoln made himself "Commander in Chief of the Army and Navy of the United States, and of the Militia of several states." Once he told visitors to the White House, "As commander in chief in time of war, I suppose I have the right to take any measure which may subdue the enemy." In reference to the specter of national division he became a symbol of the Union and introduced a series of measures which were taken without the consent of Congress such as:

- The summoning of the militia
- Expansion of the regular army

  and
- Suspension of constitutional rights (resulting in the imprisonment of thousands of anti-war people)

Part 6

Now let's take a look at Lincoln as "the Maker of the Republican Party." Lincoln, the first Republican president in U.S. history, was inaugurated on 4 March 1861, just two weeks after the inauguration of Jefferson Davis as the President of the

Confederacy on 18 February. With only 39.8 percent in the election of 1860 he is the most unpopular president in U.S. history. Four years later he had 55 percent of the voters behind him and thus ranks among the ten most popular presidents in the history of the country. Such a drastic increase in popularity can only be explained with the Civil War. But Lincoln did not only succeed in becoming a national hero, and with his assassination, a myth, he had also built the Republican Party — a coalition of diverse and conflicting interests composed in 1854 — into a strong national organization and thus smoothed the way for Republican governments until 1884.

Part 7

The final point I would like to emphasize is Lincoln as "the Tyrant." *Sic semper tyrannis* ("Thus ever to tyrants," the Virginia state motto) shouted the man after he had shot to death President Lincoln. Lincoln a tyrant? Wasn't he the president who set the slaves free and held the young United States together? A hero, so American history textbooks portray him, a popular statesman who lived "of the people, by the people, for the people," so his own slogan?

Part 8

To conclude, you could see that Abraham Lincoln is a controversial man. In order to better understand his historical role **we must now turn to** the events . . .

解　説

講義の流れとリスニング・キューの使い方

　スクリプトの各パラグラフに番号を振ってから、以下の解説を読んでみよう。

Part 1
● 第1パラグラフ

　この講義はまず "In the previous classes we focused on . . .（前回の講義では…に焦点を当ててみた）" という言葉で始まる。つまり教官は最初に前回の復習をすることを学生に伝えているのだ。そして前回の6つのポイント「産業・通信・軍隊における新しいテクノロジー」「ヨーロッパにおけるナショナリズム」「大衆の時代（The Age of the Masses）」「専制政治（autocratic　government）に勝る民主主義（democratic government）の長所」「奴隷制度（slavery）」「領土拡大（territory expansion）と移住（immigration）」を羅列している。

● 第2パラグラフ

　その後、"Today we turn our attention to . . .（今日は…について詳しくみていく）" と言って当講義のトピックが「リンカーンと共和党」であることを紹介をしている。さらに "who . . . ?" "why . . . ?" を使い「リンカーンはどんな人物だったのか」また「なぜ英雄としてわれわれの心に残っているのか」という問題を提起し、講義のトピックを明確にしている。

Part 2
● 第3〜4パラグラフ

　ここではまず "First of all, . . .（最初に）" と言ってリンカーンについての説明を始める。教官の説明によると、リンカーンは、子ども時代から開拓者精神を身をもって体験し、学校教育は1年間しか受けていない。家庭も最低限の必需品（bare necessities）を手にすることが

精いっぱいで、経済的に遊びや教育にまでは手が回らなかった。その後、イリノイで店を引き継ぎ、そこで人々とニュースや意見を交換したりすることにより政治への関心を高めていったらしい。

Part 3
● 第5パラグラフ

　次のポイントを紹介するため、まず"Let me next talk about . . .（次は…について話そう）"を使って、話のポイントが変わることを聞き手に伝えている。ここでは、リンカーンが弁護士になったことが彼の将来を決める大きなカギになったという話をしている。リンカーンは弁護士になって年に2度ずつ15もの郡の裁判に赴き、大勢の開拓者たちの前で、彼の生まれ持った天性の雄弁さを発揮し、裁判で勝利を収めていった。こうしてリンカーンは民衆の信頼を築いていったのだ。

Part 4
● 第6〜7パラグラフ

　ここでは"Thirdly . . ."と、3つ目のポイントを挙げている。リンカーンはその才能を発揮し、共和党（Republican Party）は4分の1世紀にわたって支配的な地位を確保した。さらにリンカーンは「連邦税の導入」「新しい連邦貨幣の導入」「インフレの促進」「"National Banking Act（国立銀行法）"の施行」などを通して中央集権化と近代化を進めていった。

Part 5
● 第8パラグラフ

　"In addition to . . .（…に加えて）"とここまでの講義に加えて、4つ目のポイントを挙げている。リンカーンは陸軍（army）、海軍（navy）、そしていくつかの州の市民軍（militia）の司令官となりその力を発揮していく。彼は、議会の承認なしで市民軍を召集したり、軍隊を拡大したり、憲法で保障されている権利を取り上げて戦争反対者を投獄したりした。

Part 6
● 第9パラグラフ

"Now let's take a look at . . .（では、…についてみてみよう）"と言って次のポイントを紹介している。アメリカ初の共和党出身大統領であるリンカーンは、1860年の選挙では支持率40％以下と、最も人気のない大統領だった。だが、4年後には南北戦争の勝利が影響したのか55％の民衆の支持を得て、今度は最も人気のある米大統領10人のうちのひとりとなった。リンカーンは国民的英雄になったばかりでなく、共和党の地位を不動のものにした。共和党政権が1884年まで続いたのはリンカーンの功績であろう。

Part 7
● 第10パラグラフ

最後のポイントは "The final point . . ." という表現で紹介している。ここでは、「果たしてリンカーンの正体は？　独裁者(tyrant)か。歴史の教科書に描かれているような英雄(hero)か」という質問を投げ掛けている。文中の "Sic semper tyrannis" はラテン語であり、英語にすると教官が説明しているように "Thus ever to tyrants" となる。だが、ここでこの言葉を意味が通るように訳すのは難しい。おそらく「かくて圧制者には常に死が」くらいの意味になろうかと思う。

Part 8
● 第11パラグラフ

"To conclude, . . .（まとめとしては）" で結論に入り、「リンカーンは賛否両論のある人物(controversial man)である」というところで講義を結び、リンカーンのことをさらに理解するために、次は歴史的出来事をみていくと述べている。

参考文献

McWhorter, K.T. (1995). *College reading & study skills* (6th ed.). New York: Harper Collins Publishers.
Shepherd, J.F. (1994). *College study skills*. NY: Houghton Mifflin Company.
Ruetten, M.K. (1986). *Comprehending academic lectures*. New York: Macmillan Publishing Company.

V章

授業参加と
クラス・ディスカッション

1 授業参加の基本

まず、本題に入る前に授業に参加する際の基本事項に触れておく。一見、当たり前のことのようだが、意外に実行できていない人が多いものだ。

> **ポイント**
> A 授業に必ず出席する
> B 必ず予習する
> C 遅刻をしない
> D 授業中は私語を慎む
> E 授業に集中する

A 授業に必ず出席する

日本には、講義によってはノートを借りて試験さえ受けていれば出席しなくても OK と考えている学生もいるようだ。だが、北米の大学では学期ごとに成績が出るので、授業の進度が速く課題も多い。また、母語ではない英語でコースを取るのだから、**一度でも休んでしまうと追いつくのが大変になる**。

さらに、**日本のように簡単に友人に頼れるというわけでもない**。多くの場合、クラスメートは自分のことで手いっぱいで、人のことなど構っていられない。留学生といえども、**自分のことは自分で解決しなければならない状況に置かれる**。後からノートを見せてもらおうなどという安易な考えは捨てて、授業には必ず出席したほうがいい。

B 必ず予習する

せっかく授業に出ても、**予習していないとまったくと言っていいほど内容がわからない場合がある**。そんなことが続くと、授業にも出た

くなくなってしまうだろう。**A**でも指摘したが、母語ではない言語でコースを取っていかなくてはならないということも十分に考え、必ず予習をしていくようにしよう。始めのうちは予習にクラスメートの倍の時間がかかることもあり得るが、**あきらめずに習慣づけることが大切だ**。

C 遅刻をしない

何らかの理由でどうしても遅刻をしてしまったときは、授業のじゃまにならないように、**静かにクラスの中に入って行く**とよい。**授業が小人数であれば、"I'm sorry I'm late.（遅れてすみません）"などと、必ずひとこと言うようにする**。

D 授業中は私語を慎む

これもあまりに当然のことではあるが、よく見掛ける行為なので、あらためて挙げておいた。講義の最中に話をするのは教官に対してたいへん失礼だ。また、**教官自身も学生の私語はかなり気になる**ようで、講義を中断することもあるし、「静かにしてほしい」と注意することさえある。

クラスメートにとっても、授業への集中の妨げとなる。**内心不快に思っていても、周囲の人間が面と向かって静かにしてほしいと言うことはめったにないが**、クラス評価のアンケート結果を見ると、「クラスメートがもう少し静かにしてくれたらもっとよかった」などと書かれていることもあるので要注意。

E 授業に集中する

授業中にほかのことをしているのも教官に対して失礼である。おしゃべりをしているわけではないから、クラスメートの迷惑にはなっていないかもしれないが、こうした内職行為は**授業に遅れを取る原因になる**し、そもそも授業に出席する意義がなくなってしまう。なお、**内職をする学生に限って成績があまりよくない**。

以上、簡単に見てきたが、これらは基本中の基本であるということをしっかりと覚えておいてほしい。

エピソード　5

遅刻をしてきたクラスメート

　北米の大学に留学していたとき、日本人のクラスメートが授業に遅刻してきたことがあった。彼は私の後ろに座ったのだが、席に着くなりごそごそとかばんの中に手を入れて何かを探している。彼に悪意がないことはわかっていたのでしばらく我慢していたのだが、ほかの学生も気になったらしく、数人が後ろを振り向いたほどだ。

　彼には以前にも同じような思いをさせられたので、結局、口に指を当てて「シー」と注意した。彼はそこで初めて自分の迷惑行為に気づいたようだ。真剣に学んでいる学生にとっては、ちょっとした音でも気になるものなので、授業中の個人的な行為には細心の注意が必要である。

（千葉　T.K.）

2　積極的な授業参加

　日本の多くの大学と異なり、北米の大学で授業に参加する場合、ただそこに座って、**教官の講義を聞いていればいいというわけにはいかない**。

　日本では、授業にまじめに出席して試験で好成績を上げさえすればよしとされることが多い。教官が講義をして学生は静かにそれを聞いてノートを取るのが一般的なパターンで、学生は教官に遠慮しているのか質問などすることはめったにない。実は日本でも教官は、学生が質問してくるくらい真剣に学んでくれたらどんなにいいかと考えてい

るに違いないのだが。

　また日本の大学生は、たとえ、教官が何らかの理由で間違った情報を提供してしまったとしても、おそらく聞き流してしまうだろう。どんなに丁寧な表現を使ったところで、**教官の間違いを正すということ自体、半ば大それた行為だと考えられているからに違いない**。

　さて、北米の大学はといえば、授業への出席は当然のこと、そのうえで、質問をしたり教官の質問に答えたり、クラス・ディスカッションで意見を言ったりという、**積極的な授業参加が高く評価されるの**である。受講生が30人以下の小人数のコースでは特に積極的な参加が望まれる。

　また、こうした**積極的な授業態度により特別な点数（extra points）がもらえることもある**。ただし、質問は、あまり頻繁にし過ぎると授業の進行を妨げることになりかねず、いい結果が生まれないこともある。**自分で調べられるものは後で自分で調べたほうがいい**。いずれにしても、北米の授業では、プラス・アルファの点数を獲得するためにも、黙って席に座っているわけにはいかないのである。

エピソード 6

「興味がない」は通用しない

　北米のある大学に留学中、授業で短いペーパー（専門誌に掲載されたアーティクル [article] と呼ばれるペーパー）が5本配られ、次の週にそれについてクラス・ディスカッションをするので読んでくるようにという課題が出た。

　翌週、教官は20人ほどのクラスを5つのグループに分け、前の週に配ったアーティクルを各グループに1本ずつ割り当ててから、グループ内でその内容を吟味して意見を交換するように指示した。その後、グループの代表が討論の結果をクラスで発表し、ほかのグループからの質問を受けるのだ。

　グループの中で英語の母語話者でないのは私だけだったが、それなりに予習もしてあったので、やろうと思えばみんなの意見をまとめ、クラスで発表するくらいのことはたやすくできた。しかし、トピックに

あまり興味がなかったので、グループ・ディスカッションに積極的に参加せず、聞かれれば答える程度にしていた。

　討論が終わり、だれが発表するかという段になったとき、「わからなかったら助けてあげるから発表してみれば」と同じグループのアメリカ人学生が強要してきた（少なくとも私には強要としか思えなかった）。彼女はおそらく私のことを、アーティクルの内容が理解できず、グループ・ディスカッションにもあまり参加できなかったのだと解釈して気の毒に思ったに違いない。だから「できなくてもとにかくやってみれば。助けてあげるから」と親切心からすすめてきたのだろう。しかし、以前から彼女の過剰とも思えるおせっかいが少し鼻についていた私は、やればできるんだからという思いも自分自身にあったので、"Give me a break!（勘弁してよ）　Who do you think you are?（あなた何様？）　I would REALLY appreciate it if you could give me a choice and . . .（やりたければ、自分から言うのでほっといてほしいのに…）"と思ったのを覚えている。

　結局クラス発表は引き受けたのだが、そこで悟ったのは、**積極的に授業に参加しないと、教官や周囲の学生から授業内容が理解できていないのではないかと思われてしまう**ということである。「外国での授業に不慣れで戸惑っているに違いない」とか「積極的な授業参加を強いるのはちょっと気の毒だ」などと思いやってくれる人はおそらくいないと考えたほうがよさそうだ。ましてや、トピックに興味がないのでやる気になれないなどという「言い訳」は通用しないのである。

（大阪　S.O.）

エピソード　7

積極的な授業参加ができないと …

　「社会言語学入門（Introduction to Sociolinguistics）」というコースを取っていたことがある。このコースは英語に関する社会言語学なので、英語を母語としない日本人にはちょっと難しい。逆に母語話者にとっては、授業で取り上げる事例（例えば、ニューヨークの人が話す英語は "th" の "h" の音が落ち、"three" と "tree" は同じ

に聞こえるとか、文法知識はあるにもかかわらず"does"を使わず"He don't know me."などと話す人がいるとか）など、すでに知っていることがかなりあったようで、有利なコースだった。

　あるとき、クラスメートが「試験勉強を一緒にやろう」と周囲に呼び掛けていた。ところが私だけは誘われない。何となく取り残された気分になって、日本人だから差別されているのかとさえ考えた。後にわかったことだが、私は質問もせず、いつも黙っているので、あまりやる気がなく、授業も理解していないだろうから誘わないほうがいいという声があったのだという。どうやら、授業参加が積極的にできないと、いろいろな誤解を招き、寂しい思いをさせられることもあるようだ。

（広島　N.H.）

3 自信を持って授業に参加するために

　さて前のセクションでは、積極的な授業参加の重要性を説いてきたが、英語に限らず、日本語で発言する場合でもいざとなると「間違っていたらどうしよう」「知識をひけらかしているなんて思われないだろうか」「こんなことを言っても失礼じゃないだろうか」「自分よりもっと知っている人がいるのではないか」などと、弱気の虫が際限なく頭をよぎる。そうこうしているうちに、次のトピックに移ってしまい発言し損ねるなんてこともあるだろう。

　ではどうしたらいいのだろう。一般的には「他人からどう思われるかなんて気にせずにやってみることが大切だ」となるのだが、事はそれほど単純ではない。**やはり授業参加にはそれなりの準備と適切なマナーが必要**である。別な言い方をすると、こうした事前知識が身についていないから、いざとなるとおじけづくのである。

　案外誤解されているようだが、日本同様、北米でも教官の間違いを

正すのは、それ自体半ば大それた行為と考えられている。したがって、学生が無頓着に教官に物申していることはないと言ってもよい。授業について事前に準備するのはもちろん、**間違いの指摘の仕方や状況も考慮したうえで、適切な対応をしている**のだ。それでは次に、自信を持って授業に参加するためのポイントをいくつか紹介してみよう。

4 質問をする

授業中に質問をするにはそれなりの準備をしなくてはならない。そのうえで、質問のタイミング、言葉遣いについても考えてみる必要がある。なお、内容によっては質問自体を避けたほうがいい場合もあるので、その点についても説明しよう。

> **ポイント**
> A 事前に準備をしておく
> B タイミングよくかつ臨機応変に質問する
> C 適切な言葉遣いをする
> D 授業の内容に沿って簡潔に質問する
> E 教官の講義内容に対するコメントは極力避ける
> F 教官の講義内容についてどうしても発言する場合は慎重に

A 事前に準備をしておく

a. 》予習中の作業

予習の際には教科書や参考資料などを読みながら、わからないところや疑問に感じた個所はノートに書き留めて質問の準備をしておくとよい。

| 図5-1 | 予習中の質問準備の基本ステップ

```
疑問点を書き留めながら教科書や参考資料を読む
          ↓
       英文を作成する
          ↓
       質問の練習をする
```

 さらに、いざ質問する段になってまごつかないように、質問の**せりふを実際に英作文し、声に出して練習しておく**のもよい。
 ここまで準備しておくと授業に出席するのが楽しみになってくる。また、慣れてくると、質問文を前もって作成していかなくても、ノートに書き出した質問事項に目を通すだけで質問できるようになる。

b. 》授業中の作業

 授業中に疑問点や不明点が出てきた場合には、その場ですぐ質問できないこともあるので、**必ずノートに書き留めておこう**。ただし、質問を書き留めるのに時間をかけ過ぎると、肝心の授業がおろそかになるので、後で読んでわかるように**要領よくポイントだけメモする**ことが大切だ。

B タイミングよくかつ臨機応変に質問する

 授業中に質問したいことが出てきても、質問文(英文)を考えているうちに次のトピックに入っていて聞きそびれてしまったとか、前もって質問を準備してあったのに、質問の機会をうかがっているうちに授業が終わってしまい、結局授業そのものにも集中できなかったということもある。ここでは質問のタイミングについて考えてみたい。
 質問は、授業中に随時することもあるが、教官によっては講義を中断されるのを嫌い、質問の時間をまとめて取ってくれる場合もある。

a. 》教官が用意してくれた時間帯に質問する場合

> **質問のコツ**
> - 発言前に多少間を置く
> - 教官が答えてくれているときは、目をそらさない
> - 適切な相づちを打ちながら回答を聞く
> - 割り込むのではなく、挙手により教官の指名を待つ

質問によって授業の流れを妨げられるのを嫌う教官は、一般に授業が始まる前や授業の後、あるいは話の区切りのいいところで "Are there any questions?（何か質問はありますか）" と言って質問を奨励する。

このとき、自分しか手を挙げなかったとしても、即座に口を開くのではなく、周囲に敬意を払う意味を込めて、あるいは「いいですか、質問しますよ」という了解を得る気持ちを込めて、**多少間を置いてから質問する**ことが大切だ。

質問の際には、予習で準備してきたものや授業中にノートに書き留めた項目を見ながらというケースもあるだろうが、少なくとも**教官が答えてくれているときは、教官から目をそらさずに適切な相づちを打ちながら聞く**ようにしよう。教官の返答をノートに書き留めるのはその後にしたほうがよい。

また、クラスメートがどんどん質問をしてしまって自分の入り込む余地がないようなときでも、**挙手をして教官に指名されるのを待ったほうがいい**。つまり、焦ってほかのクラスメートの質問に割り込むようなことはせず、挙手により、**教官の力を借りて、公然と自分が発言できる順番をつくる**のである。

その際、クラスメートへの教官の返答がそろそろ終わるというころに挙手するのが効果的である。

b. 》授業中に随時質問する場合

質問のコツ

- 最初は、クラスメートの質問態度を観察してまねる
- それでもタイミングがつかめなかったら、ノートを取るために与えられた時間や教官の発話の後の数秒の沈黙などを利用して挙手する
- 教官が気づかないときには、"Excuse me." と声で注意を引く
- 臨機応変に質問する

　少なくとも授業に慣れるまでは、英語を母語としない日本人が質問のタイミングをつかむのはかなり難しい。そこで最初は**英語の母語話者がどのようなタイミングで質問している**のかを観察してみるといいだろう。例えば、教官の発話が終わるのを待って質問する学生もいれば、ひとつのトピックが終わるなど切りのいいところで質問する学生もいる。また、教官の対応の仕方にも違いがあるかもしれない。いずれにせよ、教官が話しているときに割り込むというマナーの悪い学生は英語の母語話者にはほとんどいない。

　また、質問のタイミングがつかめないときは、**教官の発話が終わった後の数秒の沈黙や板書した内容をノートに取らせるために与えられた時間**などに**挙手**し、教官の指名を待って質問をするようにするのもいいだろう。ただし、このようなとき実際には、教官は下を向いて資料を見たりしていることが多いので、教官が顔を上げて学生の方を見る直前ぐらいに手を挙げるのがポイントだ。なお、教官が講義している間は、疑問点が気になるからといって、**教官が話し終えるか終えないかというときに挙手するのは避けたほうが賢明**だ (**a.** で説明したような質問タイムの最中に、先に質問している学生の後に続く場合は別)。このタイミングだと、ともすると教官の発言を妨げかねないからだ。もし、いつまでたっても教官が顔を上げず、気づいてもらえそうもなかったら "Excuse me." と言って、**発話で注意を引いてから質問をする**とよい。

Ⅴ章　授業参加とクラス・ディスカッション

なお、授業時間があまり残っていない、あるいは予定より進度が遅れているのであれば、質問は控えたほうがいい。つまり、**臨機応変な質問態度が大切**ということだ。

エピソード 8

質問のタイミングがつかめた!

　留学後しばらくは、「聞こうか、どうしようか」「何て言い出したらいいんだろう」などと考えているうちに次のトピックに進んでしまい、なかなかうまく質問できなかった。それでも何度か授業に出ているうちに、何となく周囲のクラスメートの質問するタイミングがわかるようになってきた。

　そこで話の切りのいいときに思いきって "Excuse me, I have a question." と言ってみた。手も挙げずにここまであからさまに「質問があります」と口にする人は、母語話者にはほとんどいない。時間がなくても無視するわけにいかず、教官によっては迷惑そうにする人もいたが、とにかく質問をするという行為に慣れることができた。

　しばらくして、挙手をするようになった。特にクラスメートが次から次へと質問をし、それに入っていけないときには必ず手を挙げて教官に気づいてもらうようにした。この段階では "Excuse me." などとは言わず挙手だけだったので教官も状況によっては無視することができたし、自分としてもそれはそれでよかった。

　そのうちに、軽く右手の指を動かすサインを出しながら教官の注意を引いている学生がいることに気づいたので、自分でもやってみることにした。最初は、話の切りのいいところで教官と目が合うと軽く指でサインを出しながら（実際の動きは留学したときに授業で確認してほしい）、小声で "I have a question." と言って教官の指名を待ったが、しばらくすると指サインだけで発言権を得て質問ができるようになった。

　そして最終的には、サインなしでも教官の言葉に続けてタイミングよく "So, what you are saying is . . . " などと質問できるようにまでなった。

　やはりある程度慣れたら、思い切っていろいろな方法を試してみる

べきだと思う。時間はかかるかもしれないが、一度タイミングがわかり始めると、違和感なく話の中に入っていけるものだ。黙っていたのでは、いつまでたってもタイミングはつかめない。

(仙台　Y. H.)

C 適切な言葉遣いをする

　質問をする際、まず考えなくてはならないことは、教官と自分自身の社会的関係だ。つまり、目上の人間と接するときに適切と考えられる態度を、取らなければならないということだ。例えば、北米では**教官を呼ぶときもファーストネームでいいなどというのは俗説**で、日本の学生たちが教官のことを「〇〇先生」と言うのと同じように、実際に**は北米の学生たちは教官の名字の前に必ず Professor や Dr. をつけて、**Professor Smith とか Dr. Smith と呼んでいる。

　目上あるいは社会的地位が高い人物に何かを教わったり質問をしたりするときは、北米でも**公式の場にふさわしい丁寧な表現を使い**、失礼のないように心掛けている。ご存じとは思うが、"Can you . . . ?(…してくれない?)" と言うよりは、"Would you . . . ?" とか "Could you . . . ?" と言ったほうが丁寧で、「…していただけませんか」ということになる。

　これは、日本の大学で教壇に立っている北米英語話者からよく聞く話だが、日本人の学生は彼らに何か頼むとき、ほぼ全員が "Can you . . . ?" を使うという。日本人の教官には敬語を使っているにもかかわらずだ。当然、国外から来ている教官たちは、尊敬されていないような気がして不快に感じている。もちろんあまり丁寧過ぎても逆に違和感を覚えられるので注意しよう(「エピソード9」[p. 161]参照)。

　外国語を使っているので、語用能力 (pragmatic competence：どのようにして状況に合わせて適切な表現を使うのかを見極める能力) の欠如はいたしかたないなどとは言っていられない。いったん留学してしまえば、現地の教官がそうした点にまで思いをはせてくれるとは期待しないほうがいい。ただ、失礼な学生だと思われるのが関の山で

ある。やはり、留学するのであれば、まずその国の言語について正しい語用能力を身につけることだ。

D 授業の内容に沿って簡潔に質問する

いくら言葉遣いが正しくても、**質問が授業内容から逸脱していたのでは意味がない**。例えば、「アメリカ史（U.S. History）」のコースでネイティブ・アメリカンの話をしているときに、「テレビで放映した独立戦争前の彼らの状況を描いた映画を教官も見ましたか」などという質問は適切ではないだろう。

また、「先週提出したペーパーが自分だけまだ返されていないのですが、何かかなり的外れなことを書いてしまったのでしょうか」などという**個人的な質問は授業が終わってから**直接、教官を訪ねて聞いたほうがいい。自分の質問でクラスメート全員が恩恵を被るかどうかという点を、まずしっかり考えよう。

次に考えなくてはならないのが**質問の簡潔さ**だ。これは、授業の残り時間が少ないのにどうしても質問しなければならないときなどに、特に注意してほしいポイントだ。

例えば、"Could you tell us about the core values of democracy?（民主主義の基本的価値観を教えていただけませんか）"と言えば、質問の要点ははっきりしているが、"Are we supposed to know something about democracy?（民主主義についての知識を持ってないといけないのですか）"などと言ったのでは質問の意図ははっきりしないし、表現も挑戦的で適切ではない。

また、日本人は英語の母語話者ではないので、質問をするときに婉曲的な表現は避けたほうがよいだろう。**よほど英語に通じていないと、婉曲的な表現を的確に使うことは難しい**。むしろ限られた時間内に質問の意図を的確に伝えるためには"Will you . . . ?" "Would you . . . ?" "Could you . . . ?"など、質問時によく使われる慣用表現を使うほうが賢明だ。

さらに日本語では、依頼をするときは「…が (but)」という具合に文を完結させずに止めてしまう傾向にあり、依頼者がそのような表現を

使うと、「が」に続く部分の依頼事項は暗黙の了解のように理解されるが、異文化ではそうとは限らない。

つまり、"Could you tell us about the core values of democracy?" と言う代わりに、"You briefly mentioned the core values of democracy, but（民主主義の基本的価値観という表現をお使いになったと思うのですが）" とだけ言って、"You briefly mentioned the core values of democracy, but it would be great if you could explain them a little further.（民主主義の基本的価値観という表現をお使いになったと思うのですが、それについてもう少し具体的に説明していただけませんか）" という依頼を遠回しにしようとしても、その意図をくみ取ってもらえるというよりは、「この学生は今まで話してきた内容を理解してないのではないか」とか、「"but" を使っているので反対意見でもあるのではないか」と思われる可能性のほうが高い。

日本語の言葉の使い方をそのまま英語に転移する（transfer）とまったく理解してもらえないばかりか、誤解を招くことも多いので、やはり、よほど英語に堪能でない限り、質問は平易な慣用表現を使うようにしよう。

エピソード 9

前置きはほどほどに、表現は的確に

某大学で開催された集中セミナーで、ある年配の日本人が質問をした。彼女は、教官が質問の時間を取ってくれるのを待ち、そこで勢いよく挙手して "Excuse me. I have a question." と言っておきながら、なかなか核心に触れず、長々と前置きを述べだした。

ひとしきり口上が終わると、"I would appreciate it if you could explain . . .（…についてご説明いただけるとありがたいのですが）" とようやく肝心の質問が始まった。だが、表現が異常に丁寧で不自然さを感じたし、それ以前に、前置きが長過ぎて若干座もしらけていた。

時間も限られていて、しかも「質問があればお答えします」という時間帯であることは明白なのに、こんな持って回った言い方をする必要があ

るのだろうか。丁寧に言えばそれに越したことはないという考え方も間違いではないだろうが、その場の情況を判断して表現を使い分けないと違和感さえ感じてしまう。ちなみに、"I would appreciate it if you could explain . . . " は文語で頻繁に使われるようだ。

(東京　S.K.)

エピソード 10

簡潔明瞭が一番

　週末に行われたセミナーを受講していたとき、教官が参考文献を何冊か紹介し始めた。最初に紹介した『Critical Discourse』という本にとても興味があったのだが、その著者の名前があまりにも複雑過ぎて書き取れなかった。まごまごしているうちに、教官はもう違う本を紹介していたので、思い切って質問してみた。

　私はまず、最初に紹介した本であることを伝えなくてはと考え、"Mmm, you introduced a book called Critical Discourse before talking about . . . and also . . . Who wrote that book?(あの…と…の前に『Critical Discourse』と呼ばれる本を紹介したと思うんですが、だれが書いたのですか)" と尋ねてみた。教官は「『Critical Discourse』と呼ばれる本」という回りくどい言い方に多少戸惑ったようだった。後で友人に聞いたところ、こういう場合は、"Who is the author of Critical Discourse?(『Critical Discourse』の著者はだれですか)" と単刀直入に聞けば十分だという。あまり考え過ぎずに、簡潔明瞭に質問したほうがいいようだ。

(金沢　T.H.)

E　教官の講義内容に対するコメントは極力避ける

　北米の大学では積極的な授業参加が求められるといっても、手当たり次第どんなことでも発言すればいいわけではない。

　例えば、教官によるスペリングミスなど、**指摘するほどのことでは**

ないと思われる場合はそのままにしておいたほうがいいし、教官が何らかの理由で間違った情報を講義しているのに気づいても**講義中には指摘しないほうがいい**。

また、**教官の見解を否定するような発言も適切ではない**。つまり、教官の見解に同意できなくても真っ向から"I don't think so.（私は、そうは思いません）"などとは言わないことだ。

アメリカ人は、言いたいことや思ったことはすべて単刀直入に口にするなどと考えていたら大間違いである。彼らは、決して教官の顔をつぶすような行為はしないと言っても過言ではない。

エピソード 11

教官の見解を否定してしまった！

あるクラス・ディスカッションで、異文化間の価値観の違いをリサーチする方法について話し合ったことがある。このコースの教官（アメリカ人）は、ヨーロッパのある国に住み込んでそこに住む人々と知り合いになりながらリサーチした体験を話してくれた。

確かに教官の話は実体験なのだろうが、私自身は、通り一遍の知り合いになったくらいでは、異文化間に潜む価値観の違いはなかなか理解できないと感じていた。事実私は国籍の違う女性と結婚し、彼女の家族の一員になって初めて、文化や価値観が異なる人たちのことをよく知ることができたと思っている。

そこでそのときもクラスメートの前で"Well, I would say it seems impossible, at least for me, to realize what is going on in the different speaking community without being a member of the family. Um, I mean . . .（あのー、家族の一員になることもなく、言語の違うコミュニティがどんなものかを理解するのというのは、少なくとも私にはかなり困難なように思えるんですが…その一つまり…）"というように、教官に真っ向からチャレンジする形を取ってしまった。

今でも覚えているが、教官の顔色が変わり「許せない」という思いが込み上げているのが見て取れた。もちろん、"I don't think so."などと言ったわけではないが、自分の論文そのものを否定された

思われたのかもしれない。コースの課題は一応すべてやったので落第は免れたが、その後数年間は大学で擦れ違ってもお互いに気づかぬふりをしていたくらいだ。

(東京　A.T.)

F 講義内容についてどうしても発言する場合は慎重に

いくら教官の意見にコメントしないと言っても、向こうから意見を求められる場合もある。そういうときは例えば "I can see your points very clearly, but mmm I would say there may exist some other points of view, um, I mean, mmm . . . (先生のおっしゃることはごもっともなのですが、ほかの見解も…ううんつまり…)" など「せん越なのですが」という気持ちを表すため "um" という間を持たせる表現を加える。こうすることで、慎重に考えながら話しているということを相手にわかってもらえるし、次に述べる自分の発言を和らげることもできる。

まず教官の見解を持ち上げて同意を表し、それから謙虚に自分の見解を、あたかも自分の意見ではなく世間一般的な見解ですがといった調子で述べ、**教官の面子（メンツ）を保持すると同時に自分の立場も保護しながら、コメントを請うのである**。ただし、間を持たせる表現は、使い過ぎると「考えがまとまっていないのでは」と誤解されるのでほどほどにしておいたほうがいい。また、**教官はクラスで自分自身の主観的な見解を述べることもあるが、それに関しては聞かれない限りコメントは避けたようがいい**。

どうしても授業中に教授の間違いを正しておいたほうがいいというときには、まず、もう一度その個所を説明してくれるように依頼し、再度説明を聞いて教官の間違いを確認してから、"Would it be possible to interpret the concept that . . . (その概念を…と解釈することも可能でしょうか)" など、この場合はあえて婉曲的言い方で間違いに気づいてもらうようにする。

ただし、教官は英語の母語話者でもない日本人から間違いを指摘さ

れるなどとは夢にも思っていないので、実際には婉曲的な表現を使ったのではこちらの伝えたいことになかなか気づいてもらえない。結局、単刀直入な表現を使う羽目になり、教官の顔をつぶしてしまう事態も十分考えられる。というわけで、**授業中に教授の間違いを正すという行為は、極力避けたほうがいい**。可能な限り**授業の後に個人的に確認**しに行くことをおすすめする。

なお、どんな方法にせよ教官の間違いを指摘した場合、その結果、**教官が訂正するかどうかは本人に任せたほうがよい**。たとえ九分九厘自分の指摘が正しいと思っても、それ以上踏み込んで、教官に訂正を迫るのは適切ではない。

エピソード 12

いくら自分が正しくても …

教官の講義の内容が事前に読んだ参考文献の記述とどうも異なるので、授業中に聞いてみることにした。以前にも同じことがあり、そのときは "So, what is . . . ?（そうすると…とおっしゃるのは?）" という言い方で教官の話の内容を確認したのだが、結局同じ内容を違う表現で説明してくれただけだった。相手が「正しい」と思い込んでいることに疑問を投げ掛けるときは、婉曲的な表現では、うまく意図が伝わらないようだ。

そこで今回は、まず教官に再考してもらう意味を込めて、"So, what you are talking about is . . .（つまり、その概念は…）" と問い掛け始めたのだが、この時点で教官は私がその概念に関しての説明がわからなかったのだと思い込み、同じ説明をもう一回してくれた。

聞き間違いがないように、"So, what you are saying is . . .（つまり…ということですね）" と念を押したところ、"That's right.（そのとおり）" と言うので、ちょっと間を置いてから "I see, um, I may be wrong, but I kind of remember reading that point the other day. As far as I remember, it seemed the author of that article was saying the opposite. Oh, of course I am not sure though . . .（あのー、解釈を間違えているかもしれないんですが、確か何日か前に読んだ参考文献には、どうも逆のことが書いてあったような気もするんですが。あのう、もちろんはっきりと覚えているわけではないんですが…）"と切り出した。ひょっとしたら参考文献が間違っていたかもしれないし、何より、教官の顔をつぶすようなことはしたくなたかったので、慎重に言葉を選んだつもりだった。

その結果、「どこに書いてあったのだ」ということになり、分厚い参考文献をめくりながらそれが書いてある個所をクラス全員で探すことになった。何分かして、問題の個所が見つかった。教官もその個所に目を通す。クラスはちょっと静まりかえり、全員で教官の対応を待っていた。さすがに教官もその場で自分の非を認めるわけにはいかなかったのか、自分の解釈が正しいと語り、この授業は終わった。

数週間後、期末試験の直前に教官は、先日の自分の解釈の仕方は間違いで、参考文献にあった記述が正しいと手短に訂正した。あらためて考えてみると、このようなケースでは、授業が終わってから個人的に教官を訪ねたほうがよかったのかもしれない。

(横浜　H.F.)

5 教官の質問に答える

授業中に教官の質問に答えるときはどうすればいいのだろう。これも自分が質問をするときと同様、なんでも構わないからただ発言すればいいというものではない。では下記に挙げたポイントに沿って見ていこう。

> ポイント
> A 事前に準備しておく
> B 簡潔で要領を得た発言をする
> C 予期せぬ質問に対してもまずノートに考えをメモする
> D 答えられないときは素直に発言を控える

A 事前に準備しておく

　予習時には次の授業で**教官がしそうな質問の予測を立て、その回答をノートにまとめておく**とよい。また、「エピソード4」(p. 48)で紹介したような「通学時間などを利用した学習例」を参考に、復習を中心に質問に対する準備をしてもよい。

　さらに、**授業の前には前回取ったノートにもう一度目を通し内容を思い出しておく**のもよい。こうした作業は10分もあればできる。最初のうちは教官の意図がうまくつかめず、質問の予測もあまり当たらないかもしれないが、そのうちに授業のパターンがわかってくると的中率も上がり楽しくなるはずだ。

B 簡潔で要領を得た発言をする

　教官の質問に答えるときは、**簡潔で要領を得た発言を心掛ける**。最初に結論を述べ、理由付けはそれからしていくというパターンが理想的だ。つまり、**西洋流の直線的な論理展開**をしなければならない。質問の核心に到達するまでに何分もかかるようでは、「いったい何が言いたいのだろう」という印象を与えかねない。

　例えば、あるコースで「なぜアメリカではFederalism(連邦主義)を導入したのか」という質問があったとしよう。この場合、「連邦政府(national government)と州政府(state government)の権力を分解(fragmentation)し、専制政治(tyranny)になるのを防ごうとしたため」というようにまず質問に対する回答を述べ、それから「具体的にはどういうことなのか」という説明を、**例を挙げたりしながら展開する**のがよい。

ところが、日本人に多いパターンは、まず「記憶に新しいところで、日露戦争のころロシアではニコライ皇帝による専制政治が行われており…また日本でも15世紀には…だったりして、ひとりの支配者や数人の支配者が権力を確保してしまうと専制政治が始まり民主主義ではなくなってしまい…それに…ということもあり…」と前置きを述べ、クラス全員が「まったく、いつになったら質問に答えるのだろう」などと思い始めたころになって、ようやく回答を言い始めたりする。

このような発言の流れ（修辞構造：rhetorical structure）は、貴重な授業時間を無駄にしてしまうことになり、クラスメートに対しても申し訳ない。また、英語の母語話者の間では、**こうした渦巻き状にぐるぐる回る論理展開は、自分の言いたいことがはっきりわからず、それを模索しているようなときに使われることが多い**。したがって、たとえ回答の結論は的確でも、**教官の質問への回答方法としては不適切**と判断されることが多い。少なくともいい印象を与えることはできず、あまり高く評価されない。「日本から来たばかりで英語的な論理展開を知らないのだから仕方がない」などと情けを掛けてもらえるとは考えないほうがいい。

C 予期せぬ質問に対してもまずノートに考えをメモする

また、授業中に予期せぬ質問を受けた場合は、まず自分がそれについて本当に答えることができるかどうかを考えてみる。**できそうだと思ったら、話す内容を素早く頭の中で整理し、ノートに手短に書き留める**。その日の授業に関する質問であればノートを見ながら質問に答えられるが、いずれにせよ何を話すのか手短に頭の中でまとめてから発言したほうがよい。大切なのは、**英語で考える**ということだ。

D 答えられないときは素直に発言を控える

教官の質問への準備ができていなくて、中途半端なことしか言えないようなときは発言を控えるに限る。このようなときは、無理して発言してもばつの悪い思いをするだけだし、やはり貴重な授業時間が無駄になってしまう。的確に答えられるクラスメートがほかに何人もい

るかもしれないので、彼らの発言を聞くことに集中しよう。きちんとした答えを持っている場合に発言すべきだ。

> **エピソード 13**
>
> ### なかなか核心にたどり着かない
>
> 　ある授業で、教官が学生たちに意見を求めてきた。すると、普段はまったく発言したことのない日本人学生が、さっと手を挙げたではないか。どんなことを話し出すのかと周囲は興味津々。
> 　ところが話し始めたらこれがまた長くて、しかも前置きばかりで一向に核心に触れようとしない。教官もちょっといらいらしているようで、時計をちらりと見ているのだが本人は一向に気づかない。何分かして話が終わりに近づいたころに、ようやく彼の言いたいことがわかった。そこで教官がすかさず、独り言のように "Uh, you just need 20 seconds to say that.（Don't you agree?）（20 秒もあればしゃべれることだと思わない?）" とつぶやいたのを覚えている。
> 　ちなみに、幸か不幸かこの嫌みとも取れる教官のコメントに当の本人は気づいていないようだった。この学生とはそれ以後、グループ・ディスカッションで何度か一緒になったが、発言するといつも前置きばかり長いので "So, what is your point?（で、おっしゃりたいことは?）" と言いたくなることもあった。日本的な持って回った論理展開は、早いうちに意識的に修正したほうがよいと思う。
>
> 　　　　　　　　　　　　　　　　　　　　　　　　　　（埼玉　T.I.）

6 クラスメートの発言に対してコメントする

　さて、それでは教官の質問に対するクラスメートの発言について補足などをしたいときはどうすればいいのだろうか。

> **ポイント**
> A いったん教官の発言を待つ
> B クラスメートの発言に補足するときは、まず賛成を表明する
> C クラスメートの見解に同意できないときでも、まず相手の意見を尊重する
> D 時間がないときはコメントを控える

A いったん教官の発言を待つ

　クラスメートの発言が終わったら、**いったん発言のターン（番：turn）を教官に戻したほうがいい**。そして教官がクラスメートの発言に関して何か話し出した場合は、割り込むのは避け、その話をきちんと聞いて、その後に自分の意見を言うようにする。

B クラスメートの発言に補足するときは、まず賛成を表明する

　前言者の発言に補足するときは、まず "I also think . . . as Mr. X mentioned and I would also like to say . . . is to be included in one of the reasons for . . .（私も X さんの言うとおりだと思います。そこでもう１点付け加えておくとすれば…の理由として…ということも考えられるのではないでしょうか）" というように、**まず自分も同意するという態度を言葉で表し**、それから本題に入る。こうすると、クラスメートとの円滑な関係が保てるし、明確なパターンにのっとって発言することにより、自分の発言の要点もはっきりする。

C クラスメートの見解に同意できないときでも、まず相手の意見を尊重する

　B で説明したパターンは、クラスメートの意見に同意できないときにも使える。まず "I can see Mr. X's point but I would say . . .（X さんの言うこともわかるのですが私はむしろ…）" というように、**相手の意見を尊重し、いったん立てておいてから**初めて自分の意見を

述べるようにするとよい。

クラスメートの発言が終わるか否かというときに "I don't think so.(私は、そうは思いません)" などと**唐突に否定しては嫌われるだけ**だ。残念ながら日本人にはこのパターンが多いようで、英語の母語話者からの苦情をよく聞かされる。

D 時間がないときはコメントを控える

最後に、**自分をコントロールする**ことも大切だ。授業の残り時間が少なく教官が次に進もうとしているときなどの発言は、歓迎されないので避けたほうがいい。どうしても発言したければ、授業終了後や教官のオフィス・アワー(教官が研究室に在室中のとき)などに話すとよい。また、教官にEメールを出すこともできるが、**メールを嫌う教官もいる**ので事前に確認しておこう。

エピソード 14

"I don't think so."(1)

ある授業で、課題をディスクに保存して提出したところ、教官から呼び出され、ディスクが空だと言われた。事情がよく飲み込めないまま思わず "I don't think so." と言うと、教官は教室中に聞こえるくらいの勢いで声を張り上げて "YOU DO SO!(でも正しく保存されていなかったんだよ、実際[君も承知していると思うけど]!)" と言い返してきた。私の "I don't think so." は「本当ですか」くらいのつもりだったのだが。教官はその後、"You don't say that...(そういう言い方はいただけないね…)" と、延々と5分以上「お説教」するやらコンピュータの使い方を説明をするやら。不用意な "I don't think so." でかなりの怒りを買ったようだ。

(静岡　I.M.)

"I don't think so."(2)

アメリカ人の友人と話していたとき "I don't think so." という表現が話題になった。ある日本人学生が、自分の意見を述べるときに

V章　授業参加とクラス・ディスカッション

いつも"I don't think so."と言って話し始めるので本当に不愉快だというのだ。ほかの人たちの間でも「彼女と一緒にプロジェクトをやるのはちょっとかなわない」と言われていたようだ。

　それから間もなく、その日本人学生と一緒に受講していたコースでクラス・ディスカッションがあったのでよく観察していると、案の定"I don't think so. I think..."というパターンを繰り返している。

　こうしたことは、周囲がなかなか指摘してくれないので始末が悪い。本人にしてみれば、必ずしも深い意味はないのだろうが、やはり"I don't think so."は、だれが聞いても相手の主張を真っ向から否定する言葉だ。この手の表現はつい口癖になっている場合もあるが、本人が気づかないうちに周囲から嫌われることになるので気をつけたほうがいいと思う。

(岩手　K.S.)

7 ディスカッションやペア・ワークの意義

　今までこの章で述べてきた授業参加の方法は、教官に主導権があるケースを対象としてきたが、クラス全体でひとつの議題について討論する**クラス・ディスカッション**のときには、教官のみならず、学生が主導権を握ることもある。後者の場合、教官は傍観者となって学生が議長となる。教官はディスカッションが終わった時点ですべての意見をまとめ、授業に結び付けていくのだ。

　クラス・ディスカッションをする前に、**ペア・ワーク**と称して隣に座っている学生と与えられた課題について意見を交換することもある。

　また、クラス全体をいくつかのグループに分けて行う**グループ・ディスカッション**という形式もあるが、この場合は学生の人数が少ない点と必ず学生が主導権を握る点でクラス・ディスカッションとは異なる。学生が討論している間、教官はそれぞれのグループを巡回したり、

演壇付近で資料に目を通していたりといった具合だ。やがてすべてのグループで十分に議論が交わされたころを見計らってディスカッションを終了させ、それぞれのグループで話し合ったことを発表させるのが典型的なパターンである。最後にそれらを教官がまとめるのだ。

　これまで何度も説明したように、北米の大学では積極的な授業参加が高く評価されるので、自分がいかに一生懸命にそのコースに取り組んでいるのかを教官に伝えるうえでも、**クラス・ディスカッションやグループ・ディスカッションはおろそかにできない**。また、ディスカッションを通して学生の理解度や関心などを推し量ったり、授業改善の手掛かりを得たりできるので、**教官もこうした機会を大切にしている**。

　ただし、ディスカッションに積極的に参加するには、やはり**それなりの準備をしておく必要がある**。また、少なくとも、ディスカッションの課題に興味を抱き内容を把握しておかなくてはならない。では、ディスカッションやペア・ワークに参加する際の注意点について、順番に説明していこう。

8 ディスカッションに参加する

> ポイント
>
> A 事前に準備しておく
> B タイミングよく発言する
> C 自信を持って発言する
> D 与えられた課題を批判しない
> E クラスメートの見解を批判しない
> F 割り込み発言をしない
> G 脱線発言や散漫な発言は避ける
> H クラスメートの発言も尊重する

A 事前に準備しておく

　準備ができていないと、せっかく授業に参加しても準備ができているときの半分ほどに理解度が落ちるようだ。これでは学問的にも致命的だ。授業への取り組みや意気込みは準備によっても変わってくるものである。

図5-2　準備段階での注意点

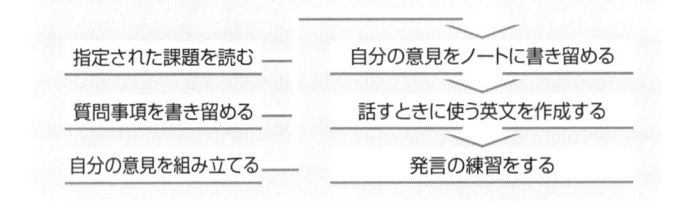

```
指定された課題を読む ── 自分の意見をノートに書き留める
質問事項を書き留める ── 話すときに使う英文を作成する
自分の意見を組み立てる ── 発言の練習をする
```

　各種のディスカッションやペア・ワークに臨む場合、事前に指定されたアーティクルや教科書の**指定されたページを当日までに読んでい**

くことになる。もちろんそれらの内容を理解、分析して**自分の意見を組み立てる**作業も必要だ。このとき**質問事項などを書き留めながら読む**といいだろう。

こうした作業を「クリティカル・シンキング」と呼ぶが、これについては、「Ⅵ章　リーディングとノート・メイキング」でさらに詳しく説明している。

なお、**自分の意見がまとまったら、それらをノートに書き留めておく**とよいだろう。英語で実際に話すときに使う表現に書き直し、**発言の練習をしておく**とさらによい。

また、ノートではなく、コピーして渡されたアーティクルの空きスペースや、自分の意見を組み立てるのに用いたテクスト（アーティクルの一節）の近くにそれらを書き留めておくのもおすすめだ。こうしておけば、授業の前にもう一度見直して言いたいことを整理しやすいし、実際のディスカッションのときにそれを見ながら意見を言うこともできる。

なお、授業で自分の意見に異を唱える人がいるとしたら、彼らはどんな主張をするかを前もって考えておくのもいいだろう。

B　タイミングよく発言する

英語を母語としない日本人にとっては、正規の授業スタイルで質問することさえ難しいのに、主導権が学生にあることが多いクラス・ディスカッションで発言するとなると、そのタイミングをつかむのはもっと難しくなる。教官に主導権があれば、学生の積極的な授業参加を助長するように、教官がいろいろと工夫してくれる。しかしディスカッションとなると、息つく暇もないほどクラスメートが次から次へと発言することもあるので、そこに違和感なく入り込んでいくのは至難の業だ。

そこで、ディスカッションの場合も最初はクラスメートのタイミングの取り方を観察し、それを**まねることから始めてみよう**。そのうちに、大きく分けて「発言前に間を置いたほうがいい場合」と「すぐに発言してもいい場合」の2つのパターンがあることに気づくはずだ。

a. 》**発言前に間を置いたほうがいい場合**
・質問をする場合
・質問に答える場合
・クラスメートの見解に同意できない場合

　他人の発言に対して質問するとき、質問者は**口を開く前にちょっと間を置いているようだ**。間をおくことによってほかのクラスメートにも発言の機会を与えるという謙虚な態度を表明すると同時に、時としては「どういうことなのだろう、彼の言ったことは」などと、クラスメートも頭の中でもう一回考えてみることもあるようだ。

　また、口を開いたら、まず"mmm"とか"well"というような**間を持たせる表現を低いトーンで使い**、こうした表現によって「うーん…考えてみたけれどやはりよくわからない」つまり「自分としては一生懸命考えてみたが」という気持ちを相手に伝えてから本題に入ると、唐突に物を言うよりも**角が立ちにくい**。この点に関しては p. 164 の🅕で説明したことと理屈は同じだ。

　こうした間の取り方は、クラスメートがクラス全体に提起した質問に答える際にも使われる。この間に質問への回答を整理するのだが、間をおくことで、周囲からは、ほかのクラスメートに**発言の優先権を与える配慮**をしているとも解釈してもらえる。少なくとも、こういうポーズを取ることは重要だ。

　勢いよく発言権を取ったものの、言いたいことがうまく整理できていなくて、"mmm, uh . . . , well, uh . . ."としどろもどろになる学生をごくまれに見かける。確かに、考えながら話すことも大切だが、**自分の言いたいことがはっきりとしていないときは黙っていたほうがいい**。間を持たせる表現を使い過ぎるのもいただけない。

　なお、クラスメートの見解に同意できないときも、いきなり反対意見を言うのではなく、こうした間を取ってから発言したほうがいいだろう。

b. 》すぐに発言してもいい場合
・クラスメートの見解に同意する場合

　発言前の間の大切さはおわかりいただけたと思うが、だからといっていつでも間を取ればいいというものではない。**クラスメートの見解に賛成だということを、自分の意見も交えて伝えたいときには、むしろ率直に発言したほうがいい。**

　このような場合は、自分の前に話しているクラスメートの発言が終わったらすぐに "Right, I also think . . .（そうですね。私も…だと思います）" と言って、クラスメートの見解を自分の言葉で言い換える。その後続けて "and I would also add . . .（それに…ということも言えるような気がしますが）" などと、自分の意見を付け足すことが多い。**前向きなフィードバックは、すぐにしたほうがいい**ということだ。ただし、ほかのクラスメートと同時に発言を始めるようなことがあったら、「お先にどうぞ」といったん発言を控えて、少なくとも発言権を譲るポーズは取るようにする。

C 自信を持って発言する

　ある程度要領がわかってきたら、あとは「自分はできる」と信じることだ。これまで説明してきたような最低限の発言マナーさえ押さえていれば大丈夫。他人の目をあまり気にせず、**失敗を恐れないで発言してみよう。** 失敗を恐れていつまでも何も言えないのでは進歩しないし、自分自身を信じれば成功することはかなりあるように思える。

D 与えられた課題を批判しない

　いくら興味のない課題でも、**何とか興味の持てる個所を見つけて前向きに対処**していこう。グループ・ワークなどで、ちょっとでも "Well, I'm not interested in this topic.（このトピック、あんまり興味がわいてこないな）" などと言ってしまうと、何らかの形で教官の耳に入ると思ったほうがいい。冗談めかして何かのついでに "She is saying she's not interested in this particular topic.（彼女、このト

ピックには関心がないのでやりたくないようですが)"と教官に伝えるクラスメートもいれば、もっとすごいのは"She is saying this topic is stupid.（これはつまらないトピックだと言ってますが)"と解釈を膨らませて話す人もおり、きまりの悪い思いをすることになる。

E クラスメートの見解を批判しない

クラスメートの見解を真っ向から批判するのは避けよう。前にも説明したが"I don't think so."は使わないほうがいいし、"You must be really naive.（よっぽど無知だってことかな)"などの**嫌みな表現は禁句**と思って間違いない。

クラスメートの考えが自分と正反対でも、それを批判するのではなく、きちんとそれなりに尊重し、"I understand your point and that may be the case, but I would say the point here is that . . .（おっしゃっていることはよくわかるし、そういう考えもあるとは思いますが、ここでは…というように考えられるような気もするのですが)"などと、**それとなく自分の考えを述べる程度で十分**だ。自分でそれ以上発言しなくても、ほかのクラスメートが補足することもあるかもしれない。

もちろん、感情的になったり、不適切かつ下品な俗語（swear wordsと呼ばれるfやsで始まる語）を使ったりするのは最悪のケースである。

F 割り込み発言をしない

クラスメートが話しているのに、話の腰を折ったり、途中で割り込んでいったりするのもルール違反である。当たり前のことだが、クラスメートが話しているときはきちんと最後まで聞くこと。自分の発言はそれからだ。

G 脱線発言や散漫な発言は避ける

ディスカッションなどの課題からそれた発言は困るし、発言が長過ぎたりするのも困る。いずれの場合も聞いているクラスメートの注意をそらしてしまうし、貴重な時間を無駄にしかねない。

H クラスメートの発言も尊重する

　クラスメートが話している最中にほかのことを考えていたり内職をしていたりするのも失礼だ。日本の大学での授業などを見ていると、学生にはこうした観念が希薄なようだ。発言を聞くべき相手は教官だけではない。**クラスメートの発言もおろそかにしないよう、考え方を根本から変える必要がありそうだ。**

　自分ばかり発言するのも困りものだ。クラスメートの発言の機会も考えた、授業参加を心掛けよう。

9 ディスカッションのための基本的な発話パターン

　ディスカッションでの発言を可能にする最も基本的な方法は、質問、意味の確認、クラスメートの質問への回答、意見の付け足しなどをすることである。意見の補足に関してはp. 175「B タイミングよく発言する」ですでに紹介した。ここでは主にディスカッションの際の質問や回答で、実際にどのような表現を使ったらいいのかを説明しよう。

> **ポイント**
>
> A 詳しい説明や例題などを求める
>
> 　例："Could you elaborate on your points?（要点を詳しく説明していただけないでしょうか）"
>
> 　"Could you provide us with some specific examples?（何か例題を挙げていただけないでしょうか）"

> **B 意味の確認をする**
>
> 例："So, what you are saying is . . . ?（つまり…ということですね）"
> "I understand . . . , but I'm not sure what you mean by . . .（…についてはわかるのですが、…というのはどういうことなのでしょうか）"
>
> **C 質問に答える**
>
> 例："I would say . . .（[私の見解を述べるとすれば]…ということになるような気がします）"
> "It seems to me . . .（私には…のように思えたりもするのですが）"

A 詳しい説明や例題などを求める

　質問の種類は、語彙や特定の表現の意味を問うものから発言内容を問うものまでさまざまだが、ここではその一部を紹介しておく。

　クラスメートが言ったことがよくわからなかったとき、"Could you repeat your points?（もう一度お願いできませんか）" などという言い方がシンプルで言いやすいかもしれないが、単純に同じ発言を繰り返されてもまた理解できないかもしれないので、**質問に工夫を凝らして** "Could you elaborate on your points?" とか "Could you provide us with some specific examples?" などと尋ねてみよう。こういう聞き方をすればもっと詳しい説明や例題を示してくれるかもしれない。

B 意味の確認をする

　Aで説明したように相手に説明を求めるのもひとつの手だが、あるいは "So, what you are saying is . . . ?" というような言い方をして、相手の発言を自分の言葉で言い換えることにより「自分はこのように理解したんだけれど、これでいいの？」と**確認を取りながらディスカッションに参加していく**のもよいだろう。

　また、話の中に出てきた特定の単語や表現などがわからなかったり

あいまいだったりしたら、"I understand . . . , but I'm not sure what you mean by . . ."というように、自分が理解していることをまず述べてから**はっきりしなかった個所の説明を求める**とよい。

グループ・ディスカッションのような小人数で行う討論の場でまずこのようなストラテジーを使ってみて自信をつけていくとよいかもしれない。ただし、自己の英語力の不足によりいつもこのようにして説明を求め、ディスカッションを中断したのでは、周囲も迷惑だ。質問の方法を研究するだけではなく、**英語を使いこなす能力もしっかり磨いていこう**。

C 質問に答える

次に、質問に答える場合だが、学会での日本人の発表などを聞いていると、"I think . . ."の使い過ぎが目立つ。これに関しては、「ほかの言い方を知らないのだろうか」と思われたり、時には「(相手に自分の考えを強要するようで)主張が強過ぎる」と、あまりよく評価されなかったりする。

確かに日本語では意見を求められると「…ではないかと思いますが」と結ぶことが多いが、筆者の観察によると英語の母語話者は "I would say . . ." とか "It seems to me . . ." あるいは "I believe . . ." などを使って、自己主張を和らげたり「自分だけがそう思っているのかもしれないが…」と伝えて、**他人に意見を強要しないようにしている**ようである。

10 ペア・ワークにおける注意点

ここでは、ディスカッションの前に行うこともあるペア・ワークの場合の注意点について若干触れておく。

> **ポイント**
> A 沈黙は避ける
> B 相手の発言を促す工夫をする
> C 相手の意見を最後まで聞く
> D 臨機応変に対応する

A 沈黙は避ける

　ペア・ワークの場合、課題は直前に与えられることが多い。何を話したものか戸惑うことも少なくないが、当事者は2人きりだから（多くの場合は隣に座っている学生同士）、必ず**何かを言わなければ話が先に進まない**。とはいっても、自分ばかりまくし立てないように注意しよう。相手との会話を通して、わからないところを聞いたりして自分の意見を組み立てていけるのがペア・ワークの利点でもある。

　では、話す内容が見当たらないときにはどうしたらいいのだろう。最悪の場合、黙っていると、やる気がないと思われてしまうかもしれない。こういうときはちょっとした工夫が必要だ。

B 相手の発言を促す工夫をする

　課題が与えられたら、まず考えてみて自分なりの見解をまとめてみよう。課題そのものがよくわからない場合は、"Well, what do you think?(どう思う？)" などと言って先手を打つとよい。

　ただし、**課題がわからないからといってすぐ先手を打つのは好ましくない**。それではろくに考えもせず、ひたすら相手に解決策を求めるだけになってしまう。課題がわからないなりに、**必ず自分ももう一度考え直してみて、その間、相手にも考える時間を与えよう**。そして、そろそろ相手は見解をまとめ終わったかなというころを見計らってから "Well, what do you think?" と尋ねてみる。

　相手に先手を打たれたらどうしようと思うかもしれないが、自分のパートナーが考えている様子を見れば相手も唐突に先手を打ってはこない。このあたりの微妙な駆け引きは、**何度も経験して身につけるし**

かないだろう。

　ちなみに、相手がよくわかっていないようだったら先手を打つのは控え、"Well, I would say . . . , but what would you say?（…というような気がするんだけど、どう思う？）"というように、間違っているかもしれないという前提で自分の理解を呼び水にすると、相手も答えやすくなる。

C 相手の意見を最後まで聞く

　会話が始まったら、相手の話を真剣に最後まで聞き、相手が話している間は**割り込まない**ようにする。こうしたことは授業に限らず、会話における基本的なマナーなのでしっかり身につけてほしい。

D 臨機応変に対応する

　学生の中にはペア・ワークを好まない人もいる。こうした相手と組むと、"Talk to somebody else!（ほかの人と話してくれない）"などと言われるかもしれない。日本人は遠回しに言ってもわからないとばかり、命令形を使う失礼な人もいる。いずれにしても "What do you mean?（どういうこと？）"などと**反撃せず、そっとしておいてあげればいい**。そして "Excuse me, I wonder if I could join you.（すみません、一緒にやらせていただいてもいいですか）"などと言って、**自分の近くのペアに入れてもらう**とよい。ほとんどの場合は快く仲間に入れてくれるし、なぜそのペアに入りたいのかを聞く人はまずいない。

エピソード 15

Talk to somebody else!

　あるコースを受講していたときのこと、いつもひとりで座っているアメリカ人がいた。今から考えてみれば彼は何らかの理由でクラスメートに避けられていたのかもしれない。ある日、ちょっと遅刻をしていった私は、ほかに空席が見当たらなかったので、彼の横に座った。その日の授業ではペア・ワークをすることになったのだが、いつもひ

とりで気の毒だと思い、隣に座っていた例のアメリカ人とペアを組むことにした。だがいつまでたっても何も言わないので、"Well, so, what do you think?（どう？）"と話しかけたところ、"Go and talk to somebody else!（ほかでやってくれない）"と冷たくあしらわれてしまった。「英語の母語話者でもない日本人となんか話したって足を引っ張られるだけで時間の無駄だ」とでも言いたそうな態度だ。英語の母語話者でもない日本人に「どう？」などと先手を打たれて、不快に思ったのかもしれない。このペア・ワークを通じて、沈黙は拒絶の表れである場合もあることを学んだ。留学するといろいろな体験をするものだが、そのひとつひとつが成長の糧と前向きに考えたほうがよさそうだ。

（横浜　A.I.）

VI章

リーディングと
ノート・メイキング

ここでは、学習効果を上げるためのリーディングの方法について考えてみるが、最初に、英語を母語としない学習者に特に欠かせない背景的知識、クリティカル・シンキングと長期記憶について解説し、それらを基に効果的なリーディングの方法(メソッド)を紹介する。

1 背景的知識(background knowledge)と読解力(reading comprehension)

　すでにⅢ章でも触れたが、取得した情報を長期記憶として保持する際、それらの情報を「理解する」という行為が重要になってくる。理解して短期記憶になったものはやがて長期記憶へと至るが、理解せずに丸暗記しても、長期記憶として保持できないばかりか、ときには暗記すら思うようにできない。

　そこで必要になってくるのがさまざまな「背景的知識」だ。では以下、背景的知識と読解力について考えてみたい。ここで言う**背景的知識とは、長期記憶としてすでに個人の脳に保持されている情報**のことだが、主に「(テクスト内の)新情報にまつわる知識」と「(テクストの)文章構造に関する知識」を指す。ではまず前者からみていこう。

1 新情報にまつわる知識

　英語を母語としない学習者が英語で書かれた文章を読むときは、言語的要素(語彙や文法など)だけを頼りに読むより、テクストから得た**新情報を学習者の過去の経験や既存の知識などと照らし合わせながら読んだほうが理解が早い**。大切なのはそのような**既存の知識を豊富に蓄えておく**ということである。この場合の知識の蓄積には、もちろん母語で書かれた文献を利用しても構わない。ただし、専門用語の多い「統計学(statistics)」など、慣れてしまえば英語で読んだほうがやさしいものもある。また、時間があるときにはひとつの文献だけに頼らず

複数のものを読んで、バランスの取れた情報収集を心掛けよう。

　こうしてある分野に関して**背景的知識を身につける**と、まったく知らない分野について読むよりも当然よく理解できる。例えば、コンピューターの技師は言語学に関する文献を読むより、コンピューターに関する論文を読んだほうが、理解が早いということだ。

　さらに言うなら、多少英語がおぼつかなくても、**自分がすでに持っている知識を活用できる分野であれば、英語で書かれた話の筋を何となく追えたりする。**

　この点については、先行研究によっても証明されている。例えば、Alderson & Urquhart (1989) は彼ら自身の研究の結果、「学習者の特定の分野に関する背景的知識は、その分野における読解力に影響を及ぼす」と述べている。つまり、**内容に関する背景的知識を持っている学習者のほうが読解力がある**ということだ。

　それでは、背景的知識が実際にどのように使われるのかを Oxford University Press より出版されている *Spotlight on the USA*（Falk, 1993）の 28 ページから引用したハーバード大学についての一節から考えてみよう。

A common sight in Cambridge is Harvard oarsmen rowing on the Charles River. The Harvard rowing team spends all year preparing for races in the spring, especially for the Harvard-Yale Regatta. Yale University is Harvard's big rival. (Falk, 1993, p. 28)

■**上記の一節の読解に役立つ背景的知識**■
1）ハーバード大学はアメリカ・マサチューセッツ州のケンブリッジという町にある。
2）ハーバード大学のボートチームはいつもチャールズ川で練習している。
3）エール大学はその南のコネティカット州のニューヘブンという町にある。

4）ハーバード大学もエール大学もアメリカ東海岸の由緒ある名門私立大学でアイビーリーグ校である。
5）ハーバード対エールのボートレースは、毎年何百人という観客が詰め掛けるほど有名である。
6）このレースはもともと150年前にハーバード大学がエール大学の挑戦を受けて始まったものであるが、それ以来お互いにライバルとしてこのレースを競っている。

　まず、最初のセンテンスを読んだとき、一覧の1）にあるように、ハーバード大学がアメリカ・マサチューセッツ州のケンブリッジという町にあることを知っていれば、文中の"Harvard"とはハーバード大学のことだとわかる。また、2）の背景的知識があれば、なおいっそう、この英文がハーバード大学の記事であるという確信が持てるだろう。
　さらに、4）～6）のようなことを知っていれば、"Harvard-Yale Regatta"というのはアイビーリーグ校であるハーバード大学とエール大学が競う有名なボートレースのことだとわかるし、最後の文章にある"rival"という言葉の意味もよりよく理解できるだろう。
　ところが、こうした知識がないと間違った解釈をしたり、理解に苦しんだりする。例えば、ケンブリッジと聞いてイギリスのケンブリッジのことだと思い込んでしまうと「"Harvard"って何のことだろう。ボートチームの名称だろうか」「エール大学ってイギリスにあるんだろうか」などと想像してしまいそうだ。また、エール大学がアメリカにあることを知っていたとしても、今度は「なぜアメリカのエール大学がイギリスのボートチームの好敵手なんだろう」などと考えてしまうかもしれない。
　これは決して大げさな仮定の話ではない。筆者が担当する授業で実際にあったことなのである。

2 文章構造に関する知識

　背景的知識という概念には、読み取ろうとしている新情報にまつわるものだけでなく、**テクスト全体の文章構造に関する知識**も含まれる。

例えば、メイン・アイデアは最初の段落に書いてあり、その後の段落で例などを用いて、さらに詳しく説明する場合が多いことを知っていれば、読んでいる個所がどのような情報(メイン・アイデアとか例)を提供しているのかがわかり、**読解力の向上につながる**。その結果、**読むスピードも早くなる**に違いない。

　先の英文テキストを例に取ると、最初のセンテンスはこの段落の総論で「ケンブリッジではハーバード大学のボートチームがチャールズ川でボートをこいでいる姿をよく見掛ける」と述べ、次のセンテンスで「そのチームは春のボートレース、特にエール大学とのレガッタに向けて年中練習している」と内容を一歩進め、ハーバードのボートチームがいつもチャールズ川でボートをこいでいる理由を説明している。

　また、こうした一般的なテクストではなく、リサーチ・ペーパー(学術誌ではアーティクルと呼ばれることもある)の要旨やペーパーそのものを読むのであれば、その手の文章特有の構造を知っていると役に立つ。

　リサーチ・ペーパーは一般に以下のような構造になっている(「Ⅷ章　プロジェクトとプレゼンテーション」も参照)。

・Abstract(要旨)
・Introduction(はじめに)
・Previous Research Studies(先行研究)
・Purpose of the Study(研究の目的)
・Research Questions(研究事項)
・Method(調査方法)
　　-Subjects(被験者・参加者)
　　-Materials and Procedures(研究方法と手順)
　　-Analysis(分析方法)
・Results and Discussion(結果と考察)
・Conclusion(結論)

　このことを知っていれば、どのあたりを読むと自分の欲しい新情報が

手に入るかだいたい見当がつくし、**大切な情報と補足的情報を素早く読み分けることができる**ようになり、効率的な読み方ができる。

なお上記のように、一般的に**学術誌**などに投稿する場合はリサーチ・ペーパーの冒頭には要旨をつける。この部分には研究目的、研究内容、その結果など、本論部分の構造に基づいて概略が書いてある。こうしたことも知っていると、文献の理解に役立つ。

英文の構造に慣れるという意味では、北米の大学の英語研修機関などで使用されている ESL（English as a Second Language）／ EFL（English as a Foreign Language）用の**リーディングの教科書**などを読んでみるのもいいだろう。これらの教科書には、基本的な英文構造で書かれたいろいろな分野の文献が載っているので、英文の構造を学ぶには最適だ。また、ほとんどが辞書なしでも読めるので、この点も日本人読者にはありがたい。

COLUMN 初めて教科書を手にしたら

　新学期が始まって教科書を購入したら、まずざっと目を通し、概略をつかんでおくとよい。これもいわば一種の背景的知識の習得である。この際、教科書の構成を把握していると作業が楽になる。下記に本文を除いた教科書の大まかな構成を一覧にしてみた。

■**教科書の概観より得られる情報**■

1) Title（教科書のタイトル）
2) Author（著者）
3) Year（出版年度）
4) Publisher（出版社）
5) Contents（目次）
6) Preface（序章）
7) Appendix（別表：各種の補足データ）
8) References（参考文献）
9) Index（索引）

上記の1）〜4）までは教科書の最初の数ページに掲載されている。その後に目次（Contents）があり、序章（Preface）へと続く。本文の構成や教科書全体の内容をつかむには、とりあえずこの2項目を押さえておくとよい。7）〜9）までの情報は教科書の巻末に掲載されているので、こちらもチェックしておこう。

　最初にこうした作業をしておくだけで、その本の概要がつかめる。つまり、読解に役立つ背景的知識が入手できるということだ。では、もう少し詳しくみていこう。

　一般に、教科書の最初のページには「タイトル」「著者名」、そして「出版社名」がこの順序で書いてある。そして、その裏のページには「出版年度」や「出版社の住所」に加えて「すべてのコピーライトは出版社に帰属するので、転記したい場合は必ず出版社の許可を文章で得ること」という記述がある。さらに次のページには「目次」が来て、その後は「序章」となる。序章にはその教科書ができるまでの経緯や協力してくれた人たちへの「謝辞（acknowledgements）」が書いてあり、ここで本の概要(各章の紹介)について触れていることもある。

　巻末には「各種の補足データ」、執筆に当たって使用した「参考文献のリスト」やキーワードを集めた「索引」などがある。索引はトピックや専門用語などがアルファベット順（alphabetical order）にページ数とともに列挙してあるので、辞書のように利用できるし、各項目がどこに書いてあるのかを短時間で調べることもできるので便利だ。教科書によっては各章末に参考文献を明記してあるものもある。

　さて以上のようにして教科書全体の概要をつかんだら、次は章単位で概要を把握しよう。タイトルやサブタイトル、太字で書いてある個所、まとめの部分、そして図表や写真などにざっと目を通しておけばいいだろう。

　教科書を手にすると、いきなり本文を読み始める人がいるが、こうして全体を把握してから、個々のテクストに入っていくことをおすすめする。

Ⅵ章　リーディングとノート・メイキング

2 クリティカル・シンキングと長期記憶

1 学習効果を上げるために

　教科書に限らず一般の書籍であっても、ただ何となく読んだだけの内容を後々まで覚えていることはまずない。どこかで読んだ気がするが…と、少しでも記憶に残っていればいいほうだ。

　ところが、書かれている内容を読みながら、疑問点を見つけたり、その答えを探したりというように、**自ら興味を喚起するような読み方をしたものは記憶として残っている**。例えば、本以外の情報源が乏しかった時代に育った人たちは、若いころに読んだ内容をよく覚えている。唯一と言っていい情報源であれば、それだけ強い関心を抱いて熱心に読んだであろうから、長期記憶として保存されたということだ。

　このように、学習効果を上げるには、**自ら読書に対するモチベーションを高め、読んだ内容を記憶に残さなくてはいけない**。そこで必要となるのがクリティカル・シンキング(critical thinking)という作業だ。クリティカル・シンキングについては「問題解決や意思決定に向けての思考過程とその評価」(Halpern, 2002)、「自己の見解を論理的に構築するための思考過程」(Douglas, 2000)など、学者によって定義が幾分異なるが、**本章では「リーディングにおける思考過程」を指している**。具体的に言うとこれまでにも何度か説明したように、テクストなどで読んだ事実を正確に把握し、質問や疑問を考え、推論を立て、最終的に問題解決をしたり、自分の意見を組み立てたりする過程を言う。

　なお日本ではクリティカル・シンキングを「批判的思考法」などと呼ぶことがあるが、これではニュアンスが異なってしまう。日本語で「批判的」と言うと否定的な態度をイメージするが、この場合はそういった含意はない。あくまでも**読んだことを基に自分の意見を構築するという建設的な行為**なのである。例えば、「環境科学入門(Introduction to Environmental Science)」などというコースで「地球の温暖化」に関するテクストを読んだら、その記述を基に「ではいったいどうしたらそれを防ぐことができるのであろうか」と考え、「ごみの焼却炉から排出される黒煙が温暖化を促進する一因だと書かれているので（読んで得た知識）、ごみの分別をしてナイロンなどは不燃ごみとして処理し、また燃やすものを減らすためにペットボトルなどはリサイクルをすればいいのではないだろうか」というように、自分なりの結論を導き問題解決に挑むこともできるだろう。

また「車の排気ガスが温暖化を促進しているという見解がある。車の全廃は不可能だとしても、せめて自家用車を減らすことくらいはできるだろうか」という問い掛けがあったとすれば、自分の持っているさまざまな知識を駆使し、それぞれの長所(例えば、「自家用車を持っていれば雨が降っても行動が制限されることはない」や「緊急時にもすぐに出掛けられる」)や短所(例えば、「自家用車は維持費がかかる」)なども加味して、自分の結論を導き出すことになる。

COLUMN 楽に理解して記憶に残すには

　　内容を単調にテクスト(文章)で表した資料と、カテゴリー別に列挙して個条書きにした資料を読んだとき、どちらがよく記憶に残るだろう。それ以前に、そのどちらかを選択するように言われたらどちらを選ぶだろう。

　　例えば、以下に示したのは「語用論＊入門 (Introduction to Pragmatics)」というコースに登場したテクストで、Pragmatic Failure (語用論レベルでの失敗・誤解) に関する原因を探っている。どちらが頭に入りやすいか試してみよう。

＊「語用論」とは、例えば目上の存在である教官と話をするときと、対等な関係にある友人と話をするときで言葉をどう使い分けるべきかなど、複雑な人間関係の上に成り立つ実社会での言葉の使い方に関する学問。

A. テクスト形式

　Pragmatic failure can be divided into two types, pragmalinguistic failure and sociopragmatic failure

Ⅵ章 ──リーディングとノート・メイキング

(Thomas, 1983). The former has something to do with the inappropriate use of linguistic forms and is considered easy to overcome. However, the latter refers to "the social conditions placed on language in use" (Thomas, 1983, p. 99) which are very difficult to influence or change. (Kawate-Mierzejewska, 2003, p. 15).

B. 個条書き式
Pragmatic Failure　　　　　　　　　　(Thomas, 1983)
1) Pragmalinguistic Failure
　・the inappropriate use of linguistic forms
　・easy to overcome
2) Sociopragmatic Failure
　・referring to "the social conditions placed on language in use"　　　　　　　(Thomas, 1983, p. 99)
　・difficult to change
　　　　　　(Source: Kawate-Mierzejewska, 2003, p. 15)
（注）
pragmalinguistic failure
"the inappropriate use of linguistic forms（言語表現の不適切な使用）"に基づく失敗のこと。例えば、海外企業とのミーティングで何かの依頼を受けた日本人が、やんわりと断るつもりで"I'll think about it.（考えてみましょう）"などと日本的な発想で発言してしまうと、北米人は本当に考えてもらえると受け止めることが多く、この日本人の真意は伝わらない。(Kawate-Mierzejewska, 1995)。

sociopragmatic failure
"the social conditions placed on language in use（使用している言語の背景にある社会的条件）"を判断し損ねたために起こる失敗のこと(Thomas, 1983, p. 99)。例えば北米でタブーと考えられている「宗教」の話題を持ち出し、自分は"atheist（無神論者）"だと言ってクリスチャンである友人にもそれを強いるような発言をしたりすると、それはSociopragmatic Failureと考えられる。

実際に上の2つのパターンを読んでいただくと、テキスト形式のものより個条書きにまとめてあるほうが内容を単時間で理解できて頭に入りやすいはずだ。したがって、どちらかを読んで数分後にその内容について答えよと言われたら、大方の人が個条書きのほうを選ぶだろう。人間は無意識のうちに「記憶のメカニズム」を効果的に使おうとしているに違いない。きちんと分類してまとめてあるものはすんなりと頭の中に入ってくるのである。

　では、何日かたってから上の英文の内容を思い出そうとすると、どうだろう。個条書きにしたものを読んだ人でも、読んだ直後と比べればけっこう忘れているかもしれない。これは、個条書きを短時間見たというだけで、それ以上のことをしていないからだ。自分の知識や経験に照らしてみたり、自分はこの分類の仕方を支持できるか考えてみたりといったように、さらに突っ込んだ読み方をしていないので、トピックに関する理解度が低く、忘れてしまう情報も出てくるのである。

　以上のことをまとめると、きちんと整理されている新情報はすんなりと頭の中に入ってきて記憶に残りやすいので、自分がノートを取るときも、できるだけ簡潔にまとめ、内容を分類しておいたほうがよいということになる。ただし、学んだことを長期記憶として保持していくためには、さらに読んだ内容についていろいろ考え、それを基に自分の意見を組み立てたりする、つまりクリティカル・シンキングが欠かせないということだ。

Ⅵ章　リーディングとノート・メイキング

3 SQ3R メソッド

　ここでは、記憶のメカニズムにのっとって開発された「SQ3R メソッド」を紹介しよう。これは 1940 年代に心理学者 Robinson, Francis によって開発されたリーディング・メソッドで（Robinson, 1970)、新情報を理解し、長期記憶として保持するための方法を段階を踏んで詳しく解明している。これまでに数多くの人が利用し、その効果の大きさを評価しており、その証拠にアメリカでは、どんなスタディ・スキルズの手引書を見ても多かれ少なかれこのメソッドに触れている。ちなみに、SQ3R とは Survey、Question、そして 3 つの R (Read、Recite、Review)の頭文字を取ったものだ。

　SQ3R メソッドは本来、母語で書かれた文献を読む場合を対象としているが、これまでの研究によると、**外国語(例えば英語)の熟達度や年齢、母語のいかんにかかわらず、外国語の文献を読む際にも適応できる**という(Rigg, 1977)。基本的なリーディング・メソッドは言語を問わず普遍的なようだ。したがって、日本語を母語とする学習者が英語の文献を読むときでも、SQ3R メソッドは有効である。先に説明した**クリティカル・シンキングは、このメソッドにおいても質問や疑問の答えを探しながら読むという作業の中で生かされてくる**。また具体的には指摘していないが、クリティカル・シンキングの中の「自分の意見を組み立てる」という作業も、このメソッドの Read の部分で重要になってくる。以下、SQ3R メソッドの基本概念をみておく。

表6-1　SQ3R メソッドとそれぞれの頭文字が表す意味

S(Survey：概観する)	タイトル、サブタイトル、要約、表、図、写真などに目を通し概略を把握する
Q(Question：質問や疑問を提示する)	概観を基に質問や疑問を考える
R(Read：読解する)	答えを探しながら読む
R(Recite：復唱する)	読んだ内容や質問の答えを復唱する
R(Review：復習する)	質問やその答えなどを思い起こす

1 Survey

　最初は Survey（概観する）と呼ばれるステップで、**本文を読む前の準備段階**である。タイトル、サブタイトル、論文などの場合は最初に書いてある要旨、各章の最後にあるまとめ、太字や斜体になっている個所、図表、写真などに目を通して、その章のアウトラインを把握したり、背景的知識を確保したりする。テクストのトピックについて既存の知識がある人は、そのことにこの段階で気づくはずだから、後で本文を読むときに、そうした知識を効果的に利用できる。

2 Question

　次は Question（質問や疑問を提示する）である。ここでは **Survey で得た知識とそれに関係する既存の知識に基づいて質問や疑問を考えてみる**。教官から課題として質問がすでに出されているときはそれを読んだり、各章の最後に質問事項が記載されているときはそれにも目を通して、質問の意味などをしっかり理解しておく。そして、こうした質問や疑問に注意しながら次の段階に進む。

3 Read

　さて、Read（読解する）と呼ばれる**この段階で初めて本文を読む**ことになる。ここでは、Question で出てきた質問や疑問の答えを探しながら読むことで、**テクストの内容への興味を高めることが大切**だ。また同時に、自己の理解度もチェックしていこう。**太字や斜体で書いてある個所は著者が特に強調したい内容**であることが多いので、注意を払う必要がある。

4 Recite

　次に Recite(復唱する)だ。この段階では、**読んだ内容をもう一度思**

Ⅵ章　リーディングとノート・メイキング

い出し、質問や疑問の答えを小声で口に出してみたり、頭の中で復唱したり、あるいはアウトラインや読んだ内容を要約したりしてみる。

　この際、「イメージ化」という方法を使うこともできる。これは文字どおり頭の中でイメージする方法で、例えば自分が教師になって教壇に立ち、黒板に質問の答えを書いている姿を想定してみるのだ。そして、板書した答えをもう一度、イメージの中で読み返すのである。実際に書いているわけではないので、どこにいてもできる便利な方法である。もし、質問の答えが復唱できなかったら、もう一度その個所に戻って読み返してみよう。このような過程を繰り返すことによって、やがては読んだ内容が暗唱できるようになる。

　Recite は、文章のひと区切り（「章」の次の規模の文章の固まりが目安）ごとに行うべき作業だ。少しずつ復唱をすることにより、新情報を着実に短期記憶に残していくのである。

5 ▶ Review

　最後のステップが Review（復習する）である。**リーディング・アサインメントで決められたページ数、あるいは課題となっている小論文などを最後まで読んでしまったら、もう一度復習する。**

　ここでは、先の質問を思い起こし、その答えや文中に出てきた大切な語句の定義などを実際に書いてみるとよい。もし書けないようであれば、再度その個所に戻って読み返してみよう。また、既存の背景的知識などを利用して、読んだ内容をカテゴリーに分けたり、関連事項別に頭の中できちんと整理したりして、長期記憶として保持できるようにしておく。**Review を定期的に繰り返すことによって、徐々に長期記憶として定着し、永続的なものとなっていくのである。**

　ちなみに、人間が物事を忘れる過程をドイツの Ebbinghaus 博士（1850-1909）が数値で示している。彼の研究では、人間は学習してから1時間後には覚えた内容の60％弱を忘れてしまうという。さらに、8時間後には、65％強も忘れてしまい、1日たつと70％弱を忘れてしまう。そして2日が過ぎるころには、70％強も忘れてしまうのだ

(Ebbinghaus, 1885［Gleitman, Fridlund, & Reisberg, 2000 の p. 232 の折れ線グラフより］)。やはり、試験に備えるためにも定期的に復習して記憶を新しいものにしておく必要がありそうだ。

　SQ3R メソッドには背景的知識の活用も含まれてくることがおわかりいただけただろうか。また、記憶のメカニズムとクリティカル・シンキングの特徴(質問の答えを探しながら読むなど)を生かした、基本的で効果的なリーディング・メソッドと言えるだろう。このメソッドを土台にして、さらなる背景的知識や語彙の増強など、各自の課題を克服していけば、読解力は一段と強化されていく。

4 SQ3R メソッド＋ Write

　以上紹介してきた SQ3R メソッドを最大限に生かし、その効果をさらに上げるために、本著では第3段階である Read の次にもうひとつの大切な要素である Write を加えて、「SQR+W2R」と「SQR → W2R」という2つのリーディング・メソッドを紹介する。「R+W」とは Read と Write を同時に行うことで、「R → W」とは Read の後でWrite を行うという意味である。

1 SQR+W2R

　このメソッドは、第2段階の Question として、**質問項目が教官からすでに提供されている、あるいは文献の最後に復習のための質問などが用意されているといった場合に有効**だ。与えられた質問事項をしっかりと確認して頭に入れてから文献を読めるので、Read と Write (この場合は質問に対する答えを文献から見つけて書き留めるということ)を同時に行うことができる。

　では、このメソッドの実践方法を学習時間に余裕がある場合とない

場合に分けてみていこう。もちろん、読解力次第で作業に違いが出てくるが、ここではその点は無視する。

A 学習時間に余裕がある場合

　第三者が作成した問題や質問がすでに文章の形で提示されているなら、それらをいちいちノートに写す必要はない。そこで、時間に余裕があるときは、**紙に書かれた質問を横目に、本文を読みながら答えを書き留めていけばよい**。こうした質問や問題は今後学習していく大切なポイントなので、答えながら読んでいけば重要な点を網羅できる。また答えを書き留めてあるので、授業の前に再度教科書を読み直す手間も省ける。

B 学習時間に余裕がない場合

　ノートに答えをしっかり書き留める時間がないときは、**答えを探しながら本文を読み、これと思う記述があったら下線を引いたりマーカーで目立たせたりする**。あるいは質問や問題の番号、目印となる言葉などを付せんに書いてそのページに張ったり、テクストに直接書き込んだりする。こうしておけば、どの質問の答えなのか即座にわかる。

　ただし、どうしても解答を提出しなければならない場合は、時間のあるなしにかかわらず、ノートに答えを書き留めておくしかない。

　では、時間に余裕がない場合を想定して、前述の Pragmatic Failure のテクストを読み、"What are the two types of pragmatic failure?（語用論レベルでの異なる２つのタイプの失敗・誤解とは何か）" という教官の作成した質問１に答えてみよう（図６−１参照）。

　まず、その回答が書いてあるページに "Q1: two types" と書いた付せんをつけ、質問１の答えがどこに書いてあるのかを明記しておく。あるいは回答となる記述に下線やマーカーを引いて、その近くの空いているスペースに "Q1: two types" と書き、直線でつないで質問１の答えがどこにあるかを示しておいてもよい。

> 図6-1　下線や目印の書き込み

> Q1: *two types*
>
> Pragmatic failure can be divided into two types, <u>*pragmalinguistic failure*</u> and <u>*sociopragmatic failure*</u> (Thomas, 1983). The former has something to do with the inappropriate use of linguistic forms and is considered easy to overcome. However, the latter refers to "the social conditions placed on language in use" (Thomas, 1983, p. 99) which are very difficult to influence or change.

(Kawate-Mierzejewska, 2003, p. 15)

2　SQR → W2R

　このメソッドは、予習など、第2段階の Question を自分で考えながらテクストを読む場合に用いる。このケースでは、まずセクションごとなど、一定の分量の Reading を済ませてから、Writing（ノートをまとめる作業）に移ろう。ではここでも、学習時間に余裕がある場合とない場合に分けてみていくことにする。

A　学習時間に余裕がある場合

　まず、頭の中に浮かんだ質問に答えながら、下線を引いたり書き込みをしたりして、ひと区切りつくところまで読んでしまう（図6-2参照）。その後、自分で考えた質問とともにその答えをきちんとまとめ、ノートをしっかり構成する。

　読みながら同時にノートに答えをまとめない理由は、このメソッドでは紙に書かれたような既存の質問があるわけではなく、読みながら自分で質問を考えていくので、せいぜい回答と思われるセンテンスにチェックを入れる程度にしておかないと、注意が散漫になって読解作業

に集中できなくなるからだ。つまり、回答を見つけるたびにいちいち答えを書き留めていると、理解が断片的になったりほかの質問を忘れてしまったりして、テクストの流れを見失う可能性が出てくるのである。

図6－2　**下線や目印の書き込み**

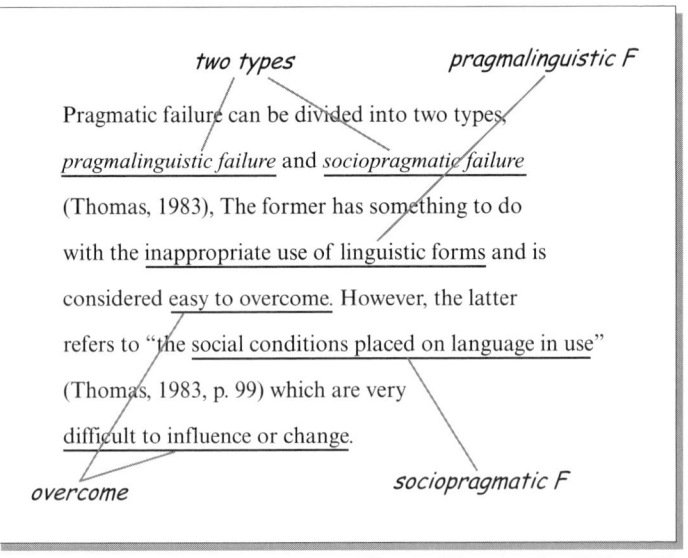

```
                two types                    pragmalinguistic F

        Pragmatic failure can be divided into two types,
        pragmalinguistic failure and sociopragmatic failure
        (Thomas, 1983), The former has something to do
        with the inappropriate use of linguistic forms and is
        considered easy to overcome. However, the latter
        refers to "the social conditions placed on language in use"
        (Thomas, 1983, p. 99) which are very
        difficult to influence or change.

          overcome                      sociopragmatic F
```

(Kawate-Mierzejewska, 2003, p. 15)

　ノートのまとめ方はいろいろあるが、ここでは、頭の中で考えた質問に答えるような形でまとめた一例を挙げておく（図6－3）。

　先に説明したように、**読みながら引いた下線や書き込んだ目印を参考に、後で質問に答えるような形でノートにまとめていくとよい**。質問自体は、回答を書く段階で簡単に書き留めておく。そうすると後でノートを見直すときに役立つ。なお、質問は、図6－3にあるように、それだけをまとめて書いたほうがはっきりして整理しやすい。

　さらにこの例で言えば Two Types of Pragmatic Failure、Definitions、Overcome といったように、**ノートにはアウトラインを作成してきちんと整理しておく**ことをおすすめする。まとまりのない文章でだらだらと書き過ぎたりしないようにしよう。たくさん書くと、長

期記憶として保持するために後でまた整理し直さなければならないので、効果的な学習ができない。

また、**後で見やすいように十分なスペースを取ってまとめることも大切だ**。理想的には自己学習でのまとめには偶数ページを使い、奇数ページはクラスでノートを取るために空けておくとよい。

図6-3 ノートのまとめ

Questions
I. What are the two types of pragmatic failure?
II. What is pragmalinguistic failure?
What is sociopragmatic failure?
III. Are they easy to overcome?

I. Two Types of Pragmatic Failure
 1. Pragmalinguistic failure
 2. Sociopragmatic failure
II. Definitions
 Pragmalinguistic failure … inappropriate use of linguistic form
 Sociopragmatic failure … inappropriate use of language in different social conditions
III. Overcome
 Pragmalinguistic failure … easy
 Sociopragmatic failure … difficult

B 学習時間に余裕がない場合

この場合は、時間がないのだから、**ノートにまとめる作業は省略せざるを得ない**。せいぜい後で役に立つようにちょっと書き留めておく

程度だ。Aで説明したような方法で、疑問や質問の答えを探しながら、下線やマーカーを引いたり付せんや目印をつけたりして読んでいくとよい。

表6-2 SQR+W2R、SQR→W2R の使い分け

	時間がある	時間がない
教官が出した問題や教科書の章末の質問がある	SQR＋W2R	SQR＋(W2R) ・読みながら付せん、マーク、下線、目印を利用or質問、問題番号等の書き込み ・Wは情報の書き留め程度
自分で質問を考える	SQR→W2R ・Readingの際には付せん、マーク、下線、目印を利用	SQR→(W2R) ・Readingの際には付せんマーク、下線、目印を利用 ・Wは情報の書き留め程度

5 SQR→W2R メソッド全体の流れ

　SQR→W2R メソッドについては Reading と Writing を中心に「4　SQ3R メソッド＋ Write」で概略に触れたが、このセクションでは、そのほかのステップも含めた SQR→W2R メソッド全体の流れについて、もう少し具体的にみていこう。なお、SQR+W2R メソッドの場合も R と W 以外のステップは同じ作業なので、別途これについて説明はしない。

　では、*Spotlight on the USA*（Falk, 1993, pp. 10-11）からの一節を引用して、時間があるときの SQR→W2R メソッドの進め方を、Survey、Question、Read、Write、Recite、Review という個々のステップに沿って具体的に説明する。

The Educational System

Elementary School Through High School

There are three basic levels in the U.S. educational system — elementary school, which usually goes from kindergarten to sixth grade; junior high school, from seventh through eighth or ninth grade; and high school, from ninth or tenth through twelfth grade. Children are required to be in school from the ages of 7 through 16. （以下省略）

Advanced Schooling

Many students, upon finishing high school, choose to continue their education. Community colleges, also known as junior colleges, offer two-year programs. （以下省略）

Trends in Education

Many more Americans than ever before are finishing high school and college. More than 20 percent of all students have finished college, and more than 75 percent have finished high school. （以下省略）　　　　　　　　　　(Falk, 1993, pp. 10-11)

1 ▶ Survey

　Spotlight on the USA というタイトルを知ったうえで、The Educational System（教育制度）という見出しを見れば、このセクションではアメリカの教育制度について書いてあるとわかる。そして、太字で書かれている Elementary School Through High School、Advanced Schooling、Trends in Education を読めば、このセクションは3つに分かれ、「小学校から高校までの教育制度」「高校卒業後の教育制度」そして「教育の現状」から構成されていることがわかる。そこで最初のセクションである Elementary School Through High School に戻り読んでいくことになる。

2 Question

最初のセクションを読む前に、Survey で得た情報などに基づいて、頭の中で質問や疑問を整理しておくとよい。例えば、The Educational System という見出しを見て、「アメリカと日本の教育制度はどう違うのか」という疑問がわくかもしれない。また Elementary School Through High School という小見出しを読めば、「小学校から高校までの教育制度は日本の教育制度とどう違うのだろう」という質問が浮かぶ人もいるだろう。また、Advanced Schooling は、高校後の教育のことだが「アメリカの大学制度はどうなっているのだろう」と思うかもしれない。最後の Trends in Education では、「アメリカの教育は今どんな状況なのだろう」と、知識欲がかき立てられそうだ。このように、Survey で確認した項目ひとつひとつについて、素朴に疑問を呈してみるとよい。

3 Read

ここでは、前の段階で出てきた**質問や疑問の答えを探しながら読み、答えとなる個所には、下線を引いたり印をつけたりしていく**。ではまず英文テクストの構造について説明しよう。その後で「アメリカの大学制度はどうなっているのだろう」という疑問に対する答えを探しながら読んだ場合、どんな書き込みをすることになるのか、背景的知識の重要さにも触れつつみてみよう。

A テクストの構造

英語のテクストは組み立てがしっかりしており、「総論から各論へと展開する」あるいは「2種類の内容を併記して比較対照する」といったように、**ある程度パターンが決まっている**。こうした構造を知っていれば、次に何が来るのかを予測できてテクストの理解にも役立つ。

図6-4の英文の場合、まずセンテンス(1)で「高校卒業後も多くの学生が学業を続ける」と総論を述べ、その後で順を追ってコミュニ

図6-4　下線や目印の書き込み

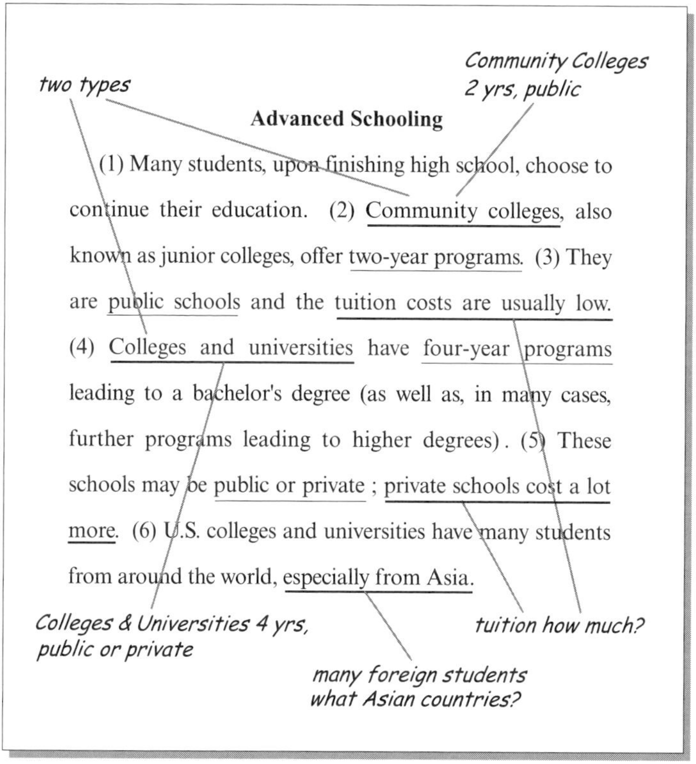

```
                              Community Colleges
  two types                   2 yrs, public
              Advanced Schooling
   (1) Many students, upon finishing high school, choose to
continue their education.  (2) Community colleges, also
known as junior colleges, offer two-year programs.  (3) They
are public schools and the tuition costs are usually low.
(4) Colleges and universities have four-year programs
leading to a bachelor's degree (as well as, in many cases,
further programs leading to higher degrees).  (5) These
schools may be public or private ; private schools cost a lot
more.  (6) U.S. colleges and universities have many students
from around the world, especially from Asia.
Colleges & Universities 4 yrs,          tuition how much?
public or private
                    many foreign students
                    what Asian countries?
```

(Falk, 1993, p. 11)

ティ・カレッジ、一般大学に関する各論を展開している。

　さらに分析すれば、センテンス(2)→(3)でコミュニティ・カレッジについて総論から各論、(4)→(5)で一般大学について総論から各論という構造になっており、同時に「(2)(3)」対「(4)(5)」という比較対照構造にもなっている。ただし最後の(6)のセンテンスで「アメリカの一般大学には留学生、特にアジアからの学生が多い」と、一般大学にだけさらなる情報が記載されており、一部比較対照構造が崩れていることがわかる。だが比較対照構造がベースにあると気づいていれば、(6)で「一般大学には留学生が多い」とある裏には、「反対にコミュニティ・カレッジはその名が示すとおり地域住民が多い」という主張が隠

されていると推測できるのである。
　比較対照構造と内容の推測について、もう少し解説しよう。(2)ではコミュニティ・カレッジの学年数、(3)ではその経営形態と授業料について述べている。したがって、(4)で一般大学の学年数について触れていることがわかった段階で、次の(5)では(2)→(3)というパターンを踏襲して、一般大学の経営形態や授業料についての情報が出てくるなとの推測が、実は可能なのである。

■図6－4のテクストの構造■　（　）はセンテンス番号
「総論」
(1)　　　　Many students, upon finishing high school, choose to continue their education.
「各論」
(2)　　　　Community colleges . . . → (3) They are . . .
(4)　　　　Colleges and universities . . . → (5) These schools may be. . .

(6)　　　　. . . many students from around the world . . .
隠れた(7)　. . . many students come from the community . . .

B　実際の読み込み過程

　ではあらためて「アメリカの大学制度はどうなっているのだろう」という質問を念頭に置きながら読み進めてみよう。p. 207の図6－4を参照してほしい。まずセンテンス(1)では、アメリカでは多くの学生が高校卒業後、進学することがわかる。そこで「日本と同じなのか」と思いつつ、では「入学試験などはあるのだろうか」とか「どんなところに進学するのだろう」といったさらなる疑問が浮かんでくるはずだ。
　ここで、アメリカの高校生が大学を選考する際に受験するSATという試験の存在を背景的知識として知っていれば、「そういえばSATなんて試験があったな」と思いながら、次のセンテンスに進むことに

なるかもしれない。

　センテンス (2) と (3) はコミュニティ・カレッジに関する記述なので、センテンス (2) の冒頭あたりに **Community Colleges** などという書き込みを入れておけば、情報の所在地がひと目でわかる。

　具体的な情報としては、センテンス (2) では「2 年制のコミュニティ・カレッジ」に進む学生がいるということがわかる。次にセンテンス (3) を読むと、コミュニティ・カレッジは公立で授業料も安いとわかる。したがって「安い授業料とはいったいいくらくらいだろう」などという新たな疑問もわいてくるかもしれない。こうした情報は先の Community Colleges という書き込みの下に書き留めておくと、後々便利である。

　さて、この英文が提供するコミュニティ・カレッジの情報は以上だが、このように**情報が少なければ少ないほど、事前にどれだけ背景的知識を入手したかで、記事に端を発した情報の広がり方が違ってくる**。

　例えば、Community Colleges は「短大」と訳されることが多いが、実は、日本で言う短大とはちょっと違い、むしろ専門学校的な要素が多い。このことを知っていれば、「アメリカのコミュニティ・カレッジは公立だったのか。私立の専門学校が多い日本とはちょっと違うな」というように情報の比較へと発展するだろう。

　さらに、コミュニティ・カレッジから一般大学へ編入できると知っていれば、「その点では日本と同じだ」と、共通点の発見にもつながる。

　次にセンテンス (4) と (5) へ進もう。ここでもまずセンテンス (4) の冒頭に Colleges & Universities といった注釈を入れておき、以後、英文からそれらに関しての情報を入手するたびにそこに書き留めておくようにする。

　センテンス (4) と (5) では、一般の大学に進む学生もいて、それらの大学には公立も私立もあり、私立は授業料が公立よりかなり高いということがわかる。

　ここで、ハーバード、エールといった名門私立校は年間の授業料が 300 万円を優に超すというように**実際の金額を事前に知っていれば、センテンスの理解もより現実味を増してくる**。また、「公立の授業料

については書いてないが、いくらくらいなのだろうか」と思うかもしれない。

　最後のセンテンス(6)にたどり着くと、アメリカの一般大学には留学生が多く、特にアジアからの学生が多いとある。ここでもアジア各国**からの留学生の実数を知っていれば理解がよりいっそう深まる**が、逆にそうした背景的知識がない場合には、「中国系の留学生がいちばん多いのだろうか、それとも日本からの留学生もかなりいるのだろうか」などと考えながら、**文献への関心を高めていくことが大切だ**。

　こうして読んでくると、当初の「アメリカの大学制度はどうなっているのだろう」という疑問の答えもいくつかみえてきたはずだ。例えば具体的な学校形態や授業料などについて触れている部分には、図6－4にあるように、自分なりの目印を書き込んでおこう。

　同様の作業を繰り返してほかの部分も読んでしまったら、**時間がある場合には簡単にノートにまとめておく**。次にノートのまとめ方について説明するが、ここに示すのはほんの一例であり、ほかにもいろいろなやり方がある。

4 ▶ Write

　図6－5にあるように、読んでいるときに質問の答えが見つからなかったら、"What is the average tuition?" とか "What is the average tuition of public schools?" とか "What countries in Asia are they from?" などという質問をノートに書き留めておいて、クラスで聞いたりほかの文献で調べたりするとよい。

　また、この英文は比較対照構造になっているので、その点を生かして図6－6のようにまとめることもできるだろう。

図6－5　ノートのまとめ

The Educational System
Q: What are the differences between the American and Japanese educational systems?
　・What are the differences between the American and Japanese educational systems in elementary, junior and senior high schools?
　・What is the American higher educational system like?
　・Does America have the high quality of education?

I. Elementary school through high school
　（この部分に関するノートはここでは省略）
II. Advanced Schooling
　1. Community Colleges
　　(1) 2 years
　　(2) public
　　(3) low tuition
　Q: What is the average tuition?
　2. Colleges & Universities
　　(1) 4 years
　　(2) public or private
　　(3) high tuition (private): private>public
　Q: What is the average tuition of public schools?
　　(4) foreign students as well
　Q: What countries in Asia are they from?
III. Trends in Education
　　（この部分に関するノートはここでは省略）

図6-6 **ノートのまとめ** (図6-5のIIの部分を取り出した取り出したもの)

```
II. Advanced Schooling
                    Community Colleges    Colleges & Universities
(1) duration        2 years               4 years
(2) public or not   public                public or private
(3) tuition         low                   high = private > public
Q: What is the average tuition of community colleges?
Q: What is the average tuition of public colleges & universities?
(4) students    mostly local people(?)    foreign students as well
Q: What countries in Asia are they from?
```

5 Recite

 以上のようにして The Educational System というひとつのセクションを読んでノートにまとめたら、**次のセクションに進む前に頭の中で、読んだ内容を復唱してみよう**。
 「アメリカと日本の教育制度はどう違うのか」という質問に Elementary School Through High School、Advanced Schooling、Trends in Education といった項目ごとに分けて答えていってもよい。このとき、ノートを見ずに答えられるかどうか試してみて、答えられない個所があったらもう一度ノートを見ておこう。

6 Review

 理想的には**1章を読み終わるごとに復習しておくとよい**。時間がなかったら、食事をしながらでも、シャワーを浴びているときでも、床に就く前のわずかな時間でもいいので、読んだことをもう一度思い出してみるのである。**時間があれば、質問や疑問、さらにそれらに対す**

る答えを実際に書いて、きちんと習得できているかどうかを確認してみるとよい。また、試験に備えて、時間を見つけて定期的に復習しておくのが望ましい。

6 読解力向上につながる学習ポイント

以下、英語を母語としない学習者が知っていると便利な「リーディングに関する知識」を紹介しておく。

> **ポイント**
> A 接頭辞(prefix)と語根(roots)
> B 転換語(つなぎ言葉：transition word)
> C 専門用語
> D 関係代名詞と現在分詞

A 接頭辞（prefix）と語根（roots）

各接頭辞(単語の前につく)や語根(接頭辞や接尾語などにつく)の意味を習得していれば、それらから**単語の意味を推測できる**ので便利だ。単語の意味を個々に覚えるより、**複数の単語の共通部分の意味を習得しておいたほうが効率もいい**。ではごく一部ではあるが、一般的なものを紹介しよう。
注：以下（　）の中には単語の例と意味を表示してある。「● 時を表す」以下ではコロンの前に英語で接頭辞の意味も掲載した。

a. 》接頭辞

接頭辞は次のように意味ごとに分類することができる。

● 反対の意味を表す

anti-(antiaging　老化防止の)、dis-(dissatisfaction　不満)、il-(illegal　違法の)、in-(inappropriate　不適切な)、im-(impossible　不可能な)、mis-(misbelief　誤信)、un-(uncomfortable　不愉快な)

● 時を表す

post-(after：postwar　戦後)、pre-(before：previous　以前の)、fore-(before：forecast　予測する)、fin-(end：final　最後の)

● 量を表す

multi-(many：multimedia　マルチメディア)、poly-(many：polytheism　多神論)、omni-(all：omnibus　総括的な)、ambi-(both：ambidextrous　両手利きの)

● 大きさを表す

micro-(small：microbus　小型バス)、macro-(large：macroscale　大規模)、mini-(small：minimum　最小量)

● 数を表す

mono-(one：monotheism　一神教)、bi-(two：bilingual　2カ国語の)、tri-(three：trilingual　3カ国語の)、quad-(four：quadrangle　四角形)、oct-(eight：octuple　8倍の)、dec-(ten：decade　10年間)

● 位置を表す

inter-(among/between：intercultural　異文化間の)、intra-(within：intracultural　同一文化内の)、sub-(beneath：subsection　細区分)、cir-(around：circuit　一周)

● 頻度を表す

re-(again：redundancy　［特に言葉の］余分な反復)

b. 》語根
- **neuro-**（nerve：neurolinguistics　神経言語学）
- **soma-**（body：somatic　身体の）
- **-graph**（to write：autograph　署名）
- **-viv-**（live：survive　生き残る）
- **-port**（carry：deport　追放する）

ほかにも体の一部や人に関する以下のような英語もある。これらは接頭辞や語根に明確に分類することは難しいが、覚えておくととても役に立つ。

例えば "**ped-**" というのは "feet" という意味で "pedestrian（歩行者）" というように使われるし、"**anthro-**" は "people" という意味で "anthropology（人類学）" のような単語で使われる。また、"**aud-**" が "hear" という意味で "audience（聴衆）" で使われるというように、五感を表す言葉につくものもある。

B 転換語（つなぎ言葉：transition word）

転換語は、"as a result（結果として）" "on the other hand（他方では）" のように、**複数の単語から成る慣用表現である場合が多い**。これらの言葉は話の流れを示唆するので、**転換語をチェックしていけばテクスト全体がどういう構造になっているのかがわかる**。例えば as a result は、その前後の内容が因果関係にあることを示し、on the other hand は同じく比較対照関係にあることを示す。なお、転換語については「Ⅶ章　ライティング」でも詳しく解説してあるので参照してほしい。

ここでは、前述の *Spotlight on the USA* の 10 ページから引用したアメリカの教育制度についての一節を使って、基本的な転換語がテクストでどのように用いられているのかを考えてみる。

At the high school level there are some specialized schools, including schools that emphasize vocational subjects <u>like</u> business <u>or</u> auto mechanics. Most high schools, <u>however</u>, are general schools. High school students are often involved in non-academic activities that their school offers — <u>for example</u>, in drama clubs, sports teams, <u>or</u> the school newspaper. (Falk, 1993, p. 10)

a. **例示**(exemplification)　　like, for example
b. **追加**(supplement)　　　　or
c. **対照**(contrast)　　　　　 however

　このような短い一節にも複数の転換語が使われていることがわかる。ここで注意しなくてはならないのは"or"という表現だ。この単語は日本語に直訳すると「あるいは」というような意味になり「選択」を表しているように考えがちであるが、これらの文脈では例を挙げるときに使う「…とか」という意味合いを含み、情報の「追加」という役割を果たしている。

C 専門用語

　専門用語がテキストに出てくるときは一般に、斜体あるいは太字で書かれており、文中にそれぞれの定義 (definition) が続くので、それをノートにまとめておこう。
　例えば、図6-2にある pragmalinguistic failure と sociopragmatic failure の定義は図6-3にあるようにまとめておくとよい。さらに可能であれば次の例のように、専門用語だけを取り出して、それぞれの定義をまとめておくと、より便利だ。用語によっては、絵や図で説明したほうが理解が早いものもあるし、日本語で聞き慣れた用語は、日本語を書き添えておいてもよい。しかし、英語で学習しているので、**日本語はあくまでも補助的に使用することをおすすめする。**

■専門用語のまとめ方の例■
Anthropology（人類学）

extended family（大家族）	the family consisting of many generations such as grandparents, parents, children, grandchildren
nuclear family（核家族）	the family consisting of a husband, a wife, and children
ethnocentrism	judging other culture based on the norms of their own

Applied Linguistics（応用言語学）

  language acquisition　言語運用能力習得
  inter-cultural communication
                  communication across cultures
  intra-cultural communication
                  communication within a single culture
  Pragmatics　　　　　　（実社会での状況に応じた言葉の使用）
                  the use of language in the real speaking community, depending on different social conditions

　ここでは、例として「人類学」と「応用言語学」のコースに出てくる専門用語をまとめてみた。最初の「人類学」の場合、"extended family" とか "nuclear family" には、それぞれ「大家族」「核家族」という日本語を添えておいたほうがイメージがわいてくる。これに対し "ethnocentrism" は、日本語にしてみても「自民族中心主義」という聞き慣れない用語なので、英語だけの説明で十分だ。
　次の「応用言語学」では "language acquisition" という抽象的概念は「言語運用能力習得」と日本語で表してしまえばひと言で済むし、少しはイメージもわきやすい。"inter-cultural communication" と "intra-cultural communication" に関しては "inter-(across)" "intra-

(within)"といった接頭辞はよく耳にするので英語で書いておいたほうがいいだろう。Pragmatics は、「実用主義」などと間違えたりすることもあるので、日本語でも書いておいたほうが確実だ。

　このように、**各用語の特徴や個性に従って、まとめ方を工夫する**ことがポイントだ。また、この例では、「人類学」と「応用言語学」という2コースの用語を同じところにまとめてあるが、本来は**コースごとにノートを作って、まとめておいたほうがよい**。

D　関係代名詞と現在分詞

　英文ではコンマなどを間に入れて同格の名詞を並べたり、名詞の後ろに過去分詞が来てその名詞を形容したりすることがあるが、この場合は**「関係代名詞＋ be 動詞」を補ってみる**とわかりやすい。また名詞の後に現在分詞 (-ing 形) が来ている場合は、この**現在分詞を「関係代名詞＋動詞の現在形・過去形」に置き換えてみる**と理解しやすくなる。こうした用法はかなり頻繁に出てくるので覚えておこう。

a. 》who ／ which ＋ be 動詞を補う

1) Mr. Tanaka, a famous pianist, lives in New York.
2) Mr. Tanaka <u>who is</u> a famous pianist lives in New York.
　　（有名なピアニストの田中氏はニューヨーク在住だ）
3) This is the story written by Tom.
4) This is the story <u>which was</u> written by Tom.
　　（これはトムが書いた話だ）

　1)や3)はそれぞれ2)や4)のように who is や which was を補ってみるとわかりやすい。

　以下、前述の *Spotlight on the USA* の28ページから引用したハーバード大学についての一節から1)と2)の使い方をみてみよう。文中の(　)に入っている「関係代名詞＋ be 動詞」が、原文では省略されている。こんなに短い一節でも3回登場しているのは、この文法のポイントがいかに大切かの表れと言えるだろう。

Cambridge is sometimes called the birthplace of American intellectual life: It has the nation's oldest university, (which is) Harvard University, (which was) founded in 1636. Cambridge remains a center of intellectual life, especially since it's also home to MIT, (which is) the Massachusetts Institute of Technology. (Falk, 1993, p. 28)

b. 》現在分詞(-ing)を置き換える
5）Mr. Tanaka teaching English studied in New York.
6）Mr. Tanaka who teaches English studied in New York.
（英語を教えている田中氏はニューヨークで学んだ）

　5）の teaching は6）のように who teaches に置き換えてみるとわかりやすい。
　また、5）と6）の実例としては、「B転換語」で引用した英文の冒頭に、"At the high school level there are some specialized schools, including schools . . . (Falk, 1993, p. 10)" というセンテンスがあった。これは書き換えれば "At the high school level there are some specialized schools which include schools . . . " となる。

7 辞書の使い方

　最後に、辞書の使い方について簡単に触れておく。読む際に、辞書を使うか使わないかは学習者の判断にゆだねたい。しかし、**わからない単語が出てくるたびに辞書を使っていると、センテンスレベルの理解に集中してしまって、テクスト全体の流れを把握し損なったり、大切なポイントを見逃してしまったりする**ことを覚えておいてほしい。ただし専門用語に関しては、その場で調べて習得しておいたほうがい

い。もっとも通常は、英文中にその専門用語に関する定義が記載されているはずだが。

　辞書を引いた場合には、その語句に**関係のあるほかの品詞を見ておく**ことも大切だ。例えば "investigate（研究する）" という動詞を引いたら "investigation（研究）" という名詞もチェックしておこう。そうすることによって語彙が増える。さらに、先に説明した接頭辞、転換語(つなぎ言葉)の役割を習得しておけば、辞書なしでも意外と読める。また、読むときは**文脈から言葉の意味を割り出す**ことも大切だ。

引用文献

Falk, R. (1993). *Spotlight on the USA* (pp. 10-11 & p. 28). New York: Oxford University Press.

本著の 187、205、207、216、219 ページにあるアメリカについての英語のテクストはオックスフォード大学出版からの許可を得て、Randee Falk 氏の 1993 年の書著である "*Spotlight on the USA*" より引用された。上記のそれぞれのページに出典を Falk 氏の書著のページナンバーと共に明記してあるので、詳しくはそれらを参照されたい。

English passages used in p. 187, 205, 207, 216, and 219 : Reproduced by permission of Oxford University Press from "Spotlight on the USA" by Randee Falk ©1993 by Oxford University Press.

参考文献

Alderson J. C., & Urquhart, A.H. (1989). This test is not fair: I'm not an economist. In P. L. Carrell, J. Devine, & D. E. Eskey (Eds.), *Interactive approaches to second language reading* (2nd ed.) (pp. 168-182). New York: Cambridge University Press.

Douglas, N. L. (2000). Enemies of critical thinking: Lessons from social psychology research: *Reading Psychology*, 21, 129-144.

Ebbinghaus, H. (1885). *Memory*. New York: Teacher's College, Columbia University, 1913. Reprint Edition, New York: Dover, 1964.

Gleitman, H., Fridlund, A., & Reisberg, D. (2000). *Basic psychology* (5th ed.). New York: W. W. Norton & Company.

Halpern, D.F. (2002). *Thought and knowledge: An introduction of critical thinking*. NJ: Lawrence Erlbaum Associates.

Kawate-Mierzejewska, M. (1995). Dentatsu nooryoku no ikusei: kotowari to iu Hatsuwa koui o rei ni goyooron-teki shiten yori (Communicative competence: A speech act of refusing from interlanguage pragmatic perspective). *Proceedings of the 8th International Conference on Japanese Language Teaching*, 30-42. Poznan, Poland: Adam Mickiewicz University.

Kawate-Mierzejewska, M. (2003). What is the relevance of sociopragmatics failure to language teaching? *The Language Teacher*, 27 (5), 15-17.

Nist, S. L. & Diehl, W. (1990). *Developing textbook thinking: Strategies for success in college* (2nd Ed.). Lexington, MA: D.C. Heath and Company.

McWhorter, K.T. (1995). *College reading & study skills* (6th Ed.). New York: Harper Collins Publishers.

Rigg, P. (1977). Reading in ESL. In J. Fanselow, & R. Crymes (Eds.), *On TESOL '76* (pp. 106-118). Washington, D.C.: TESOL.

Robinson, F. R. (1970). *Effective Study* (4th ed.). New York: Harper & Row.

Shepherd, James F. (1994). *College study skills* (5th ed.). New York: Houghton Mifflin Company.

Thomas, J. (1983). Cross-cultural pragmatic failure. *Applied Linguistics*, 4, 91-112.

Ⅶ章

ライティング

大学でライティングのアサインメントが出される際には「ペーパー」という言葉が使われるが、要求されるライティングの種類によって、ペーパーは主に下記の6種類に分類される。

> **ペーパーの種類**
> - エッセイ (essay)
> - 要約 (summary) とそれに基づく分析 (analysis)
> - 事実報告 (factual report)
> - レビュー (book review、article review、literature review)
> - クリティーク (literature critique*、research critique)
> - リサーチ・ペーパー (research paper)

* 文学関係のコースでは literature critique のことを単に critique と呼ぶことが多い。

　これらのペーパーはいずれもアカデミック・ライティングのスタイルにのっとって書かなくてはならない。そこでⅦ章ではまず、これら6種類の基本とも言える「エッセイ」の書き方を例に取ってアカデミック・ライティングの一部始終を紹介する。具体的にはエッセイを書くために必要な基本事項を先に説明し、その後、実際にエッセイを書く作業を解説する。

　さらに、エッセイと並んで重要な、**「要約」作業についても簡単に触れておく**。この作業は既存の文献の分析をするときの基となる。コース・アサインメントをこなすためには必要不可欠であり、課題の一部になってくるので、書くときの注意事項をここでしっかり学習しておこう。

　そして最後に、**ペーパー提出の際の形式・書式に関しても簡単にみておく**。ライティングの際に問題になる「剽窃行為 (plagiarism)」などに関しては「Ⅷ章　プロジェクトとプレゼンテーション」を参照してほしい。

　なお、この章で使われているエッセイの例文には、各パラグラフの冒頭にパラグラフの順番を示す番号がついている。これは読者の理解を助けるためのものであり、本番のアサインメントではまったく必要ないのでこのような番号は絶対に書かないようにしよう。

1 エッセイの重要性

1 エッセイとは

　I章でも触れたが、本書で説明するエッセイとは、雑誌のコラムでよく見掛けるいわゆる日本語感覚の「エッセー」とは異なり、英語圏の大学に入学してから必要とされる最も基本的な**「アカデミック・ライティング」**のことを指す。

　アサインメントで要求されるエッセイとは4〜5パラグラフ(paragraph)くらいのものから10パラグラフ以上のものまであるが、いずれにしても**ペーパーとしてはそれほど長いものではない**。また、試験として出される、いわゆるエッセイ・テストの場合は限られた時間内に書くものなので、4〜6パラグラフくらいの短いものが要求される。一概には言えないが目安としては、アサインメントで要求されるエッセイはA4サイズで2枚(500語前後)から長くても5枚(1300語前後)くらいに落ち着くことが多いようだ。

　なお、ここでいうパラグラフとは段落のことであり、いくつものセンテンス(sentence)が集まって構成される。センテンス、パラグラフ、エッセイの関係を図で示すと以下のようになる。**センテンスがパラグラフを構成し、それがいくつか集まってエッセイとなるわけだ。**

図7-1　センテンス、パラグラフ、エッセイの関係

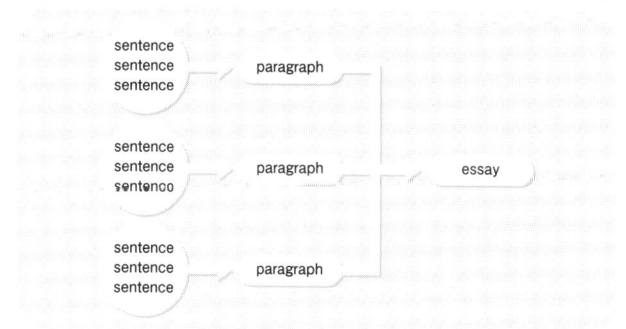

2 なぜエッセイは大切なのか

　北米の大学では「エッセイ」「要約とそれに基づく分析」「事実報告」など、さまざまな種類のライティングのアサインメントが出るのだが、まずエッセイの書き方をしっかり身につけることが大切になる。**アカデミック・ライティングの基本とも言えるエッセイの書き方を習得**できれば、それを発展させることによりどんなペーパーでも満足のいくレベルで書けるようになるというわけだ。さらに、ペーパーが書けるようになれば精神的な余裕を持ってコース・アサインメントをこなしていけるようになるし、それが成績の向上にも結びつき、一段といいペーパーが書けるようになる。

3 エッセイの種類、構成と展開方法

　まずこのセクションで、**エッセイ・ライティングの基本的な概念**を頭に入れておこう。そこで、以下の図や表を参考にしながらエッセイについての理解を確認しておく。

図7-2　エッセイの種類、構成と展開方法の関係

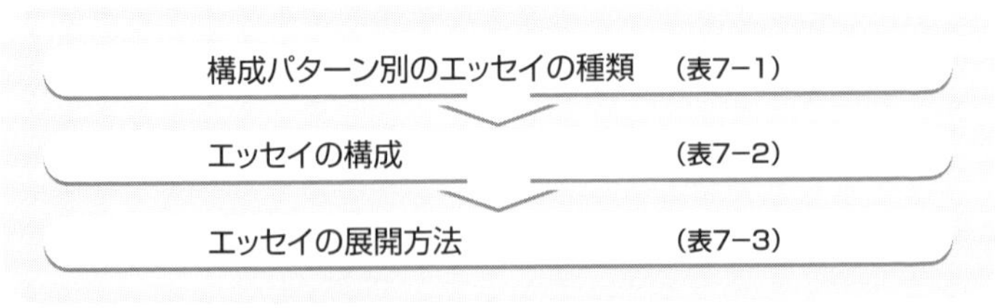

構成パターン別のエッセイの種類	（表7-1）
エッセイの構成	（表7-2）
エッセイの展開方法	（表7-3）

　エッセイはその構成パターン（修辞構造：rhetorical structure）によっていくつかの種類に分けられる（表7-1参照）。そしてそれぞれのエッセイはその目的やトピックなどにより、基本的な構成（表7-2参照）や展開方法も異なる（表7-3参照）。

表7-1　構成パターン別の基本的なエッセイの種類

説明・話(Expository/Story)	：説明を目的としたエッセイ
叙　　述(Narrative)*	：叙述を目的としたエッセイ
論　　説(Argumentative)	：討論を目的としたエッセイ

*Narrativeをどの位置におくかということに関してはいろいろな説があり、Narrativeが読み手に何かを説明するということに主眼をおいたものであればExpositoryのカテゴリーに入る。

　エッセイの基本的な構成パターン(修辞構造)としては、説明によって読み手に理解してもらうことを主眼とした「**説明**」や「**話**」、単に時間の経過に沿って事実を淡々と述べる「**叙述**」、あるトピックに関する自分の主張を、書き手が読み手に納得させる、あるいは解説することを主な目的とした「**論説**」がある。そしてこれらのパターンを用いたエッセイを本書ではそれぞれ「説明を目的としたエッセイ」「叙述を目的としたエッセイ」「討論を目的としたエッセイ」と呼んでいる。

　なお、「叙述」をどの位置におくかということに関してはいろいろな説がある。読み手の理解に配慮し、説明を目的としたエッセイで用いるような展開方法を使った談話調のものであれば、むしろ「説明」のカテゴリーに入る。それぞれについての詳しい説明はこの後のセクションを参照されたい。

表7-2　エッセイの基本的な構成 (organization)

| 時 間 的 配 列 (chronological organization) |
| 空 間 的 配 列 (spatial organization) |
| 重要度による配列 (from important to loco important) |

　エッセイの基本的な構成は、「**時間的配列**」「**空間的配列**」「**重要度による配列**」と3種類ある。「時間的配列」というのは、伝記のように生い立ちから没するまで一部始終を書くものや時間的経過に沿っての工程の説明などがある。また、影響や結果をもたらす原因などを順番に説明していくこともある。

　「空間的配列」というのは広義から狭義へという構成、一般概念から

限定された概念への発展、そして右から左へというような構成をいう。

「重要度による配列」は、重要度の高い事項から低い事項へと書いたり、低い事項から高い事項へと書いていくエッセイをいう。例えば、討論を目的としたエッセイでは、重要度の低い論拠をまず書き、その後で最も重要な決め手となる論拠を書く。

表7-3　エッセイの展開方法（methods of development）

因果関係(cause & effect)	原因が結果にどのようにかかわっているかを説明する。
類　似(comparison)	2つの事柄を比較して類似点をみていく。
対　照(contrast)	2つの事柄の相違点をみていく。
分　類(classification)*	ある事柄について分類や例証を通して説明する。
拡大定義(extended definition)	表現や言葉が持つ意味を客観的に肉付けして定義する。
工程(過程)(process)	物事の工程や過程を説明する。

*分類した事柄は通常、その後で列挙(listing)される。

エッセイにはその種類、構成などにより、さまざまな展開方法がある。また、複数の展開方法を組み合わせてエッセイを発展させることもある（詳しくは p. 238「3　エッセイのさまざまな展開方法」参照）。

4　エッセイ執筆に入る前の一般的な注意点

エッセイの書き方を説明する前に、実際にエッセイを書くうえでの一般的な注意点をみておく。

> **ポイント**
> A　エッセイの意図を明確にする
> B　読み手がだれなのかを考える
> C　トピックについて知っていることを考えてみる
> D　時間的余裕を持って書く

A　エッセイの意図を明確にする

　まず、エッセイを書く**意図**やどのような内容のエッセイを書くのかを考えてみる。また、そのエッセイの**位置付け**や**持つ意味**も把握しておく。短い質問などに答えるちょっとした宿題程度のものなのか期末試験の代わりになるようなペーパーなのかによって、**時間のかけ方や内容の濃さ、エッセイの量も違ってくる**からだ。さらに、内容によって**表現のトーン**（例えば、公式なペーパーなのか皮肉を込めた評論なのか）や**展開方法**も変える必要がある。

B　読み手がだれなのかを考える

　次に**だれが読んでくれるのか**を考える。コースの課題で書くエッセイであればそれを読むのは担当教官なので、アカデミックな語彙や改まった言い回しが要求される。例えば、日本語でよく使われる「アンケート」は "questionnaire" と書くといったように専門的な言葉遣いが要求される。また、くだけた文体と考えられる "don't" "doesn't" などという短縮形は避けて、"do not" "does not" を使ったりすることも要求されるわけだ。

C　トピックについて知っていることを考えてみる

　トピックについて、自分がどのくらいの知識を持っているのかを考えてみる。知らないことばかりであれば、書く前に、書物を読むなどの準備が必要となるので、アサインメントの要求を満足させるためには、**どんな資料がどれくらい必要なのかを検討する**。また、エッセイの中で**満たされなければならない要求**（例えば特定の展開方法を指定されたら、それにのっとって書かなければならない）についても考えてみる。

D　時間的余裕を持って書く

　エッセイは準備や、推敲、修正の時間なども考え**余裕を持って取り組もう**。時間的余裕がないと見直しもできないまま、中途半端なもの

を提出してしまうことにもなりかねない。

2 エッセイの基本構造

では次に、エッセイを例に英文一般の基本構造をみていこう。

1 説明を目的としたエッセイの場合

図7-3 エッセイの基本構造

Paragraph (P)1	**Introduction** Hook(general statement[s]) ↓ Connecting information ↓ Thesis statement
P2	**Body** Topic sentence ↓ Supporting details ↓ (A conclusion)
P3	**Body** Topic sentence ↓ Supporting details ↓ (A conclusion)
P4	**Body** Topic sentence ↓ Supporting details ↓ (A conclusion)
P5	**Conclusion** Point[s] ↓ A general statement

ここでは図7-3のような5つのパラグラフから成るエッセイを例に、英文の基本構造について説明する。

A Introduction

この部分は**導入のパラグラフ**で、フック(hook)といわれる一般的な概念(general statement[s])とそれを絞り込んだ**主題**(thesis statement)、その間に入って**フックと主題を結びつける情報**(connecting information)から成る。つまりこのパラグラフでは、一般的概念を絞り込んで明確な主題を導く(大きなカテゴリーから小さなカテゴリーへと発展させていく)のである。

a. 》Hook

導入の最初の部分であるフックは**読み手の関心を引く**ように書くことがポイントだ。つまり「このエッセイを読んでみたい」と読み手に思わせるように書かなくてはならない。ちなみに"hook"の語源は「釣り針」だから、エッセイにおいてもこの部分は、書き手が読み手を引きつける仕掛けの部分ということになる。フックの書き方にはいろいろある。疑問文にしたり有名な発言を用いたりして読者の興味を引くこともあれば、関心のありそうな一般論で主題の重要性を強調したり、読者が「えっ?」と思うような事実を書いて注意を引いたりすることもある。

b. 》Connecting Information

さて次に、フックと主題を結びつける"connecting information"だが、この部分は**フックを絞り込んで主題へとつなげていく**という役割を担っている。ここでは、フックに関して読み手が知らないであろうと考えられる情報を、背景知識や具体例の形で提供することもできるし、フックの役割も含んだ疑問文にすることもできる。

c. 》Thesis Statement

そして**最初のパラグラフの最後に主題を書く**。読み手はこの部分を

読んで、書き手の言いたいことを把握するのである。主題を書くときはエッセイのアウトラインを簡単に紹介することもあれば、主題のみを間接的な言い回しで説明することもある（直接羅列するような表現は稚拙になりがちなのでベストとは言えない。小学生の書く作文を思い出してほしい）。例えば図7-3のような構成で地球温暖化の原因を探るエッセイを書くのであれば、アウトラインとして地球温暖化の理由を3つ列挙して、続く第2〜第4パラグラフでその理由を具体例とともに考えていくという構成も考えられるだろう。一方主題のみを説明する場合は、ただ単に「地球温暖化の理由を探り、正しく理解する必要がある」というような具合に書くことになる。ここで例題を紹介し、以上見てきたことを確認しておこう。

Hook	The problem of youth violence is one that continues to plague big cities in the U.S. Much of this violence is gang related. Battles among various gangs continue to cost many teenage lives each year. Many attempts have been made to stop this violence but few have made any impact on the lives of gang members themselves.
Connecting information	
Thesis statement	

(Steve Mierzejewski, part of a manuscript written for Waseda University TOEFL Web)

これは「青年の犯罪や暴力」についての問題を提起し、その背景を探るというエッセイの導入部分である。まず、書き手は"The problem of youth violence is one that continues to plague big cities in the U.S.（青年の犯罪や暴力はアメリカの大都市の抱える問題である）"という一般論をフックとして用いて主題の重要性を強調している。その

後、フックと主題を結びつける情報として "Much of this violence is gang related. Battles among various gangs continue to cost many teenage lives each year. (これらの犯罪や暴力は非行グループ同士の抗争からくることが多く、毎年それらは多くの若者たちの人生を犠牲にしている)" というフックに関する背景知識を紹介している。これを "Many attempts have been made to stop this violence but few have made any impact on the lives of gang members themselves. (これらの犯罪や暴力を阻止するために多くの試みがなされているが、ごくわずかなものだけが成功を収めている)" という主題へとつなげている。この主題を読むことにより、読み手は以下のパラグラフで「青年の犯罪や暴力を阻止するために成功を収めた試みとはどのようなものなのか」ということが解明されると予想できるのである。

B Body

これは図7－3では第2～第4パラグラフのことで、"body" という名のとおり**エッセイの中心となる部分**だ。それぞれのパラグラフはまず、トピック・センテンス(topic sentence)と呼ばれる文で始まる。この文は導入パラグラフである "introduction" で書いた主題をサポートする内容になっていなければならない。

そして、それぞれのトピック・センテンス自体は**具体例などでサポートされ、詳しい説明や例証が展開されていく**。すなわち第2、3、4パラグラフでは、まず**トピック・センテンスを書いて、その後でそれぞれをサポートする具体例などを書く**ことになる。またここでは、アサインメントの種類によって異なる、エッセイの目的や種類などに基づいて、エッセイの構成方法やさまざまな展開方法を決定し、各パラグラフを書いていくわけだ。そして**最後にそれぞれのパラグラフのまとめを簡単に書く**（このまとめに関してはあったほうがいいというくらいに考えておけばよい）。このようにして各パラグラフで必ずひとつのポイントを押さえていく。ちなみに各パラグラフの単語数は125～150語くらいが適当であると考えられる。

a. 》Topic Sentence

　さて"body"において各パラグラフの始まりとなるトピック・センテンスだが、**主観的なものは避けたい**。具体的に言えば "I" で始まる "I think . . ." とか "I like . . ." などというセンテンスはサポートが困難な場合が多く、よいトピック・センテンスとは言えない。よいトピック・センテンスとは、これに続く詳細部分でサポートされ得る、客観的な概念や見解を述べたものである。別な言い方をすると、トピック・センテンスには各パラグラフにおける**最も一般的な記述、もしくは最も重要な事項**が来ることになる。

　また、トピック・センテンスは**コントローリング・アイディア（controlling ideas）を含んでいる必要がある**。コントローリング・アイディアとは、読者に「なぜ？」と思わせるような主張のことで、この疑問を解決するべく"body"ではトピック・センテンスをサポートするような内容が展開される。つまり、読み手はエッセイを読み進むことで、それらの疑問を解明していくわけだ。例えば、"It is worth visiting Great Wall of China at least once in your life.（一生のうち、少なくとも一度は万里の長城を訪れる価値がある）" というトピック・センテンスがあれば、コントローリング・アイディアは "worth visiting（訪れる価値がある）" となる。読み手は「なぜ？」とか「どういう意味で？」という疑問を抱き、その解明をしながらエッセイを読んでいくわけだ。

b. 》Supporting Details

　次に、トピック・センテンスをサポートするときに使われる手法を紹介しておく。基本的には「**事実（facts）**」「**個人の経験（personal experience）**」「**例題（example）**」「五感でとらえた**物理的性質（physical description）**」という4つの手法のうちのどれかを使って、トピック・センテンスをサポートすることになる。

　「事実」とは、**公表されている統計などに基づいた正確な数や史実を用いて解説する方法**である。例えば、ある国産車の昨年1年間の製造台数は何台で、それにかかったコストはいくらで、そのうちの何％が

輸出されたとかいうように数字を示したり、第二次世界大戦はいつ起こってどの国が敗れたかを述べたりする手法だ。

次に、「個人の経験」とは**書き手の体験を述べて解説する方法**。そして「例題」とは**具体例を示しながら一般的な概念について論を進める手法**を指す。例えば、「主観的なものの言い方」という表現に対して「具体的に言えば "I" で始まる "I think . . ." とか "I like . . ." などという言い方」といった言葉を続ければ、例題を示したことになるわけだ。

最後に、「五感でとらえた物理的性質」だが、この手法では**五感、すなわち触覚 (touch)、嗅覚(smell)、味覚 (taste)、視覚 (sight)、そして聴覚 (sound) でとらえたさまざまな性質を示してトピック・センテンスをサポート**していく。中には五感を使って比喩的な言い回しをすることもある。例えば、お茶漬けを食べたアメリカ人が、それがいかにおいしくないかを説明する際に "It tasted like soap." と言うような場合だ。

C Conclusion

最後のパラグラフである "conclusion" では、**"body" の各パラグラフでの要点 (points) をまとめ、結論を導く**。その際、**言い換え表現を使うようにすることが大切だ**。"body" で一度使った言い方をそのまま繰り返さないほうがよい。また、**主題と結論は一致**していなければならないので、その点にも注意しよう。

さらに、"introduction" では一般的概念を絞り込んで明確な主題を導く（大きなカテゴリーから小さなカテゴリーへと発展させていく）という手法を採ったが、"conclusion" ではそれぞれの**要点から一般的な概念である結論を導き出す**（具体例から主題へと発展させる）わけで、両者の論理の流れは反対になるという点をしっかり押さえておこう。

2 叙述を目的としたエッセイの場合

多くの場合、大学でのアサインメントでは「叙述を目的としたエッセイ (Narrative)」も「説明を目的としたエッセイ」同様「説明を通して読み手に何かを理解してもらうことに主眼を置いた書き方」になるので、

基本構造は **1** の説明とほぼ同じであると考えてよい。ただし、叙述を目的としたエッセイの場合は**話の流れをスムーズにして、最後はしっかり完結させる**ことが大切なので、次の２点には注意してほしい。

> **ポイント**　A つなぎの文章(transition sentence)を使う
> 　　　　　　B "conclusion"では話を終結し、落ちをつける

A つなぎの文章（transition sentence）を使う

各 "body" の一番最後には、次のパラグラフへのつなぎの文を入れるようにする。こうしておけば、読み手がエッセイ**の流れ**についていきやすくなる。また、読み手が次にどういう**内容が来るかを予測**することも可能になる。

B "conclusion"では話を終結し、落ちをつける

叙述を目的としたエッセイの場合には、とかく結論があいまいになりがちだが、最後のパラグラフである "conclusion" では、**話に落ちをつけて結ぶ**ように心掛けよう。ここでは、一連の話の描写を締めくくる形でひとつの話を完成させるわけである。

さて表７−１の順番からすると次は「討論を目的としたエッセイ（論説）」の解説となるところだが、このタイプのエッセイはその基本構造がほかの２種類とは異なるので、本書ではまったく独立した項目として別途に扱うことにする（p. 261「5　討論を目的としたエッセイ」参照）。

3　一貫性を持たせるための工夫(coherence devices)

エッセイに一貫性を持たせるための工夫として、**代名詞の使用、重要語の反復や言い換え**、そして**転換語（つなぎ言葉：transition word）の使用**がある。ここでは、転換語の役割と種類について考えてみる。

なお以下の説明では、「転換語」と「つなぎ言葉」は同じ意味で使われている。

A 転換語の役割

前述のように転換語とは、エッセイに一貫性を持たせるためのつなぎの言葉であり、これらをうまく使うことによって、文章が洗練され、論点も明確になる。なお転換語は、前後の**パラグラフをつなぐ**だけでなく、各パラグラフにおいて**前後のセンテンスをつなぐ**際にも使われる。

B 転換語の種類

では実際には、どのようなときに、どのようなつなぎ言葉が使われるのかを機能別に簡単に紹介しておく。

表7-4　転換語の種類

因果関係(cause & effect)	原因	since, because, as
	結果	as a result, consequently, thus, finally, therefore, hence, accordingly
類似(comparison)		similarly, in much the same way
対照(contrast)		however, nevertheless, but, whereas, on the other hand, in contrast, though
例証(illustration)	例	for example, for instance
	特定化	in particular, specifically, especially
	一般化	in general, usually, ordinarily
分類・追加 (classification / addition)	分類	first, second ...
	追加	moreover, besides, furthermore, and, in addition, again, or, nor
時間的工程・過程・経過 (chronological process / sequence)	前	before, earlier, beforehand
	現在	presently, at the present time
	同時進行	meanwhile, while, at the same time
	直後	immediately, within a minute, soon
	後(限定)	the following day, next
	後(未定)	later, afterward, later on
	特定の時・時期	when S+V, S+V.
	時間的順序	first, second, then, to begin with

237

予期可能な事柄 (expected event)		of course, surely, as a matter of fact
話の転換 (diversion)		by the way
言い換え (restatement)		in other words, namely, that is to say, to put it differently, in short
結論 (conclusion)	要約	all in all, to conclude, in conclusion, in short, in sum, to summarize
討論を目的としたエッセイ(論説)での反論 (counterargument)	譲歩	of course, to be sure, certainly

3 エッセイのさまざまな展開方法

　表7－3に列挙したようにエッセイにはさまざまな展開方法があり、トピックに合わせて**種類、構成、目的**とともに最も適切と考えられるものを使っていくことになる。展開方法はエッセイの種類によって決められるものではなく、エッセイのトピックによって決められるのである。

　一般的な傾向としては、**説明を目的としたエッセイ**（Expository Essay）では、表7－3に示したさまざまな展開方法の中から、どれかひとつ、あるいはいくつかを組み合わせて使う。

　叙述を目的としたエッセイ（Narrative）では、ある人物の経歴などを書くときには、ただ時間的経過に従って描写するだけで、ここで紹介しているような展開方法を使わないこともあるが、説明も交えて時間的経過を追っていくときには、「因果関係」や「類似」「対象」などを使うことになる。

　また、**討論を目的としたエッセイ**（Argumentative Essay）でも説明を目的としたエッセイ同様に、トピックにより、「分類」「因果関係」「類似」「対象」などを使ってエッセイを発展させていく。

　以下、エッセイの一部分を取り出したものや短くまとめたものを使

って、それぞれの展開方法と転換語を詳しくみていく。なお以下の各例文は完成されたエッセイではないことを付け加えておく（___は転換語、___はトピック・センテンスやつなぎの文を表す）。

1 類似（comparison）と因果関係（cause & effect）

Multiple Intelligences

1 Psychologist Howard Gardner says that although school treats children as if they were all the same, there are many ways to be intelligent. Both Albert Einstein and Thomas Edison were a problem for their teachers, but accomplished great achievements.

2 The former boy, Albert Einstein, was generally a good student, but he did not like the high school that he went to because the teachers made the students memorize a lot of things and the boy thought that this was boring and useless. Besides, the teachers in this school were very strict. The boy did not like this either. Thus, it is no surprise that the teachers did not like him. They told his parents that the boy showed no respect for the teachers. He also influenced the other boys and made them not respect the teachers. They told his parents it would be best for everyone if the boy left the school. So at the age of fifteen, the boy quit school.

3 Thomas Edison, the second problem boy, had a similar story. Since he was a very active boy, he had a difficult time sitting still in school. In addition, he did not listen to his teachers. Although he was only seven years old and had only been in school twelve weeks, the teachers decided that he had a mental problem. This decision made his mother so angry that she took him out of school. Consequently, Thomas never returned to school again.

4 Therefore, understanding differences in students seems very important as Gardner says that although most cultures value linguistic and mathematical intelligence, the other types of intelligence can be just as crucial. Moreover, good schools will not ask the future Einsteins and Edisons to leave but will encourage and support them.

(Steve Mierzejewski, a revised manuscript written for Waseda University TOEFL Web)

この英文の分析　Multiple Intelligences

(brief) Introduction	Paragraph (P) 1	
Body	P2	Albert Einstein
		Einstein's problems at school (cause)
		→ He quit school (effect)
		大切な転換語　so
Body	P3	Thomas Edison
		Edison's problems at school (cause)
		→ He quit school (effect)
		大切な転換語　consequently
Conclusion	P4	

P2&P3の展開方法：類似（comparison）、因果関係（cause & effect）
　●類似を示す表現　similar（P3）

　このエッセイでは、アインシュタイン（Albert Einstein）とエジソン（Thomas Edison）の子どものころの学校生活にまつわる**類似点を比較**して、数学や言語ができるばかりがよい生徒なのではなく、それ以外の知能にも目を向け、生徒のさまざまな個性を理解することが学校の役目だと言っている。

　第2パラグラフでアインシュタインについて書き、第3パラグラフではエジソンについて書いている。つまり第2パラグラフと第3パラグラフで両者の類似点を比較しているのだ。さらにそれぞれのパラグラフでは**因果関係の展開**もみせている。つまり、アインシュタインもエジソンも教師から見れば学校生活での素行が悪く（原因）、結局退学

してしまった(結果)のである。
　転換語に関しては第2パラグラフと第3パラグラフで結果を表す"so"と"consequently"が使われている。また、類似（comparison）を示唆する転換語そのものは使われていないが、第3パラグラフの最初の行で使われている"similar"という表現で2者の類似点を比較していることがわかる。

2 対照（contrast）

The True Cost of Oil

1 For about thirty years there has continued to be a battle between those who would like to use Alaska, one of the last great wilderness areas on earth, to supply oil and those who want to keep this land in its natural state. This battle is expected to continue for some time.

2 <u>On the one hand</u>, the people in favor of drilling say that similar Alaskan fields have produced 13 billion barrels of oil since 1973 and that Alaska already accounts for 20% of all domestic production. These new fields, they say, are not insignificant at all. They also say that it would be better to keep oil exploration dollars in the U.S. than to use them in other parts of the world. <u>Moreover</u>, oil companies strongly claim that they will leave only a "small footprint" on the wilderness area, producing compelling evidence in the form of scientific studies which show that the original Alaskan pipeline had almost no effect on the area's wildlife.

3 <u>On the other hand</u>, the opponents to drilling say that even if the drilling takes place, oil flow from the area would not exceed 100,000 barrels a day which is only 1% of U.S. daily consumption. <u>Moreover</u>, the anti-drilling group says that this is too small an amount to make up for the destruction of a wilderness area. They also say that it would take up to ten years to explore, map, and drill the oil deposits, and by then the need for oil may have declined. In addition, environmentalists say that they want to leave the area completely in its natural state. They say that oil production is always going to be a dirty business no matter what the companies claim.

4 At the present time, compromise on this issue seems impossible. There may be simply a basic philosophical difference between the two sides which seems only to deepen as time goes on.

(Steve Mierzejewski, a revised manuscript written for Waseda University TOEFL Web)

この英文の分析 **The True Cost of Oil**

(brief) Introduction	Paragraph (P) 1	
Body	P2	the people in favor of drilling Reasons (facts) 大切な転換語　on the one hand, 　　　　　　　　moreover
Body	P3	the opponents to drilling Reasons (facts) 大切な転換語　on the other hand, 　　　　　　　　moreover, in addition
Conclusion	P4	

P2&P3 の展開方法：対照 (contrast)
　　　　●対照を示唆する転換語　on the one hand (P2)、on the other hand (P3)

　この例題はアラスカの油田開発に賛成の立場を採る人間と反対の立場を採る人間のそれぞれの主張を**対照的に比較**し、根本概念の違いからくる立場の溝はますます深まるばかりで、どちらも引き下がる気配はないと結んでいる。

　第 2 パラグラフで油田開発賛成派の主張を書き、第 3 パラグラフでは反対派の主張を書いている。つまり第 2 パラグラフと第 3 パラグラフで両者の主張を対照的に比較しているわけである。

転換語に関しては第2パラグラフと第3パラグラフで比較を表す "on the one hand" と "on the other hand" が使われている。また、それぞれのパラグラフで賛成（第2パラグラフ）と反対（第3パラグラフ）の理由を述べているわけであるが、いくつもの理由を述べているので追加（addition）を示唆する "moreover" や "in addition" という転換語も使われている。

3 分類（classification）

この展開方法は、例えば "Explain why gold is considered the most important metal." のように、ある現象に対する**理由を問うトピック**を与えられた場合に適している。つまり、トピックにある "why" を満足させる理由を分類しながら説明することになるからだ。この際、ひとつひとつの理由を「**列挙**」する展開方法も考えられる。具体的な英文例は「4　エッセイを書く」の「4 エッセイとその解明」（p. 256）を参照してほしい。

4 拡大定義（extended definition）

The Cockroach

1 In every major city on earth, there is a resident that no one likes. This resident continues to live with people even though people constantly try to kill it. This unwelcome guest is the cockroach.

2 The cockroach is an insect that has changed very little in 320 million years. People who do not like cockroaches should be happy that they were not living 300 million years ago. At that time the cockroach was the most common of all insects. In fact, that period is known as the Age of Cockroaches.

3 There are three main types of cockroaches, American, German, and Oriental. They range in size from 1 millimeter to over nine centimeters. They may or may not have wings but even the cockroaches with wings do not always fly. They are nocturnal which is why they are often seen at night. They are sensitive to light. Their bodies have tiny organs that can sense even the smallest air movements. They can run from danger within .054 seconds. This is why they are so difficult to catch. It has been found that a cockroach can live for over a month on one drop of oil. They have unique digestive systems and can eat almost anything. If they cannot find other food, they will even eat each other. (P4 & P5 have been omitted)

(Steve Mierzejewski, part of a manuscript written for Waseda University TOEFL Web)

この英文の分析 **The Cockroach**

(brief) Introduction	Paragraph (P) 1	
Body	P2	The cockroach: Extended definition
Body	P3	Three main types of cockroaches: Extended definitions
(P4 & P5 have been omitted.)		

P2&P3 の展開方法：拡大定義(extended definition)

ここではゴキブリ (cockroach) とは何かということを異なる視点から定義している。日本では「エッ！」と思われるようなエッセイかもしれないが、例えば「生物 (biology)」のコースで取り上げられる可能性だってあるわけだ。ここでは一般的な嗜好は抜きにして、純粋に学問的な文章として読んでみよう。

第2パラグラフではゴキブリを歴史的観点から定義し、第3パラグラフでは物理的性質という立場より定義している。

5 ▶ 工程(過程)（process）

Internet Addiction Disorder

1 Internet Addiction Disorder (IAD) is now recognized by the

American Psychiatric Association as a true addiction and a growing social problem. This addiction is quite similar to other forms of addiction and has some clear warning signs. <u>The first sign</u> is that a person uses the internet everyday and worries if he or she skips a day. A <u>second signal</u> is that a person tends to lose track of time while on the internet. An addict tends to go out less and spend less time on meals, or eats in front of the monitor. Addicted people will log on while at work even though they may have a lot of work to do. They may also sneak online when their spouse or family members are not at home. <u>Finally</u>, they will often deny that they spend much time on the net. Of all the known addictions, psychiatrists say that IAD is closest to gambling.

(Steve Mierzejewski, part of a manuscript written for Waseda University TOEFL Web)

■この英文の分析■ **Internet Addiction Disorder**

展開方法：過程 (process)
● 過程を示唆する転換語　first、second、finally

　ここでは、自分がインターネットに必要以上にのめり込み、病みつきになってしまっている傾向があるかどうかを知るための手立てを、病みつきになるまでの**経過を追って説明**している。その過程を示唆する転換語として "the first sign" "a second signal" そして "finally" を使って、時間の流れとともに起きる症状を明確にしている。

6　叙述を目的としたエッセイの展開：その1　単純に時間的経過を追って描写した場合

　「叙述を目的としたエッセイ (Narrative)」の場合には、**時間的経過を追って特定の人物の簡単な経歴 (biography) を淡々と描写する**パターンと、説明を目的としたエッセイの書き方とほぼ同じパターンの2種類に大別される。前者の場合には、ここで紹介しているようなさま

245

ざまな**展開方法は使わない**こともある。以下に示したのがその例だ。後者の場合はトピックによってさまざまな展開法を用いるが、この後の**7**に示した例では「対照(contrast)」という展開方法を用いている。

さて下記の英文はアメリカ史を語るうえで欠かせないベンジャミン・フランクリンの話だ。このエッセイは、ただ彼の人生の歴史を追っているだけであり、したがって特別な展開方法は使わずに時間の経過に従って、彼の人生を淡々と描写している。

Benjamin Franklin

1 Benjamin Franklin (1706-1790) was a man of many skills. He was a printer, author, diplomat, philosopher and scientist. Franklin was born in Boston, which at that time belonged to the English colonies in America. He was the fifteenth child of seventeen children in his family. He only went to school for two years, from the age of eight to ten. When he was thirteen he began to work for his brother who was a printer. He delivered newspapers during the day and wrote articles for the paper at night. The articles were praised by many people because they were interesting observations about social conditions.

2 Later, Ben moved to Philadelphia where he was advised to go to London to study more about printing. He did not know anyone in London and had no job or money. However because he was clever, he managed to get jobs at two of the biggest publishers in London. People liked his character and he made many friends in London. Despite his success, London was not his home and he longed to return to America.

3 When he returned to Philadelphia, he became involved with developing the city. At the age of twenty he founded the American Philosophical Society. He later bought a failing newspaper and made it into a profitable business. He also founded America's first public library (1731), Philadelphia's first fire department, and invented a metal stove which would produce more heat with less fuel and less pollution. It was his lifelong interest in science, however, which led him to one of the most important scientific discoveries of the time.

4 When he was 41, he began to experiment with electricity. He designed an experiment which successfully proved that lightning was an electrical phenomenon. This and his other observations on electricity were so impressive that he received honorary degrees from the University of St. Andrews and the University of Oxford.

5 At the same time he was experimenting with electricity, he was serving in the government of Pennsylvania. In 1757 he was sent to England to represent the American colonies. He tried to improve relations with England and the colonies. He did not want to see a war. But when he returned from England in 1775, the Revolutionary War had already begun. This same year he became one of the five men who wrote the Declaration of Independence. He later persuaded France to assist the colonies. Many historians think that this event was a major turning point in the war. Franklin continued to work at home and abroad for the growth and reputation of the new United States until the end of his life.

(Steve Mierzejewski, a revised manuscript written for Waseda University TOEFL Web)

この英文の分析 Benjamin Franklin

Introduction Extended definition	Paragraph(P)1	ベンジャミン・フランクリンとは？ Benjamin Franklin (1706-1790) was a man of many skills. He was a printer, author, diplomat, philosopher and scientist. ベンジャミン・フランクリンの生い立ち（生後から最初のキャリアである印刷業にかかわるまでのもろもろ）
P2へのつなぎの文		<u>When</u> he was thirteen he began to work for his brother who was a printer. He delivered newspapers during the day and wrote articles for the paper at night. The articles were praised by many people because they were interesting observations about social conditions.
Boby	P2	ベンジャミンのロンドン時代
P1のつなぎの文を受けて		<u>Later</u>, Ben moved to Philadelphia where he was advised to go to London to study more about printing.
P3へのつなぎの文		Despite his success London was not his home and he longed to return to America.
Body	P3	ベンジャミンのフィラデルフィアに帰ってからの偉業 （米哲学学会設立など）
P2のつなぎの文を受けて		<u>When</u> he returned to Philadelphia, he became involved with developing the city.
P4へのつなぎの文		It was his lifelong interest in science, however, which led him to one of the most important scientific discoveries of the time.
Body	P4	ベンジャミンの電気に関する発明
P3のつなぎの文を受けて		<u>When</u> he was 41, he began to experiment with electricity.

Last paragraph	P5	ベンジャミンの政治家時代とその後
P5 の転換文		At the same time he was experimenting with electricity, he was serving in the government of Pennsylvania.

P1- P5：叙述を目的としたエッセイ（Narrative）
　　●叙述に使われた転換語　when、later、at the same time

　このエッセイは**時間の流れ**に沿ってベンジャミン・フランクリンの人生を描いている。各**パラグラフ**の終わりにはそれぞれ**つなぎの文**があり、次のパラグラフへの橋渡しをしている。また、最後のパラグラフでは、ベンジャミン・フランクリンが亡くなるまでの最終的なキャリアを紹介しエッセイを終結している。さらに、それぞれのパラグラフは "when" "later" "at the same time" というような**転換語**を含んだトピック・センテンスで始まり（導入部を除く）、それらはパラグラフごとに**史実**という**詳細**で**サポート**されている。

7 ▶ 叙述を目的としたエッセイの展開：その2 「対照」を用いた説明調の場合

　ここで紹介するエッセイの課題は「ルイスとクラークの対照的な性格を比較しながら彼らの探検について描写せよ」というものである。したがって、基本的には彼らの探検の叙述を目的としたエッセイ（Narrative）ではあるが、単に時間の経過に沿って事実を淡々と述懐するという手法ではない。具体的に言うと、「**対照（contrast）**」という**展開方法**を用いて、ルイスとクラークの対照的な性格を比較・説明しながら、時間的流れに沿って彼らの探検模様を描写しているのである。

**Lewis and Clarks' Expedition and
The Personalities of The Two Men**

1 In 1803, United States president, Thomas Jefferson, bought a large piece of land from Napoleon. This land was almost as big as the United States at that time. Jefferson wanted to learn many things about this land and the land that was further west. What did it look like? What kind of plants and animals lived there? What were the Indians and their cultures like? He decided to send a group of men to the area to explore the new land and continue on to the Pacific Ocean. To lead this group of men he chose Meriwether Lewis and William Clark.

2 At that time, Lewis was a military commander. Clark had earned a reputation as an explorer. The two men were completely different in character. Clark was friendly, optimistic, and enthusiastic. Lewis was quiet, pessimistic, and occasionally depressed. He was also not a very social man. Yet, somehow, the two men worked well together.

3 The expedition began in 1804 with about 40 men. At that time they had no idea that the trip would take over two years to complete and cover 12,900 kilometers. It would be a difficult and dangerous journey. In November, 1805, the expedition finally reached the Pacific Ocean. They were the first Americans ever to make the trip across land to that ocean. Here they spent the winter with the local Indians before returning home. In those times, New Year's was the biggest holiday. This would be the second New Year's they would spend away from their families and it was a difficult time for these men. But no one was more depressed than Lewis. He thought about his family celebrating the holiday in his warm and comfortable house. Here he was wet and cold. The rain was continuous. For the New Year's "feast" the group ate dog meat. Yet, unlike Lewis, Clark seemed to enjoy the holiday. However this holiday was only a short respite from the continuing struggles that lay ahead.

4 The journey home was even more difficult than the trip to the Pacific Ocean. They fought continuous winter weather. The Indians were not always friendly and they were in danger several times. They finally returned in November, 1806. It was the most successful expedition in U.S. history.

5 The lives of the two commanders continued to be just as different after the expedition was finished. Lewis had many troubles for the next two years and it was not clear whether he committed suicide or was murdered when he was found shot in 1809. Clark, on the other hand, lived a long, happy, and successful life.

(Steve Mierzejewski, a revised manuscript written for Waseda University TOEFL Web)

Ⅶ章 ライティング

この英文の分析　Lewis and Clarks' Expedition and The Personalities of The Two Men

Introduction	Paragraph (P) 1	ルイスとクラークが探検家になった経緯
P2 へのつなぎの文		To lead this group of men he chose Meriwether Lewis and William Clark.
Boby	P2	ルイスとクラークの異なる性格についての描写。P1 のつなぎの文章を受けて At that time, Lewis was a military commander. Clark had earned a reputation as an explorer. The two men were completely different in character.
P3 へのつなぎの文		Yet, somehow, the two men worked well together.
Body	P3	探検の経過とエピソード（ルイスとクラークの比較）
P2 のつなぎの文を受けて		The expedition began in 1804 with about 40 men. At that time . . .
P4 へのつなぎの文		However this holiday was only a short respite from the continuing struggles that lay ahead.

Body	P4	帰還までの経過
P3のつなぎの文を受けて		The journey home was even more difficult than the trip to the Pacific Ocean.
P5へのつなぎの文		It was the most successful expedition in U.S. history.
Last paragraph	P5	帰還後のルイスとクラークの余生
P5の転換文		The lives of the two commanders continued to be just as different <u>after</u> the expedition was finished.

P1- P5：叙述を目的としたエッセイ（Narrative）
　　　●叙述を示唆する転換語　at that time、in 1804、after など
P2、P3、P5 の展開方法：対照（contrast）
　　　●対照を示唆する転換語　unlike（P3）、on the other hand（P5）

　このエッセイは2人の探検家、ルイスとクラークの異なる性格を比較対照させながら、**時間の流れに沿って**彼らの探検の経緯や経過、そして探検後の余生を描写している。ここでも各パラグラフのおしまいにはそれぞれ、**つなぎの文**があり、次のパラグラフへの橋渡しをしている。また、最後のパラグラフは、ルイスとクラークの異なる余生を比較しながら終結している。

　叙述を示唆する転換語には "at that time" "in 1804" "after" などがあり、対照を示唆するものには "unlike"（第3パラグラフ）や "on the other hand"（第5パラグラフ）がある。

　第4パラグラフでは、明確な転換語と呼べるものは使っていないが、最初に "The journey home was even more difficult than the trip to the Pacific Ocean.（帰路は太平洋［西海岸］にたどり着くまでの旅よりもっと困難なものとなった）" というセンテンスを持ってくることにより、直前のパラグラフで描写した "the trip to the Pacific Ocean" との比較が明確になっている。こうした方法で2つの出来事を時間の流れに沿って描写し、第3パラグラフから第4パラグラフへとうまくつなげているのである。

4 エッセイを書く

　さて、それでは「説明を目的としたエッセイ」と「叙述を目的としたエッセイ」の基本構造とエッセイの一般的な「展開方法」を理解したところで、一度、エッセイを書く過程を実際に検証してみよう（「討論を目的としたエッセイ」の例は p. 264 で説明する）。

　ここでは例題に示したトピックの性格上、**「説明を目的としたエッセイ」**を書いてみる。構成は**「空間的配列」**（p. 227 参照）を採用し、展開方法としてはこのタイプのエッセイを書く際の最も基本である**「分類」**（p. 228 参照）を用いてみた。エッセイのトピックはアサインメントに用いられるような形式にしてある（大学でエッセイ・ライティングがアサインメントとして出される場合、教官からはこのような形でエッセイのトピックが提示されることが多い）。ちなみに、ここでいう「分類」には、**列挙 (listing) という展開方法が含まれることもある**。例えばある事象についてその原因を分類しながらエッセイを書く場合、結果的に各分類項目を列挙することになるということだ。

1 トピックを理解する

　まずトピックを与えられたら、そのアサインメントで何を要求されているのかを考える。具体的には、**「何について書くのか」「エッセイを通して何が言いたいのか」「書く意図は何なのか」「読み手はだれなのか」**を考えて、どのような構成でどんな展開方法を使って書くのかを決めるのだ。以下、例題を用いて具体例を考えてみる。

エッセイのトピック	"Explain why gold is considered the most important metal."
エッセイの種類	説明を目的としたエッセイ (Expository Essay)
エッセイの構成	空間的配列 (spatial organization)

エッセイの展開方法	分類（classification）
「何について書くのか」	金はなぜ貴重なのか
「エッセイを通して何が言いたいのか」	いかに金が貴重かということ
「書く意図は何なのか」	金の重要性を説明すること
「読み手はだれなのか」	地質学（geology）の教官

　以上の分析からわかるように、説明を目的としたこのエッセイでは「金はなぜ貴重なのか」という理由をいくつかのグループに分け（理由の分類）、それぞれについて具体例を挙げてエッセイを発展させていくことになる。

2 ブレーン・ストーミング

　さて、トピックが理解できたら次はブレーン・ストーミングだ。この段階ではアウトラインは作成しなくてもいいので、「金」について**思い浮かぶことを次々と書き留めてみる**。ブレーン・ストーミングの結果は、アウトラインを作成するときに役立つ。また、ブレーン・ストーミングにより、自分がトピックに関してどのくらいの知識を持っているかもわかるので、不足していることは文献などで補えるわけだ。以下、「金」に関して思いつくことを書き留めてみた。
beautiful, shining, bright, durable, inactive, soft, valuable, gold bar, gold sheet, stable asset, nugget, South Africa, Australia, gold rush, California, Alaska, America, wire, rings, ornamental items, watch, bracelet, gold coins, American history, fascinating, gold miners, jewelry

3 アウトラインを作成する

　次にアウトラインを作成してみよう。まず、「金はなぜ貴重なのか」ということを**異なった視点から考えてみる**。ブレーン・ストーミングによって列挙された語彙から考えると、どうやら3つの分類ができる。

つまり、「金の性質」「金の用途(装飾品など)」そして「地域に与えた貢献」だ。さらに、それぞれについての詳細をみておくと、「金の性質」に関することは "beautiful, shining, bright, durable, inactive, soft" などに代表され、「金の用途」に関することは "gold bar, gold sheet, wire, rings, ornamental items, watch, bracelet, gold coins, jewelry" と関係がある。また、「地域に与えた貢献」に関しては "South Africa, Australia, gold rush, California, Alaska, America, American history, gold miners" などでサポートできそうだ。次にさらに詳細を絞り込んでアウトラインを作成することになる。

表7-5 アウトラインとサポートの手法

		アウトライン	サポートの手法
Introduction			
Paragraph(P) 1 Hook Thesis statement		Gold is valuable. Reasons that gold is valuable.	
Body			
P2	reason 1	Physical features of gold Many properties (1) beautiful (2) durable (3) inactive	物理的性質 物理的性質 物理的性質
P3	reason 2	Purpose of use Easy to shape (1) sheet (2) wire (2) gold coins (soft)	事実 事実 例題
P4	reason 3	Historical contribution Gold rush (1) California	事実(史実)
Conclusion			
P5	conclusion	summary	

アウトラインができたら、それに沿って書き始める。**書き方にはい**ろいろあり、導入部分の "introduction" から順に書いていく人もい

れば、特に順番は決めずに各パラグラフを徐々に肉付けしていく人もいる。あるいは、結論から書いていく人もいるようだ。個人的にはまず最初の "introduction" を書いてエッセイの方向を定め、"body" はすべてのパラグラフのトピック・センテンスを先に書き、エッセイの形を整えてから、それぞれの詳細を書いて肉付けしていく方法をすすめる。"conclusion" は最後に書いてもいいし、各パラグラフのトピック・センテンスを書いてしまってから、大まかなものを書いておいてもいい。

4 エッセイとその解明

それではここまでの過程を踏襲して書いたエッセイを、便宜上パラグラフごとに分けてみていく。なお、下記のエッセイは数年前に William Rozycki 博士から依頼を受け、Steve Mierzejewski 氏が早稲田大学の TOEFL ウェブのために書いた原稿に修正を加えたものである。

Introduction （　　はフック、___は主題を示す）

Paragraph 1

From the earliest times, gold has been considered a valuable material. There was no civilization that did not value it. But why was this? What is it about gold that makes it more important than other metals? This essay will attempt to give reasons that gold has earned the highest rank among metals.

このエッセイは "From the earliest times, gold has been considered a valuable material.（太古の昔から金は貴重なものと考えられている）" という一般的な概念を**フック**として始まり、それを**絞り込む**過程で疑問形を使い "This essay will attempt to give reasons that gold has earned the highest rank among metals.（このエッセイでは金がなぜ金属の中でも最も貴重なものと評価されているのか、

256

解明を試みる)"という**主題**を導き出している。ここでは、"But why was this?（でもなぜ金が？）What is it about gold that makes it more important than other metals?（何が金をほかの金属より貴重なものにしているのか)"という疑問形は**フックと主題を結び付ける情報**として、橋渡しの役割をすると同時に、フックの機能も果たしていると考えられる。

Body （＿＿はトピック・センテンス、＿＿はサポートにつかわれた事柄・事項、＿＿は転換表現、＿＿はパラグラフの結びを示す）

Paragraph 2

<u>First of all</u>, there are many properties that have made gold precious. Needless to say, gold is <u>beautiful</u>. Its bright, yellow color makes it easy to identify. It is one of the few metals that can be found in its pure form. Other metals are usually found mixed with other elements. Gold is also <u>durable</u>. Although other metals change color with age, gold always keeps its beauty. Moreover, it is extremely <u>inactive</u>. Air, heat, moisture, and most chemicals will not react with gold. The rarest form of gold is called a nugget. A nugget is like a stone made completely of gold. The biggest nugget ever found weighed 70.8 kilograms. It was found in Australia in 1869.

第2パラグラフは"First of all（まず)"という**転換表現**で始まり、続いて"there are many properties that have made gold precious.（さまざまな特性により金は貴重なものになっている)"という**トピック・センテンス**がある。そしてそれを**サポートする事項**として"beautiful" "durable" "inactive"という3つの特徴があり、それぞれは**物理的性質**によってさらにサポートされている。

Paragraph 3

Other properties have also made gold valuable. Ancient cultures found that gold was easy to shape into jewelry and other items. It could even be shaped without being heated. In fact, no other metal is as easily shaped as gold. It can be made into a sheet only 0.000013 centimeters thick and 29 grams of gold can be made into a wire 100 kilometers long. Unfortunately, gold is also very soft. When ancient cultures began to make gold coins, they found it necessary to add other metals to them, usually silver, to make the coins harder.

　第3パラグラフは "Other properties have also made gold valuable.（そのほかの特性も金を貴重なものにしている）" という**転換機能を持つ文**で始まり、"Ancient cultures found that gold was easy to shape into jewelry and other items.（古代文明では金は軟らかいので装身具や装飾品にたやすく加工できるということがわかった）" という**トピック・センテンス**が来る。そして「金が軟らかく、金製品を作りやすいか」を**サポートする事柄**として "sheet" "wire" そして "gold coins" という3つのアイテムを挙げ、**事実や例題によって詳細を説明**している。

Paragraph 4
　It, however, was not only gold's chemical properties that made it important. No other metal has influenced world history more than gold and in no country has it had more influence than in the U.S. In 1848, gold was discovered in California. Over 100,000 people mostly from the eastern U.S., but also from Europe and Asia, went to California with the dream of becoming rich. They were called the forty-niners because they traveled to California in 1849. But the life of a gold miner was more difficult than most of them ever imagined. In 1849 alone, 10,000 of these miners died. Most died from diseases that they caught in the dirty mining camps. Very few of these miners ever became rich but many stayed in California to try to build a new life. This gold

rush produced increased interest in the American west. More and more families wanted to begin a new life there. They did not go west for gold, but it was gold that originally began the greatest westward migration in American history. Therefore, it is that the power of gold goes far beyond its beauty and special properties.

　第4パラグラフは "It, however, was not only gold's chemical properties that made it important.（しかし金を貴重なものにしているのはその化学的な特性だけではなかった）" という**転換機能を持つ文**で始まり、"No other metal has influenced world history more than gold and in no country has it had more influence than in the U.S.（金ほど世界史上に影響を与えた金属はないし、アメリカほど金による影響を受けた国もない）" という**トピック・センテンス**が来る。そしてアメリカ史における "gold rush" の役割という歴史的背景を描写して、**史実を用い**「ほかの何物でもなく、金がアメリカの歴史にいかに影響を与えているか」という**トピック・センテンスを裏付け**ている。さらに、ここでは最後に "it is that the power of gold goes far beyond its beauty and special properties（金の持つ力はその美しさと特性をはるかに超えたところにある）" と言ってパラグラフの結びも書いている。

Conclusion　　（____ は要約に使われた body のポイント、____ は転換表現、____ はエッセイの結論を示す）

Paragraph 5

　To conclude, the power of gold will be as long lasting as its special properties. No culture will deny its power and importance and it is likely to exert its influence on the world for many centuries to come. Gold will always be the most important among metals.

　結論のパラグラフはまず、"To conclude（終わりに）" という転換表

現から始まり、エッセイのまとめをすることを読み手に合図している。その後、今まで論じてきた "special properties（特性）" や "the power of gold（金の持つ力）" を使って短いまとめをし、それに基づいて**主題の言い換え**をすることにより "Gold will always be the most important among all metals.（金は常に金属の王様でいるのだろう）" という結論に達している。

5 推敲、修正をする

こうしてひととおりエッセイが書けたら、次は推敲だ。推敲によって、エッセイのポイントがはっきりしているか、アサインメントの要求を満たしているかといった確認や、内容の修正が可能になる。

こうした作業は、第三者に依頼してフィードバックをもらうのが理想的だが、実際には知り合いや友人たちも忙しくなかなか難しいので、**自分で行うつもりで**予定したほうがよい。また自分で読み直すのに比べ、人にお願いすると少なくとも2倍の時間がかかるし、自分のペースでは進められなくなるということも覚えておこう。作業が進まないからといって何回も催促するわけにはいかないのである。

以下、推敲や修正のチェック項目を挙げておく。

> **推敲のチェック項目**
> - スペリングミスはないか
> - 主題は明瞭か
> - それぞれの "body" にトピック・センテンスがあるか
> - トピック・センテンスの書き方は明瞭か
> - トピック・センテンスは主題をサポートしているか
> - それぞれの "body" で、トピック・センテンスがきちんとサポートされているか
> - 転換語を適切に使っているか
> - "conclusion" では、要旨のまとめと主題の言い換えをしているか

5 討論を目的としたエッセイ (Argumentative Essay)

　「討論を目的としたエッセイ」は「説明を目的としたエッセイ」とどこが違うのだろうか。このタイプのエッセイも、「説明を目的とするエッセイ」と同様に表7-3で紹介した展開方法を用いることになるし、英文の基本構造においてもフック→主題、トピック・センテンス＋サポートという図7-3のような形になる。しかし、討論を目的とするため、明瞭な説明や描写に加えて読み手を説得しようとする試み、つまり読み手に**自分の主張を納得させる試みが必要**となってくるのである。以下、説明を目的としたエッセイとの違いも踏まえて、討論を目的としたエッセイの特徴をみておく。

1 討論を目的としたエッセイ（Argumentative Essay）の構成パターン

表7-6　討論を目的としたエッセイの構成パターン（修辞構造）

Paragraph(P1)	Introduction	Hook → Connecting information → Thesis statement
P2	Body	Weakest argument（最も弱い論理的根拠）
P3	Body	Stronger argument（強めの論理的根拠）
P4	Body	Strongest argument（最も強い論理的根拠）
P5	Boby	Counterargument[s]（反論）& Refutation（論駁）
P6	Conclusion	

＊この表はあくまでも一例である。

　導入部分の"introduction"は説明を目的としたエッセイ（図7-3参照）同様、フックから主題(thesis statement)へ発展させていく。
　第2パラグラフから第5パラグラフまでの"body"も、トピック・センテンスを書き、それを事実、例題、経験、もしくは物理的性質によってサポートしていく点では説明を目的としたエッセイと同じだ。

ただし討論を目的とするエッセイの場合、これらのサポートは明瞭なだけでは用をなさず、**説得力のある論理的根拠と呼べるものでなければならない**。この点が説明を目的としたエッセイとは異なる。ここではまず、「最初に弱い論理的根拠を書き、それから強い論理的根拠を書く」ようにするといい。つまり第2パラグラフでは最も弱い論理的根拠を書き徐々に強くしていって、第4パラグラフでもっとも強い確固たる論拠を書く。なお、ここで言う「弱い」「強い」の規準はあくまでも書き手の見解に基づくものである。

　さらに読み手の**反論（counterarguments）を想定したパラグラフ**も書いておかなくてはならない。表7-6では第5パラグラフがそれに当たるが、ここではまず想定できる読み手の反論を書き、それから**その反論に対して論駁（refutation）する**わけだ。つまり、書き手はひとり二役を演じることになる。そして、最後に結論へと移行していく。

　さて、それではどのようにして論理的根拠の強弱をつけるのだろうか。もちろん、内容的な重要度もあるのだが、トピックによってはそれらに加えて、**助動詞やそれに代わる表現の強弱によってもトーンを変える**ことができる。つまり、強い主張では "must" や "had better" などを用い、反論を紹介するときは "One may wonder ..." や "It might be objected that ..." のような反論を弱めるような表現を使用することもできる。ただし、これらの表現の使い方はあくまでも基本的なものなので、常に使われるとは限らない。

2 論理的根拠

　ここでは、トピック・センテンスをサポートする論理的根拠を展開するときの注意点をみておく。

> **ポイント**
> A 論理的根拠のない一般化は避ける
> B 客観的な論理的根拠を使う
> C 最新の情報を適切に使う
> D 推論で物を言わない

A 論理的根拠のない一般化は避ける

しっかりとした論理的根拠がないままに、ある概念を一般化することはできない。つまり、自分の知り合いのアメリカ人がはっきり物を言うからといって、短絡的に「アメリカ人は、だれでもはっきりと物を言う」という固定概念を結論として導き出すのは誤りであるということだ。このような概念を一般化するのは難しいが、やはりリサーチなどを通してきちんとした証拠を入手して、**科学的に証明する**必要があるだろう。

こうした論理的根拠のない一般化を避けるためには、"everybody" とか "everything" といった「だれでも」「なんでも」を意味する表現や、"always" "never" そして "all" というような**100%の状況を表す表現の使用を避ける**ようにするとよい。

B 客観的な論理的根拠を使う

主観的なサポートは真実味がないので避けよう。つまり、**論理的根拠は客観的**でなくてはならない。例えば、「最近の若者はかなりスリムになってきている」と言いたいときに、統計的な資料を使って過去と現在の若者の体格を比較しているのなら論理的根拠になるが、「町に出るたびに多くの若者とすれ違うが、太っている若者などお目に掛かったことがない」という主張だけではサポートとしては不十分である。

C 最新の情報を適切に使う

情報というものは常に更新されているので、自己の主張をサポートするときはできる限り**最新の情報を使う**必要がある。特に公の機関が発表している統計などは毎年更新されるものが多いので注意してほしい。

なお、統計や数値を使って論理的根拠を打ち立てるときは、それらの数値が読み手を十分納得させる根拠となるよう、**適切な使い方**をしなければならない。つまり、「やせたいと思ったら摂取カロリーを少なくすることだ。例えば、ポテトチップスは 100 グラム当たり 160 カロリーだが、ポップコーンは 50 カロリーなので、ポップコーンを

食べたほうがやせる」と結んでしまったのでは、せっかくカロリーという客観的数値を引き合いに出しても、やせるための論理的根拠にはなっていない。なぜなら、実際には食べる量によるし、ほかの要因も十分考えられるからだ。

D 推論で物を言わない

「A は数学のテストで 100 点を取ったから、英語でも 100 点を取れるだろう」というような**推論によるサポートは避けよう**。このように、何の根拠もないものはサポートの文章としては使えない。

3 討論を目的としたエッセイ（Argumentative Essay）の例

それでは、実際に書かれた論説文をみていこう。

A Mickey Unsuited to His Job

ここでは "Mickey Unsuited to His Job" というタイトルのエッセイを通して、討論を目的としたエッセイの**基本構造を確認**しておく。したがって論理的根拠を示すサポートの内容までは吟味しない。ミッキーマウスに関するこのエッセイの主張は、一般的なミッキー人気からするとちょっと異質な感じがするかもしれないが、こうした論理もあり得るのだという例として読んでみてほしい。このエッセイが解答となるような課題を教官が出すとすれば下記のようになるだろう。

■ 課 題 例 ■

"Discuss whether Mickey Mouse is suitable or unsuitable to be the corporate mascot of the Walt Disney Company. Give detailed reasons for your position."

(＿＿は主題、＿＿は転換語、＿＿はトピック・センテンスや結論［結び］、＿＿は反論や論駁を示す)

1 The Disney Company's choice of Mickey Mouse as corporate mascot has an unfortunate negative impact on the company. Although Disney tries to make the situation seem all right, we can see that, because of his size, physical appearance and personality, Mickey Mouse is unsuited to his role.

2 First of all, Mickey's size — mouse size — is a major problem in designing a world to go around him. Because a mouse is naturally of insignificant size, it is difficult for the Disney Company to make Mickey Mouse seem important in the full-size world.

3 In addition to his small size, Mickey's physical appearance is that of a mouse. In this connection, it should be noted that most people do not like mice, and some people even hate them. Moreover, if we remember that even elephants are said to abhor mice, we can understand that some people, too, can never have kind feelings toward a mouselike creature.

4 The final point against Mickey is that his personality has several flaws. For example, he has kept Minnie Mouse as a girlfriend for so many years that conservative audiences have begun to wonder if his intentions are honorable. We all like to laugh at his forgetfulness and tendency to make mistakes, but these, too, are evidence of a basic personality problem. Most important, his inability to find permanent work is an indication of poor character.

5 It may be objected that Mickey would be hard to replace because he is a traditional symbol at Disney. Disney professionals are experienced image-makers, however. They produce as many as two new "classic" animated movies every year. Because of their skill in creating new and lovable characters, they could very quickly replace Mickey with a more appealing character.

6 From the above considerations, it is clear that Mickey

Mouse is unsuited to his role as corporate mascot. From the points of view of size, physical appearance, and character, his image is a negative factor for the Disney Company. Therefore I hope and expect that Disney will soon replace him with a more appealing mascot.

(Marshall Childs, a revised essay written for his course at Temple University Japan)

この英文の分析　**Mickey Unsuited to His Job**

Introduction	Paragraph (P) 1	
Thesis statement		Mickey Mouse is unsuited to his role
Boby	P2	
転換語		First of all
Topic sentence		Mickey's size — mouse size — is a major problem in designing a world to go around him
Boby	P3	
転換表現		In addition to his small size
Topic sentence		Mickey's physical appearance is that of a mouse
Boby	P4	
転換表現		The final point against Mickey is that . . .
Topic sentence		. . . his personality has several flaws
Body	P5	(counterargument & refutation)
転換表現		It may be objected that . . .
Counterargument		Mickey would be hard to replace because he is a traditional symbol at Disney
Refutation		Disney professionals are experienced image-makers, however. They . . .
Boby	P6	
転換表現		From the above considerations, . . .
結　論		. . . it is clear that Mickey Mouse is unsuited to his role as corporate mascot

　このエッセイは"size" "appearance"そして"personality"という

3つの観点から「ミッキーマウスはディズニーのマスコットとして不適格である」と言っている。

　まず導入のパラグラフで**主題** "Mickey Mouse is unsuited to his role(ミッキーマウスはディズニーのマスコットとして不適格である)" を明確にし、第2〜第4パラグラフで主題を**サポートする理由**を挙げ、なおかつそれらを各パラグラフの**トピック・センテンス**にし、各パラグラフでは**詳細情報**でそれらの**トピック・センテンスをサポート**している。

　第5パラグラフでは " . . . Mickey would be hard to replace because he is a traditional symbol at Disney (ミッキーマウスは伝統的なマスコットなので、ほかのものが取って代わることはできない)" という反論に対して "Disney professionals are experienced image-makers, however. They . . . " つまり「でもディズニーの新作開発のスタッフは経験を積んだプロなのですぐにでも新しいキャラクターをつくり出せる」といった内容の論駁をし、自己の立場をさらに固めている。そして、第6パラグラフでは主題の言い換えにより結論を明確にしている。

　なお、このエッセイで大切な**転換表現**は第5パラグラフ(反論と論駁のパラグラフ)の "It may be objected that . . . (…と反論されるかもしれないが)" という表現である。この言い回しは想定される反論を書くときに使われる。

B Global Warming

　次に、論説文の多様性を理解してもらうため、もう少し複雑な論説文もみておく。"Global Warming" の原因について書いた次のエッセイでは、パラグラフごとに結びを書いているが、書き手の意見を裏付けるための議論を展開している第2パラグラフと第3パラグラフでは反論にも簡単に言及している。このエッセイを解答として要求するような課題を考えるとすれば、次のようになるだろう。

■ 課題例 ■
"Do you agree or disagree with the idea that global warming is only caused by the actions of human beings? Give detailed reasons for your position."

1 Global warming is a myth. Although the earth may be getting warmer, there is no reason to suppose that this is solely caused by the actions of man. In fact, one can attest that man's influence in all of this is quite minimal and that the idea of global warming may be nothing more than an exaggeration.

2 First of all, there is nothing new about climatic change in the history of the earth. Long before man ever walked the earth the climate had changed many times. For example, the North and South Poles have frequently been free of ice. Therefore, one has to question how this global warming could have existed since there were no men to build factories and increase the amount of carbon dioxide; actions which are supposed to be leading to the current global warming. In short, something completely natural must have caused this warming. But perhaps some may say this warming was something found only in the earth's distant past. The truth, however, is much different.

3 Climatologists now agree that the climate has changed drastically in recorded history. For example, during a period called "The Little Ice Age" glaciers moved down the mountains in Europe and destroyed villages and Eskimos kayaked into Scotland. Although many climatic changes in recent times may not have been so dramatic, they, nonetheless, occurred with or without the influence of men. But, those who support the idea of global warming maintain the idea that mankind with its factories continues to add carbon dioxide to the air and this will naturally increase what is called the "greenhouse effect" and continue to cause a rise in the Earth's temperatures. And what will be the ultimate effects? The ice caps will melt, sea levels will rise and destroy coastal cities, deserts will grow and the heat in many areas will become unbearable. This, their say, is a simple logical progression. However, it now appears that nature will follow its own logic.

4 Scientists have, indeed, found that the ice caps are melting but the effects of this seem far different from what those who support the idea of global warming have predicted. It now seems that melting ice is creating cold currents of water in the oceans. For example, in the Atlantic Ocean the Gulf Stream, the current which keeps Europe relatively warm, is being pushed away by these strong cold currents. Because of this, scientists now predict that Europe will begin to enter an ice age in the next thirty years. Thus, it seems as if global warming may be leading to global cooling on a much larger scale. Nature seems to be more complex than what those who support the idea of global warming have thought.

5 In conclusion, global warming seems to be, at the very least, an exaggeration based on a rather simple view of climate and man's effect on it. In addition, it may be that these supporters have political goals that go beyond pure science. For instance, they may find global warming as a way to condemn technologically advanced countries because of the number of factories they have. Furthermore, they may use global warming scare tactics to condemn technology itself. However, in the end it appears that nature will follow its own laws and leave the global warming supporters looking very foolish. (Steve Mierzejewski)

この英文の分析 Global Warming

Introduction　　　　Paragraph (P) 1	
Thesis statement	. . . one can attest that man's influence in all of this is quite minimal and that the idea of global warming may be nothing more than an exaggeration
Boby　　　　　　　　　　　　P2	(argument)
転換語	First of all
Topic sentences	. . . there is nothing new about climatic change in the history of the earth. Long before man ever walked the earth the climate had changed many times
結び	In short, something completely natural must have caused this warming.
Counterargument	But perhaps some may say this warming was something found only in the earth's distant past.
Refutation	The truth, however, is much different.
Boby　　　　　　　　　　　　P3	(argument)
転換表現	. . . now . . .
Topic sentence	Climatologists now agree that the climate has changed drastically in recorded history.
結び	. . . they, nonetheless, occurred with or without the influence of men
Counterargument	But, those who support the idea of global warming maintain the idea that mankind with its factories continues to add carbon dioxide to the air and this will naturally increase what is called the "greenhouse effect" and continue to cause a rise in the Earth's temperatures.
Refutation	However, it now appears that nature will follow its own logic.
Body　　　　　　　　　　　　P4	(counterargument & refutation)
転換表現	. . . indeed . . .

Counterargument	Scientists have, indeed, found that the ice caps are melting . . .
Refutation	. . . but the effects of this seem far different from what those who support the idea of global warming have predicted. It now seems that melting ice is creating cold currents of water in the oceans.
結び	Thus, it seems as if global warming may be leading to global cooling on a much larger scale. Nature seems to be more complex than what those who support the idea of global warming have thought.
Conclusion　　　　　　　P5	
転換表現	In conclusion
結論	. . . global warming seems to be, at the very least, an exaggeration based on a rather simple view of climate and man's effect on it

　このエッセイは前述のミッキーマウスのものより多少複雑になるが、基本的な構成パターン（修辞構造）は同じで、"body" は書き手の意見を裏付ける**議論**（論理的根拠：arguments）と**反論・論駁**（counterargument & refutation）のパラグラフから構成されている。

　まず導入のパラグラフでは、**主題** " . . . one can attest that man's influence in all of this is quite minimal and that the idea of global warming may be nothing more than an exaggeration（地球の温暖化において、人間の行為による影響は取るに足らないものであると証明でき、われわれ人間の行為が地球温暖化を助長しているという考えは誇張にすぎないのかもしれない）" を明確にしている。

　次に、第2パラグラフと第3パラグラフで主題を**サポートする理由**を挙げ、かつ、それらを各パラグラフの**トピック・センテンス**にしている。さらに各パラグラフでは**事実**でそれらの**トピック・センテンスをサポート**しているのだ。また、このエッセイでは前述したように、

パラグラフごとに結びも書いている。なお、この第2、第3パラグラフでは、予想される反論にも簡単に言及し、さらにそれに論駁を加えることで、それぞれのパラグラフにおいても自己の主張を明確にしている。

第4パラグラフでは反論 "Scientists have, indeed, found that the ice caps are melting . . .（確かに科学者たちは氷塊は溶けているということを発見している）" に対して " . . . but the effects of this seem far different from what those who support the idea of global warming have predicted. It now seems that melting ice is creating cold currents of water in the oceans.(しかしその結果は地球温暖化の主張者たちが予測していることとはまったく異なり、溶けた氷は海洋に寒流をつくり出しているらしい)" と論駁しながらその論拠も示し、自己の立場をさらに固めている。

第5パラグラフでは主題の言い換えにより結論を明確にしている。この最後の結論のパラグラフは従来のものと多少異なり "In addition, it may be that these supporters have political goals that go beyond pure science.（さらに地球温暖化の主張者たちには純粋な科学という分野を越えた政治的な目的があるのかもしれない)" 以下、さらなる主張を書き添えている。

6 エッセイ・アサインメントとその種類

ここではテンプル大学ジャパンでの例を挙げ、実際のエッセイ・アサインメントをいくつか紹介しておく。なお、各アサインメントの最後にあるのは、問題を提供してくれた教官名とコース名、※は著者加筆である。

(1) Write a 3-4 page paper **comparing** and **contrasting** four

issues important to both Judaism and Christianity.

(Lee Roser, *Intellectual Heritage*)

※ "Judaism" と "Christianity" の要点を押さえて比較、対照せよという課題。

(2) Which of the linkage mechanisms discussed in class make the most positive contribution to popular influence on public policy decisions? **Defend** your answer?

(Richard Joslyn, *The American Political System*)

※世論がいちばん反映できる "linkage mechanism" はどれか、自己の意見を裏付けて議ぜよという課題。

(3) Choose one topic, and write an essay on the topic you have selected (about 1000-1500 words: 41/2-5 double-spaced page).

Describe, explain, and **compare** at least four different Eastern and Western worldviews. Be sure to consider the main aspects of each worldview and how those aspects relate. Be sure to explain and compare the foundation/origin of reality of those different worldviews.

(Lee Roser, *Comparative Philosophy of Religion*)

※ "Eastern and Western worldviews" を比較して説明せよという課題。

(4) Describe yourself as a student, including some of your strong points and some things that you could improve on.
(Jeff Hulihan, *Learning for the New century: Freshman Seminar*)

※学生としての自分を長所なども交えて紹介してみよという課題。

では、(1)～(4)のエッセイ・アサインメントについて、すでに紹介したエッセイの種類や要求される**基本的な構成と展開方法**を簡単に考えてみよう。また、それらを判断するうえで役立つ**キーワード**(1～4の太字の部分)についてもみておく。ライティング・アサインメントのトピックを読むときは、こうしたキーワードに注意を払う必要がある。なお表7-7では表現を簡略化するため「説明を目的としたエッセイ」は「説明文」、「討論を目的としたエッセイ」は「論説文」とした。

表7-7 エッセイの種類、構造、展開方法とキーワード

(下記カッコ付きの番号は上記の各エッセイ・アサインメントに対応)

種類	構造	展開方法	キーワード
(1)説明文	空間的配列	拡大定義と類似&対照(比較)	comparing
			contrasting
(2)論説文	重要度による配列	拡大定義と分類、因果関係 or 対照	defend
(3)説明文	空間的配列	拡大定義と類似&対照(比較)	compare*
(4)説明文	空間的配列	分類	describe

*"compare"という単語は、「比較する」という意味で使われることもあれば"compare & contrast"のように「類似と対照」という意味で使われることもある。

表7-7の参照にあるように、(1)ではまず、"Judaism"と"Christianity"の**定義**が必要であろう。同様に(2)でもまず自分が選んだ"linkage mechanism"の定義が必要で、(3)では少なくとも4つの"Eastern and Western worldviews"の定義が必要となる。

そのうえで、(1)ではそれらの2つの**概念を比較**しながら、また(3)では少なくとも4つの概念を比較しながらエッセイを発展させていく。

また、(2)では書く内容により**異なる展開方法**が考えられる。つまり、ただ理由を列挙していくのか、因果関係で書いていくのか、ほかの"linkage mechanism(s)"と比較しながら長所をみていくのかということだ。(4)のエッセイは典型的な説明文で、**分類**により自分の長所と改善できる点を書き、それぞれを経験などでサポートしていく。

7 エッセイ以外に注意すべきペーパー：「要約(Summary)」とその書き方

大学でのアサインメントで頻繁に課されるのが「**要約（summary）**」だ。一般に「要約」とは、アーティクル(article)と呼ばれる短い論文(一般の新聞や雑誌であれば「記事」)や教科書の指定された個所などを読んで**まとめた文章**のことである。実際のアサインメントでは、まとめた内容を基にさらにその内容を分析した結果や自分の**意見**などを付け加えたものを要求されることも多い。なお、リサーチ・ペーパーや学術誌のアーティクルの要旨のことは "summary" とは言わず、"abstract" という専門用語が使われるので、覚えておこう。また、リサーチ・ペーパーを書くときはまず、そのリサーチに関係のあるいくつもの**先行研究(参考文献)** の要約を書くことになる。以下、要約する際の注意点をみておく。

> **ポイント**
> A タイトルと著者名を書く
> B 自分の言葉(文章)で書く
> C 引用文は必ず引用符(quotation mark: " ")でくくる
> D 客観的に書く
> E 主題をきちんと押さえてバランスよく書く
> F 正確かつ明瞭に書く

A タイトルと著者名を書く

「要約」を書くときは、**タイトルと著者名**から書き始めよう。その際にアーティクルのタイトルは引用符(" ")でくくり、著書の場合は書名を斜体にする。

例：アーティクルの場合

In the article "What is the relevance of sociopragmatic failure to language teaching?," Kawate-Mierzejewska (2003) says that . . .

著書の場合

In chapter one of a book, *Theories of Learning*, Hilgard and Bower (1975) discuss . . .

B 自分の言葉（文章）で書く

　アーティクルや教科書などからの記述をそのまま使うのではなく、自分なりに整理してまとめ、**自分の言葉**で書こう。主題やトピック・センテンスをきちんと理解してアウトラインを頭に入れ、それから肉付けをしていくわけだ。ただし、**専門用語や中心となる概念（名詞句）は**アーティクルや教科書の表現をそのまま使うことになるので、その場合は**最初だけ斜体**で書き、それが専門用語や専門表現であるということを明らかにしておく。

C 引用文は必ず引用符（quotation mark: " "）でくくる

　アーティクルや教科書などからの記述をそのまま引用するときは、必ず引用した部分を**引用符**でくくる。これは、他人が書いたものであるという事実を明らかにするためだ。詳細はⅧ章の「2　リサーチ・プロジェクトの手順」(p. 283)を参照してほしい。

D 客観的に書く

　「要約」には書き手の主観や意見などは含めない。したがって、どこがいいとか悪いとか、面白いとかつまらないとかいうようなコメントは避ける。「要約」とは書いてあることを**客観的**にまとめるだけの作業である。

E 主題をきちんと押さえてバランスよく書く

「要約」を書くときは、まず**主題**をしっかりつかむこと。大学のアサインメントではたいてい、主題がいくつもあるようなアーティクルや教科書の指定範囲などを「要約」することになる。そのようなときは、必ず**すべての主題を網羅**し、各主題に関して**バランスよく書く**ようにしよう。

F 正確かつ明瞭に書く

正確な「要約」を作成するためには、まず書き始める前に与えられたアーティクルや教科書の**指定範囲を誤解のないように読む**ことが大切だ。主題やトピック・センテンスを探しながら読むと正確な理解が得やすいだろう。また、その内容に関して知識をまったく持っていない人でもわかるように**明瞭に書く**必要がある。例えば、**専門用語が出てきたら必ず定義**をしてから先に進むようにしよう。

以上、「要約」を書くときの注意点をみてきた。実際の「要約」のアサインメントには次のようなものがある。アサインメントのトピックの中に必ず "summarize" とか "summary" という言葉が使われているので、それを見たらこのアサインメントは「要約」を要求しているのだと考えよう。次の例はテンプル大学ジャパン(TUJ)のコースで、(1)は『新約聖書』の「ローマ人への手紙」の最初の8章を「要約」せよというもので、(2)は職業に関するリサーチをして「要約」を書けという内容だ。なお、各アサインメントの最後にあるのは問題を提供してくれた教官名とコース名である。

(1) Review and **summarize** the main points of Paul's Christianity as he explains it in the first eight chapters of Romans (a letter that Paul wrote to the early Christian Church of Rome, located in the *New Testament*).

(Lee Roser, *Introduction to Western Religions*)

（2）　Career Research **Summary** Project
For this paper, you need to gather some research information about a possible career from the TUJ library, other books that you buy or borrow, magazines, newspapers, TV shows, the internet, interviews or other sources of information. The minimum number of sources you should use are three (at least two in English).

(Jeff Hulihan, *Learning for the New Century: Freshman Seminar*)

8　ペーパーの形式・書式（MLA・APA）

　ライティングのアサインメントをこなすときは、**ペーパーを書く際の決まり事**（コンマやハイフンの適切な使い方から参考文献の付け方に至るまで、事細かく決まっている）に従わなければならない。北米の大学ではこうした決まり事に関して MLA（Modern Language Association）もしくは APA（American Psychological Association）のマニュアルを採用しているところが多い。これらの形式・書式に関しては「Ⅷ章　プロジェクトとプレゼンテーション」で詳しく述べる。

　さて、こうした決まり事も大切だが、何より北米ではペーパーを書く際に使う**紙の標準サイズ**（standard-size）が違うので注意してほしい。具体的には 8.5 インチ×11 インチ（22 × 28 cm）で、日本で使われる A4 サイズとは多少異なっている。

　実際に書くときは手書きではなく、**きちんとタイプし**、その際ダブル・スペース（**1 行空け**）で打つことも強調しておきたい。また、英文でペーパーをタイプするときは、上下左右のマージンを 1 インチ（2.54 cm）以上開け、"Times New Roman" の書体（typeface）で、文字サイズは **12 フォント**にして打つのが普通だ。さらに、新しいパラ

グラフを書くときは5文字下げて書き始めるということも覚えておこう。日本語では1文字下げるだけだが英語は5文字下げるので、区別しておこう。ちなみに、ペーパーを書くときは**アウトラインだけを手書き**で書き、その後はコンピューターを使って書いていくことをすすめる。そのほうが時間の節約になるし、修正しやすく、文書の保存も簡単だ。

　アサインメントは大学の共有のパソコンで作成してもいいが、自分のパソコンを持っていれば、いつでも自分のスケジュールで書けるので、作業がはかどる。

　最後になるが、アサインメントを提出するときは、きちんと表紙をつけて、そこに「ペーパーの課題もしくはタイトル」「自分の名前」「コース名」「教官名」そして「提出した年月日」を書いて、提出するのがいいだろう。また、教官名には必ず"Dr."とか"Professor"といった肩書をつけよう。日本人の書いたペーパーを見ると、こうした肩書がついていなかったり、ついていたとしても"Mr."とか"Ms."だったり

図7-4　**表紙の付け方**

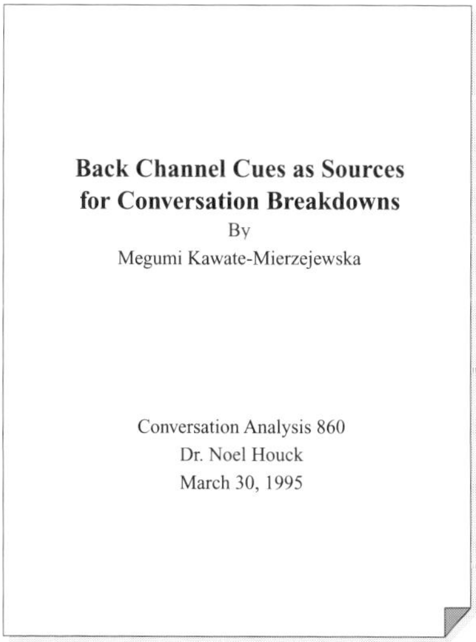

Back Channel Cues as Sources
for Conversation Breakdowns
By
Megumi Kawate-Mierzejewska

Conversation Analysis 860
Dr. Noel Houck
March 30, 1995

する。教官が博士号を持っているかどうかわからないときは、常に"Professor"と書くようにしよう。

　表紙をつけるときは図7－4のように書き、先に紹介した標準サイズの紙に情報をバランスよく配列する。ちなみにここではセンターぞろえになっているが、これは一例でありほかの書き方でもよい。

参考文献

Kawate-Mierzejewska, M (2003). What is the relevance of sociopragmatics failure to language teaching? *The Language Teacher, 27* (5), 15-17.
Keith S. F., Muchmore-Vokoun, A., & Vestri S.E. (1999). *Great essays*. New York: Houghton Mifflin Company.
Reid, M. J. (1982). *The Process of Composition*. Englewood Cliffs, NJ: Prentice-Hall, Inc.
Hilgard, E.R. & Bower, G.H. (1975). *Theories of learning*. Englewood Cliffs, NJ: Prentice-Hall, Inc.

VIII章

プロジェクトとプレゼンテーション

1 プロジェクトとは

 大学でコース・アサインメントとして課される**ペーパー**には、大きく分けると**リサーチ・ペーパー**（research paper）と**クリィティカル・ペーパー**（critical paper）**の2種類**がある。

 前者は学生が自分で調査をしてその結果を分析、解釈し、既存の理論と比較したりすることによりまとめ上げるもの。後者は文学作品、リサーチ・アーティクル（research article）、社会問題を取り上げたアーティクル（article）などを読んで要約し、自分の解釈を加えつつ評価することにより、自分なりの意見を構築するもので、クリィティーク（critique）という呼び方をすることもある。なおここでいうアーティクルとは、短い論文や記事のような文献を指している。

 さて、**プロジェクト**と一般に呼ばれるものは上記のリサーチ・ペーパーを書くうえで必要なリサーチ作業のことであり、「**プラクティカル・リサーチ**（practical research）」と「**オリジナル・リサーチ**（original research）」に分かれる。

 「プラクティカル・リサーチ」は「**図書館リサーチ**（library research）」とか「**セコンダリー・リサーチ**（secondary research）」とも呼ばれ、リサーチのトピックに関するさまざまな文献を読んで分析し、自分なりに解釈してまとめる作業である。ここでいうさまざまな文献には、インターネットを利用した検索で得られる文献、書籍や専門誌（academic article）からの文献など、あらゆるものが含まれる。

 これに対し「オリジナル・リサーチ」は「**プライマリー・リサーチ**（primary research）」とも呼ばれ、「プラクティカル・リサーチ」を基にして理論を展開し、実際の調査によってその理論の検証を試みるもので、調査方法によりさまざまな種類がある。なお、「**オリジナル・リサーチ」を最終目的とした場合**には、「プラクティカル・リサーチ」のことを「**リテラチュア・レビュー**（literature review）」と呼ぶ。

 ここでは文献による調査（リテラチュア・レビュー）を終えた後の「オ

リジナル・リサーチ」のひとつに焦点を当て、リサーチ・プロジェクトのあれこれを解明してみる。

2 リサーチ・プロジェクトの手順

> **ポイント**
> A トピックを考える
> B 既存の文献を読む
> C リサーチのアウトラインを考える
> D リサーチをしてデータを集める
> E データを分析して結果をまとめる
> F リサーチ・ペーパーを書く

A トピックを考える

　アサインメントとして「オリジナル・リサーチ」が課される場合、大きなテーマをいくつか与えられてその中から各自のトピックを決めていくこともあるが、たいていは**学生が自分でトピックを決める**ことになる。つまり、自分はどんなことについてリサーチ(研究)をしたいのかというトピックを決めるわけだが、その際、**大きなテーマから小さなテーマへと的を絞っていく**とよい。

　例えば、「応用言語学(applied linguistics)」→「外国語や第二言語使用における誤用(error)」→「会話における誤用」→「エラー・コレクション(誤用の指摘：error correction)に対する非母語話者(nonnative speakers：例えば日本語を母語とする日本人は英語に関して非母語話者となる)の態度(attitude)や要望(preference)」というように的を絞ってトピックを決めていくのである。

　ここで大切なのは、各自、日ごろから**関心を持っているトピックへ**

と的を絞っていくことだ。そうすることによってリサーチにも意欲的に取り組むことができる。

B 既存の文献を読む

トピックが決まったら、**関連する文献を探してこれまでの研究(previous research study)について調べる**。例えば前述の「エラー・コレクションに対する非母語話者の態度や要望」というトピックであれば、エラー・コレクションに関する文献一般をはじめ、会話におけるエラー・コレクションに対する日本人英語話者あるいは外国語学習者一般の態度や要望を調査した文献を読み、この分野ではこれまでにどんな研究が行われているのかを調べる。

a. 》参考文献の見つけ方

参考文献は、図書館にあるオンライン・ブック・カタログやインターネットを使って探すのが一般的だ。読みたい文献の書名がわかっていれば、当然その書名で検索すればよいが、具体的な文献に心当たりがないときには、特定分野(subject)のキーワードからも検索できる。また学術誌の検索はインターネット上にある参考文献を集めたデータベースなどを利用するとよい。

図書館に関しては、**通常どこの大学でも、図書館オリエンテーションというものを実施している**ので、きちんと参加して図書館の効果的な利用方法を身につけよう。なお、自分の通っている大学以外の図書館も利用できるが、それには事前の受け入れ許可証が必要となることもあるので注意してほしい。市内にある公立図書館で本を借りたり学術誌のアーティクルを取り寄せたりする際には、身分証明書などが必要となるので忘れないように。

では以下、図書館にあるオンライン・ブック・カタログとインターネットの利用方法を簡単にみておく。

● オンライン・ブック・カタログの利用法

最近ではほとんどの図書館にコンピューターによる管理システムが

導入されており、以前のようにカード・カタログを使用している例はあまり見掛けない。そこで本書ではオンライン化されたブック・カタログの利用について説明することにする。

　オンライン化が整った図書館には、蔵書検索用の機器が設置されているので、**まず探している書名などを入力して該当する蔵書のコール・ナンバー（call number）を見つけよう**。コール・ナンバーとは書物の置いてある棚を示す記号のことで、一般にはその書物のある本棚の並び(列)をアルファベットで示し、その後に特定の本棚を示す数字が続いている。したがって、**コール・ナンバーに忠実に従っていけば目的の書物が見つかる**わけだ。検索している書物が貸し出し中の場合には、検索段階で表示される。

　では、オンライン・ブック・カタログについてもう少し具体的にみていこう。ただし、ここで紹介するのはあくまでも一例なので、異なった形式のものもあることを覚えておいてほしい。

　最初の画面は、何を手掛かりにして検索するのかを選択する画面だ。つまり著者名(search by author)、書名のキーワード(search by title keyword)、書名 (search by title alphabetically)、分野（search by subject)、分野のキーワード(search by subject keyword)などのうちからひとつを選び、その番号を入力する。したがって、書名の一部しか覚えていない場合でも検索することができる。また、ある著者の書いたものをすべて表示させるなど、ほかにもさまざまな検索が可能だ。

　検索方法を選択すると次に、検索の例が出てくるので必要であればそれを読んでから、必要事項をタイプする。後は指示に従って進めば、目的の蔵書のコール・ナンバーを容易に探し当てることができる。また、手続きを最初からやり直したいときは"start over"（SO などと表示されることもある）、ひとつ前の画面に戻りたいときは"back"（B などと表示されることもある）、そして説明を読みたいときは"help"を選択し、その後でエンター（enter）を選択するというのが一般的なスタイルだ。

　また、大きな図書館には学術誌やジャーナル専門の検索機がある。この場合も著者名や書物のタイトルまたはキーワードなどで検索する

ことになる。

● **インターネットによる検索方法**

　インターネットを使えばさまざまなデータベースにアクセスできる。まず**自分の通っている大学の図書館にアクセスして、どのようなデータベースへのアクセスが可能か調べてみる**とよい。多くの場合は実際のアーティクルがすべてそこに保存されているので（full text database）ダウンロードして印刷すればいいが、図書館によってはアクセス可能なデータベースが限定されている場合もある。また、データベースは分野別になっていることもあり、その場合はそれぞれ名称や検索機が異なる。

　アクセス可能な分野（データベース）がわかったら、図書館に出向いて分野ごとの検索機で文献を探すことになる。ただし大学によっては図書館の蔵書や学術誌の保有状況をインターネットで検索できるところもあるので、**図書館に出向く前に下調べをしておくのもいいだろう**。さらに、自分の探している文献を図書館に行くまで取り置きしておいてもらうよう、インターネットを使って依頼することもできる。

　次に、インターネットで一般のサーチ・エンジンを使って参考資料を探す場合だが、基本的にはオンライン・ブック・カタログと同様に著者名、書名のキーワードや書名などを入力して探すことになる。ただしこの方法で検索した場合、**見つけた資料の信ぴょう性に注意**しよう。その資料はどういう人が、どのような調査を基に、いつごろ作成したものなのかといった背景をしっかり把握する必要がある。こうした裏付けなしに、ただインターネット上に記述があったからというだけでは、資料として十分な要件を満たしているとは言い難い。また、せっかく見つけた資料が、翌日にはもうそのサイトに載っていないこともあるし、書き替えられて新しい情報になっていることもある。

b. 》**要約付き参考文献（annotated bibliography）**

　文献を読んでいく際には、後で読み直さなくても済むように**要約付きの参考文献一覧表を同時に作成していく**とよい。文献を読みながら、

自分の言葉(ただし英語)で簡単にまとめておくのである。こうしておけば、ペーパーの「リテラチュア・レビュー」(詳細は p. 293「F リサーチ・ペーパーを書く」を参照)を書くときに参考にできるし、使える部分があればそのまま切り張りしてレビューの一部にもできるので時間が節約できる。

● **参考文献の要約の例**

以下は筆者が執筆した「エラー・コレクションに対する非母語話者の態度や要望」に関する調査をまとめた文献を基に作成したものだ(なお文中に出てくる *Insights* とは、筆者の文献が掲載されている、International Association for Teachers of English as a Foreign Language(IATEFL)が出版した第二言語習得理論関係の専門誌のことである)。

Kawate-Mierzejewska, M (1996). Non-native speaker attitudes towards and preferences for the correction of spoken errors. In J Field, A Graham, & M Peacock (Eds.), *Insights*, *1* (pp. 100-105). International Association for Teachers of English as a Foreign Language (IATEFL).
・using a questionnaire to invest learners' attitudes to and preferences for error correction (replication of Chenoweth et al. [1983] with some adjustment)
・North American & Southeast Asian studying Japanese as a Second Language (JSL), and Japanese studying English as a Foreign Language (EFL) (52 each)
・found overall desire for more correction than participants report they are receiving
(以下省略)

「リテラチュア・レビュー」を書く際に参考にした文献は、リサーチ・ペーパー上に必ず明記しておかなければならない(具体的な明記の方

法は p. 305「**b. ペーパーの形式・書式（MLA・APA）**」参照）。また、**ペーパーの最後にも参考文献について明示しなくてはいけないので**、文献を読んだ時点でコンピューターに打ち込んでおけば、それを利用して切り張りし、アルファベット順（alphabetical order）に参考文献のセクションを書いていけるので便利だ。

C リサーチのアウトラインを考える

アウトラインを考えるとは、**何をどのようにして研究していくのかを決める**ことである。この過程はリサーチ・プロポーザル（research proposal）の作成とも呼ばれ、以下のようなステップから成る。では先の要約付き参考文献を例に、それぞれのセクションを説明していこう。

> **アウトライン作成のステップ**
> 1）研究対象者を決め、研究事項を質問形式で作成する
> 2）研究対象者の的をさらに絞り、研究の規模を決める
> 3）研究の調査方法や手順を決める
> 4）収集データの分析方法を決める
> 5）研究の日程を決める

1）研究対象者を決め、研究事項を質問形式で作成する

まず何を調査したいのかという**研究事項（research questions）を具体的に質問形式で作成する**のだが、その際に、後続のセクションで説明している**研究対象者**（被験者[subjects]とか参加者[participants]ともいう）の大枠も同時に考えることになる。例えば「エラー・コレクションに対する非母語話者の態度や要望」であれば、研究対象となる「非母語話者」はどんなグループなのかということである。ひと口に非母語話者といっても、英語を学習している日本人、日本語を学習している北米や東南アジアからの学生、ドイツ語を学習している日本人学生、というようにさまざまなグループが考えられるので、自分が研究対象とするのはどのグループなのかということを決めて、的を絞っていく。

先の「**b.** 要約付き参考文献」(p. 286)に例示した筆者が実施したリサーチでは、日本語を学習している北米と東南アジアからの学生と、英語を学習している日本人学生が研究対象者となった。これは、たまたまこうしたグループの学生がリサーチャー（研究者：researcher）の周囲にいたので研究対象者になったのだが、**研究対象者を身近なグループから選ぶということは、リサーチの設計段階における大切なポイントである**。なぜなら、身近にあまりいない人たちを被験者に設定してしまうと、探すだけで手間取ってしまい、リサーチそのものの実現が危ぶまれてしまうからだ。

研究対象者の大枠が決まれば、例えば

"To what extent do students studying Japanese as a Second Language (JSL) and students studying English as a Foreign Language (EFL) have positive attitudes towards error correction of their errors including mistakes by their native speaker (NS) friends?（日本語学習者と英語学習者は、それぞれの母語話者によって指摘される学習者自身の誤用にどの程度好意的な姿勢を示すのか）"

といった研究事項ができるわけである。

2) 研究対象者の的をさらに絞り、研究の規模を決める
研究対象者（被験者：subjects）の大枠が決まったらもう少し的を絞り、**研究の規模を決める**。筆者のリサーチの例で言えば、「学習言語の到達度がどれくらいの学習者を対象とするのか（初級者か中級者か上級者か）」「どのような背景を持った学生にするのか」「学習期間は」「被験者の人数は」などといった条件を絞り込んでいくことになる。ちなみに筆者の場合、実際には、日本語を学習している北米と東南アジアからの学生それぞれ52人（上級17人、中級18人、初級17人）と英語を学習している日本人学生52人（上級17人、中級18人、初級17人）となった。

ここでの注意点は、研究対象者として種類の異なるグループを考え

る場合は、**各グループの人数をできる限り均等にすることと、ひとつのグループをできるだけ 30 人以上にすること**だ。これは統計的な分析を通して事実を正確に把握するうえで必要となる数の目安である。上の例で言うと、上級、中級、初級といったサブ・グループの人数を各同数にする。さらに、学習言語の到達度別にエラー・コレクションに対する見解の違いを考察するのであれば、それぞれのサブ・グループに 30 人以上はいることが望ましい。

3) 研究の調査方法や手順を決める

研究対象者が決まったら、次はどのような方法で研究調査をするかを考えなければならない。具体的に言えば、データ収集にも、アンケート (questionnaire)、テスト、インタビュー、観察などさまざまな方法があるので、**研究の目的や研究対象者の規模などに合わせて選択する**。場合によっては、複数の調査方法の組み合わせを考慮する必要も出てくるかもしれない。筆者の例は、すでに存在していた先行研究を応用してその研究対象者を替えたもの(replication)なので、オリジナルの研究の手法に従い、アンケートを実施した。

研究の方法が決まったら、**必要なものを準備する**。つまり、アンケートやテストを作成したりインタビューや観察に必要な道具(ノート、テープレコーダーやビデオカメラなど)をそろえたりするのである。

アンケートを作成するときは質問数に注意しよう。これは、テストなどを作成するときにも言えることだが、あまりに膨大な数の質問を作成すると被験者にかかる負担が大きくなり、例えば後半の質問などは回答がおろそかになって正確なデータが取れない可能性もある。

なお、質問項目には研究対象者の簡単な背景情報 (background information)が明らかになるようなものを入れておくとよい。背景情報とは、性別、国籍、職業など、研究に役立ちそうな情報を言う。

アンケートの質問やテスト問題など（まとめてマテリアル [materials] と言う）を作成し終わったら、次はそれらを使った**データ収集の手順 (procedures) を考えてみる**。例えば「いつ」「どこで」データ収集をするのか。それによっては作業をだれかに依頼しなければな

らないかもしれないし、もちろん自分でできるかもしれない。あるいは両者を同時に行う可能性もある。また、大きなグループ全員から一度にデータを収集できることもあれば、小さなグループ単位や個人単位で収集することもあるだろう。

　筆者の場合は日本語学習者と英語学習者のそれぞれのクラスに自ら赴き、授業の前に何分か時間をもらってアンケートを実施したが、ほかにも各コース担当の教官にアンケートを取ってくれるよう依頼するなどの方法も考えられるだろう。

4）収集データの分析方法を決める

　次に、**収集したデータをどのように分析していくのか（analyses）を決める**。つまり、質問事項への回答を集計して、被験者のグループごとにパーセンテージで比較してみるとか、テストの点数を集計して平均値（mean）を算出して比較してみるとかいったことを決めるのである。

　またデータを分析する際、回答が文章形式になっている場合には、**どのような基準で各回答をカテゴリー分けして集計していくのか**ということも考えなければならない。

　前述の例で言えば「エラー・コレクション（誤用の指摘）に対してどう思うか」という質問に対し、まず「好意的（positive）」「否定的（negative）」「態度不明瞭（ambiguous）」という3つのカテゴリーを設定する。そのうえで、それぞれ"I always appreciate any corrections made by my native friends.（友人がしてくれるコレクションはいつでもありがたい）"という回答は「好意的」、"I hate being corrected.（間違いを直されるのはかなわない）"なら「否定的」、そして"I appreciate corrections, but not always.（ありがたいと思うが、そうでないときもある）"というような答えは「態度不明瞭」と分けるが、**だれが分析しても同じように分類するためのガイドライン（回答を各カテゴリーに振り分けるための基準）を作成していくことになる**。

　なお、作成したガイドラインに沿って2〜3人のコーダー（収集したデータの分類担当者：coder）が同じデータを分析した場合に、**コーダー全員の見解が一致すれば信頼度の高い分析データができたと言**

うことができる（これに関して興味のある方はこの章の終わりに掲載した参考文献の情報などを基に、Kawate-Mierzejewska [2002] の151-7ページを参照されたい）。文章による回答の場合には、こうしたカテゴリー分けをしてからそれぞれのカテゴリーの頻度(frequency)を出してグループ間の比較をしたりする。

さてこれ以降は多少専門的な話になってくるのだが、データ分析には欠かせないポイントなので説明しておこう。

上で取り上げたような、データを数値化するリサーチ (quantitative research)の場合、実はパーセンテージを出すだけでは分析として不十分である。この手の分析では、**結果として出てきた数値がデータとして意味があると言えるのかどうか、ほかのスタティスティクス(statistics：統計) を用いて科学的に証明しなくてはならない**。こうした科学的裏付けがあって初めて研究結果が意義のあるものとなるのである。そこで、データの分析方法を決める段階で、リサーチの結果を分析するスタティスティクスを決めておかなければいけないのである。

前述の例で言うと、52人の日本人英語学習者のうち、27人(51.9%)が英語の母語話者によるエラー・コレクションに対して「好意的」で、21人(40.4%)が「否定的」、そして4人(7.7%)が「態度不明瞭」という結果が出たとする。ここで問題になるのは、果たしてこの27人と21人の差が本当に意義のある違いとして評価できるのかということである。

つまり「好意的」な態度を示した学習者のほうが実数では確かに多かったのだが、6人だけの差で「エラー・コレクションに対する日本人英語話者の態度はどうやら好意的らしい」などとは言えないのではないかということだ。そこで適切なスタティスティクスを用いて数値を出し、その結果から6人という数が意義のあるものかどうかを考察するわけだ。

5) 研究の日程を決める

ここまで決まったらリサーチを行う**大まかな日程を決める**。つまり、データ収集にどれくらいの日数をかけ、その後何日くらいかけてデー

タの分析をしてペーパーを書いていくのか、といった目安を立てるわけだ。前にも述べたが、**計画を立てるときはある程度の余裕を持たせることが大切である**。特に、リサーチを行ってデータを収集する作業は、第三者(被験者や、データ収集を依頼する人)の協力が必要になるので、それぞれの都合も念頭に入れて計画を立てる必要がある。データが思うように集まらないからといって、協力者である第三者を責めたり、何度も催促したりするわけにはいかない。

D リサーチをしてデータを集める

計画ができたら、次は**データの収集に取り掛かる**。実際には計画どおりに事が運ばない場合もあるので、臨機応変に対応していこう。

データの収集に際しては、**被験者にリサーチの主旨や収集したデータの用途などを説明し、了解を取っておく必要がある**。また、インタビューなどでは会話を録音することになるので、最低限のルールとして、録音をさせてもらうことを伝え、必ず事前に承諾を得ておこう。

E データを分析して結果をまとめる

データが集まったら先に決定した方法に従って**データを分析し**、ペーパーの執筆に備えて**結果をまとめる**。

F リサーチ・ペーパーを書く

a. 》リサーチ・ペーパーの項目

リサーチ・ペーパーを書くときは、**既存のフォーマットに沿って書けばいいので、その点では意外と簡単**だ。ここで言う既存のフォーマットとはリサーチ・ペーパーの大枠の構成のことである。基本的には次の見出しに沿って書いていけば、リサーチ・ペーパーが要求するすべての情報を網羅できる。以下、リサーチ・ペーパーの見出しの一例を挙げ、APA (American Psychological Association) のフォーマットに沿ってペーパーの構造をみていく。ここで取り上げたような応用言語学のリサーチでは、北米では APA のフォーマットが要求される。

（1）Introduction（はじめに）
（2）Previous Research Studies（先行研究）
（3）Purpose of the Study（研究の目的）
（4）Research Questions（研究事項）
（5）Method（調査方法）
　　(a) Subjects（被験者・参加者）
　　(b) Materials and Procedures（研究方法と手順）
　　(c) Analysis（分析方法）
（6）Results and Discussion（結果と考察）
（7）Conclusion（結論）
（8）Notes（注）*
（9）References（参考文献）
（10）Appendixes（参考資料）

*注をつける場合には「結論」の後に書く。

　お気づきのことと思うが、Ⅵ章(p. 189)で紹介したリサーチ・ペーパーの構造では Introduction（始めに）の前に Abstract（要旨）という項目を挙げてある。確かに**学術雑誌に載せるペーパーには最初に「要旨」をつけてリサーチの概要を書いておくのが一般的だが、アサインメントの場合は教官に要求されない限りその必要はない**。したがって以下では「要旨」に関する説明は省略する。「APA マニュアルに従ってペーパーを書くときは必ず Abstract をつけなければいけない」と解説してある文献もあるようだが、実際には教官に要求されない限りその必要はないものと考えてよい。ただしどうしても心配なときは、直接、教官に尋ねてみるのもよいだろう。

　何らかの理由でペーパーを短くしなければならないときは、（1）の「はじめに」の部分で（4）の「研究事項」まで書いてしまうこともあるようだが、記載内容自体は上記の順を追ってすべて網羅している。

　リサーチによっては（1）の「はじめに」の後に Definitions（定義）という項目を入れて専門用語を説明したり、（2）の「先行研究」の次に先

行研究によって想定され得る Hypothesis（仮説）を入れたりすることもあるようだ。

　まず(1)の「**はじめに**」の部分では研究テーマの一般論から研究の動機に至るまでを書いておこう。次に(2)の「**先行研究**」だが、ここでは、自分が選んだリサーチ分野に関して、すでに実施されている研究の概要などを説明する。次に(3)の「**研究の目的**」では、「自分がリサーチしようとしている事項はまだ先行研究があまりなされていないので解明してみたい」など、先行研究を踏まえたうえでの自分の研究の必要性を手短に書くとよい。

　(4)と(5)は、「**C** リサーチのアウトラインを考える」(p. 288)を参照してほしい。(6)の「**結果と考察**」は、ペーパーによっては「結果」と「考察」に分け、とりあえず研究事項の結果をすべて書いてしまってから考察へと移ることもある。いずれにしても、「結果」は収集データの分析を書く部分で、「考察」はそれらの結果をまとめたり、それを基に研究の意義などについて考えたりして研究者の考えを構築していくセクションだ。

　(7)の「**結論**」ではリサーチでわかったことをまとめ、自分の研究がどのようにその分野に貢献しているのかを述べたりする。また、自分のリサーチの改善点なども含めて、今後のリサーチにどのようにつなげていったらいいのかも書いておく。

　(8)として挙げた「**注**」は、必ず入る項目ではないが、入れるのであれば「結論」の次に書く。ただし「**注**」はなるべくつけず、**テクストの中にすべて書き込むようにしたほうがいい**。どうしてもテクスト中に「注」の対象となる事項が出てきた場合には、右肩に数字をつけ、最後にまとめて掲載する解説欄で、各数字に対応させて説明をしていけばよい。

　(9)の「**参考文献**」の項ではペーパーを書くときに引用した文献をアルファベティカル・オーダーで列挙しておく。ちなみに参考文献の付け方は学術誌によっても異なることが多いが、**アサインメントでリサーチ・ペーパーを書くときは MLA（Modern Language Association）もしくは APA のマニュアルに沿って書いておけばいいだろう**。どちら

のマニュアルに従うべきかはコース担当教官に確認すること。これらの形式・書式に関しては後続のセクションでもう少し詳しく説明するが、本書では北米の大学で頻繁に採用される方式を学んでほしいという意図の下に、全章を通じて APA に従って参考文献を掲載している。

（10）の「**参考資料**」としてはリサーチで使用したアンケートやテスト、アンケートの回答を分類した際の分類方法や回答例などを書いておく。

それではまた、「エラー・コレクションに対する非母語話者の態度や要望」についてのリサーチ・ペーパーの一部を例に取り、実際にはどのようにペーパーを書いていくのかを簡単にみておこう。先に紹介した、リサーチ・ペーパーを書くときの見出しや説明を参考にしながら、大枠をつかんでおいてほしい。

以下の例は筆者が 1996 年に執筆したエラー・コレクションに関するリサーチ・アーティクル（Kawate-Mierzejewska, 1996, pp. 100-105）の見出しの部分などを修正して抜き出したもので（このペーパーはもともと 30 ページほどのものだが Insights の 100 〜 105 ページにはそれを短くしたものを掲載してある）、「定義（Definition）」の項目が入っている。「結果と考察」の項目は「結果（Results）」と「考察（Discussion）」の2つの見出しに分けてある。ここでは、便宜的にタイトルを最初に書いておくが、正式な表紙のつけ方は p. 279 を参考にしてほしい。なおペーパーの構成や参考文献のつけ方は「注（Notes）」を除いて APA マニュアルの第4エディション（1994）に基づいている。このマニュアルでは「注」はフットノート（footnotes）という言葉で説明されており、各ページの最後の部分に書くように指示しているのだが、**APA を採用している学術誌の多くは「注」の部分だけエンドノート（endnotes：「注」を「結論」の次に書く方式）にするのが一般的**である。

（タイトル）

Non-native Speaker Attitudes towards and Preferences for the

Correction of Spoken Errors 「エラー・コレクションに対する非母語話者の態度や要望」

上記の日本語訳はもちろん本番では不要である。

Introduction

When the role of error correction is discussed, it is crucial to focus on reactions of non-native speakers (NNSs) to the correction of their errors and mistakes. In this way, an insight can be gained into the effectiveness of error correction.... (以下エラー・コレクションに関する一般論や研究の動機に関する記述が続くが省略)...

「はじめに」では研究テーマの一般論から研究の動機に至るまでを書く。ここでは、「エラー・コレクションを考えるとき、コレクションをされる非母語話者の受け止め方に焦点を当てて考えてみることが大切だ。そうすることによりエラー・コレクションの効果を発揮することができる…」というように、まず一般論から入っている。

Definition

Error correction in this study refers to all information provided by Native speakers (NSs) in reaction to NNS errors.

次に「この研究におけるエラー・コレクションとは非母語話者の誤用に対して母語話者が行う知識の提供である」と、この研究の中心となる「エラー・コレクション」の概念を定義づけている。簡単に言えば「エラー・コレクション」とは母語話者による「誤用の指摘」のことである。

Previous Research Studies

Previous research studies (Allwright, 1975; Vigil & Oller, 1976) have demonstrated that the effectiveness of feedback as error correction may depend on the reactions of NNSs towards the treatment of error... (省略)... Robbins (1977) has claimed that the techniques of corrective treatment seem to be independent of external variables such as a learner's attitudes and preferences towards error correction.

Cathcart and Olsen (1976) used a questionnaire to investigate 149 adult ESL learners' preferences for error correction by teachers in the language classroom . . . .（省略）. . . A survey, conducted by Chenoweth, Day, Chun and Luppescu (1983) of 418 adult ESL learners' attitudes and preferences to error correction by their native speaker (NS) friends, found positive attitudes towards correction and a strong preference for more correction in conversations with NSs. Chenoweth et al. also found that the subjects were corrected most in areas of pronunciation and word choice, then for word form and word order and finally for factual accuracy.

「先行研究」のセクションでは「エラー・コレクションの効果は非母語話者の受け止め方による」とか「エラー・コレクションの方法によってコレクションに対する学習者の態度や要望が左右されることはないようだ」など、**当分野を研究している学者たちがすでに明らかにしていることをまず紹介している**。それから具体的な研究に焦点を当て、「教師によるエラー・コレクションに対する英語学習者149人の要望」に関する研究やChenowethらによる「418人を対象に行った、母語話者である友人によるエラー・コレクションに対する態度や要望を調査したアンケートの結果」を紹介している。

Purpose of the Study

A number of studies have investigated language learners' attitudes and preferences for error correction; however, specific investigation into attitudes and preferences for error correction by students studying Japanese as a Second Language (JSL) and Japanese students studying English as a Foreign Language (EFL) is scant. Therefore, in this study, I have investigated JSL and Japanese EFL learners' attitudes and preferences for error correction.

「研究の目的」は「さまざまな先行研究があるが日本語学習者や日本人英語学習者に関するものはほとんどないので、彼らのエラー・コレクションに対する態度や要望を調査してみる」としている。

Research Questions

(1) To what extent do students studying Japanese as a Second Language (JSL) and students studying English as a Foreign Language (EFL) have positive attitudes towards error correction of their errors including mistakes by their native speaker (NS) friends?

「日本語学習者と英語学習者は、母語話者である友人によって指摘される学習者自身の誤用に、どの程度好意的な姿勢を示すのか」

(2) To what extent do JSL and EFL students prefer more correction from their NS friends than they report?

「母語話者である友人から受けているエラー・コレクションを基準として、日本語学習者と英語学習者は、どの程度までのコレクションを望んでいるのか」

Method

Subjects

Subjects were North American (N=52) and Southeast Asian (N=52) graduate students studying JSL and adult Japanese (N=52) studying EFL at the Institute for International Studies and Trading (IIST) in Japan. Within each group there were three levels of target language proficiency. 17 subjects were from Beginners, 18 from Intermediate, and 17 from Advanced courses ...(以下被験者の背景情報が続くが省略)...

「被験者(協力者)」の背景情報が説明されている。「研究に協力したのは皆 IIST の学生で、その内訳は日本語を学んでいる北米からの大学院生、東南アジアからの大学院生、そして英語を学んでいる日本人

の成人(実際には企業から派遣された会社員)がそれぞれ52人ずつである」とまずアンケートの対象者を説明している。その後で、それぞれのグループでの学習言語到達レベルに関しての情報を書いている。

Materials and Procedures

The data were gathered by distributing a questionnaire which had been revised after being pilot-tested (see Appendix A). The questionnaire design attempted to minimize the limitations of self-report data[1] and consisted of two parts, demographic data and questions concerning error correction such as "How often do your native speaker friends correct your Japanese/English?," "Where do they correct?," "How often do you want them to correct?," "How do you feel when your Japanese/English is corrected by your friend?" The subjects were asked to complete the questionnaire in either the language laboratory or the classroom at IIST and were given as much time as they needed to complete it . . . (以下手順が続くが省略) . . .

「研究方法と手順」の項目ではデータがアンケートによって収集されたこと、アンケートを作成する際にどのようなことに配慮したかということ、そしてアンケートがどこでどのように実施されたのかということについて書いている。

Analysis

In the analyzing the data, the subjects were first divided into three groups of 52 each based on region of, origin and reflecting different first language (L1) or sociocultural backgrounds. Each group was further divided into . . . (以下分析する際のグループ分けに関する説明が続くが省略) . . .

Chi-square tests were used to assess the overall attitudes of the nonnative speaker (NNS) towards error correction, to measure the amount of correction which the nonnative speakers (NNSs) reported they wanted, . . . （以下使用したスタティスティクスの説明が続くが省略）. . .

The last question in the questionnaire was "How do you feel when your Japanese/English is corrected by your friend? Do you feel bad about it?" Here, responses such as "good," "happy," or "appreciate" were coded as positive; responses such as "I hate a correction," or "stupid" were coded as negative; and responses such as " . . . only when incomprehension results and I am signaled that miscomprehension occurs, I don't feel bad, but, . . . " "Surprised but it helps me learn, . . . " were coded as ambiguous . . . （以下コーディングに関する説明が続くが省略）. . .

「分析方法」のセクションでは、まず分析するに当たってグループをどのように分けたのかということを書いている。文中に出てくる L1 とは "first language" つまり母語のことである。その後で結果を科学的に証明するために使用したカイ二乗検定（Chi-square test）というスタティスティクスを説明している。それから、アンケートの最後の質問から得た回答結果をどのように分析したのかを説明している。

Results

A one-way chi-square test showed the observed frequencies (76 positive vs. 80 negative including ambiguous) were not significant ($\chi^2 = .10$, n.s., df = 1), i.e., the overall attitudes of the JSL and EFL students towards error correction are neither positive nor negative. Approximately half of the students hold positive attitudes and the other half hold negative . . . （以下結果が続くが省略）. . .

「結果」では「被験者のエラー・コレクションに対する一般的な態度は好意的でもないし否定的でもない」ということがわかったと統計的に裏付けている。

Discussion

The results show the overall attitudes of the JFL and EFL students towards error correction are balanced: neither generalizably positive nor negative, whereas there exists an overall desire for significantly more correction from their NS friends than they report they are receiving. What is interesting here is that this finding of an overall wish for more correction seems to run counter to NNS attitudes to error correction: even those who do not hold positive attitudes to error correction want to get more correction. This might be because : (a) only a small amount of error correction was offered by NSs or was perceived by NNSs; (b) subjects hold ambiguous attitudes (e.g., "Happy, but not all the time") to error correction; (c) students believe that error correction is one of the ways to improve their oral proficiency and they want to improve it; or (d) the logical factors involved are much more complicated than we normally assume. Apropos of this apparent inconsistency, an interesting comment was . . . (以下考察が続くが省略) . . .

「考察」は「結果」を基にして研究の意義などを考えてみるセクションだ。ここでは、まず「エラー・コレクションに対する日本語学習者や英語学習者の一般的な態度は好意的でも否定的でもなかったが、学習者は一様にもっと誤用を指摘してほしいと母語話者に望んでいるようだ」と結果をまとめている。さらに「エラー・コレクションに対して好意的な態度を持っていなくても、誤用の指摘をもっとしてほしいという要望を持っている学習者がいるのは、とても興味深いことだ」と続けている。そして以下その理由として考えられそうなことを「母語話者によるエラー・コレクションの頻度自体が少ないか、非母語話者がコレクションに気づいてない」「学習者のエラー・コレクションに対する態度は好意的でもあり同時に否定的でもある」「学習者は学習言語伝達能力を改善するためには誤用を指摘してもらうことが必要であると考え、さらに彼らは伝達能力を改善したいと考えている」「論理

的なファクターはわれわれが考える以上に複雑なものである」と4点挙げ、さらに考察が続くわけである。

Conclusion

In conclusion, this study attempts to show the attitudes towards and preferences for the correction of spoken errors of NNSs by their NS friends. Perhaps the most serious limitation in this study was the accuracy of NNS perceptions. Further research is to be conducted ...（以下省略）...

With further research necessary, the results from this study suggest that it is appropriate for NSs to take greater account of their NNS friends' sensitivity to error correction. When, how, and which errors are to be corrected may have to be carefully considered.

「結論」では、研究の主旨と改善点を述べてから「誤用を指摘する際は、どんな状況で、どのように、どんな誤用を指摘するのかを十分に考慮する必要がある」というように、エラー・コレクションに対してどのように取り組んでいったらいいのかを述べて締めくくっている。

Notes

[1] For example, in order to determine NNS preferences for error correction (more, same or less), two question were asked: *How often do your friends correct your Japanese / English?*, and *How often do you want them to correct?*, rather than a single direct question such as *Do you want more correction from NS friends?*

「注」ではアンケートの作成に当たって配慮した事項が書かれている。「非母語話者のエラー・コレクションに対する要望をできる限り正確に調査するために『もっとコレクションを望むか』という単純な質問ではなく『母語話者である友人はどれくらい頻繁に誤用の指摘をするのか』そして『友人からはどれくらい頻繁に誤用を指摘してほしいか』という2つの質問を用意した」と説明している。ちなみにここに例示し

た注は先に *Materials and Procedures* のところで出てきた The questionnaire design attempted to minimize the limitations of self-report data[1] の説明である。

References

Allwright, R.L. (1975). Problems in the study of the language teacher's treatment of learner error. In M.K. Burt & H.C. Dulay (Eds.), *On TESOL '75: New Directions in Second Language Learning, Teaching, and Bilingual Education* (pp. 96-109). Washington, D.C: TESOL.

Cathcart, R.L., & Olsen, J.E.W.B. (1976). Teachers' and students' preferences for correction of classroom conversation errors. In J.T. Fanselow & R.H. Crymes (Eds.), *On TESOL '76* (pp. 41-53). Washington, D.C.: TESOL.

Chenoweth, A.N, Day, R.R., Chun, A.E., & Luppescu, S. (1983). Attitudes and preferences of ESL students to error correction. *Studies in Second Language Acquisition 6*, 79-87.

Robbins, M. (1977). *Error explanations: a procedure for examining written interlanguage performance.* M.A. Thesis. University of California, Los Angeles.

Vigil, N.A., & Oller, J. (1976). Rule fossilization: a tentative model. *Language Learning 26*, 281-95.

「参考文献」は APA のマニュアル(1994)に従ってつけてある。

Appendix A

I am conducting this survey to gather background information about students in both English and Japanese language programs at IIST. Please answer the following questions. Information from this questionnaire is used only for the purpose of the present study and it will not be revealed to anyone else.

1. Nationality:

2. Native Language:
(…以下被験者の背景情報に関する質問や、このリサーチには直接関係のない質問が続くので、中略…)
12. How often do your native speaker friends correct your Japanese/English?
    always   often   sometimes   rarely   never
13. How often do you want them to correct your Japanese/English?
    always   often   sometimes   rarely   never
14. How do you feel when a friend correct your Japanese/English? Do you feel bad about it?

「参考資料」の部分ではリサーチで使われたアンケートを紹介している。アンケートの初めに、その目的や秘密の厳守について述べたうえで、アンケートに協力してほしいと依頼している。このアンケートでは、最初のほうの質問事項は、国籍や母語など学習者(被験者)についての背景情報の収集で、最後のほうでエラー・コレクションに関する質問をしている。

b. 》ペーパーの形式・書式(MLA・APA)

すでに述べたようにペーパーを書くに当たっては、MLA もしくは APA のマニュアルを参考にし、いろいろな決まり事に従って作業を進めなければならない。文学(literature)の分野では MLA を使うのが一般的で、応用言語学関係の学術誌や社会科学、生物科学、地球科学やビジネスの分野では APA マニュアルを採用していることが多いようだが、どちらのマニュアルに従うかは担当教官の指示を仰ごう。

MLA と APA では先行文献のセクションを書くに当たり、文献の紹介の際の動詞の時制の使い方からペーパーでの参考文献の書き方まで**細かい決まり事が異なる**。例えば後続の「● テキストの途中に参考文献を表示する場合」のところに示した例文をみると、冒頭のセンテンスがそれぞれ APA 方式では "Thomas (1983) has stated pragmatic failure . . .", MLA 方式では "Thomas claims that pragmatic failure . . ." となっており、既存の理論について書くとき、APA では現在完了形を使い、MLA では現在形を使用している。ただ実際にはそこまで要求されることは少ない。また、どちらのマニュアルも 200〜300 ページに及ぶ厚いものなので、ここでそのすべてを紹介することはできない。そこで**本書ではテクスト内での参考文献 (in-text citations) の表示の仕方**と、ペーパーを書く際に必要となる**「参考文献」の欄の書き方**の 2 点に絞って解説する。**この 2 点は MLA と APA の違いが最も顕著に表れている部分**だ。以下の説明は MLA (2003) と APA (1994) によるものである。

● **テクストの途中に参考文献を表示する場合**

筆者が APA の方式に従って 2003 年に執筆した語用論のアーティクルである Kawate-Mierzejewska (2003) の 15 ページのテクストと、それを MLA 方式に修正したものを例に、テクスト内に出てくる参考文献の表示方法をみていこう。MLA と APA の参考文献のつけ方の違いや、参考文献の内容を「自分なりにまとめて引用した場合」と「まったく変えずに引用した場合」の違いも考慮しておきたい。

APA 方式

Thomas (1983) has stated pragmatic failure can be divided into two types, pragmalinguistic failure and sociopragmatic failure. The former has something to do with the inappropriate use of linguistic forms and is considered easy to overcome. However, the latter refers to "the social conditions placed on language in use" (Thomas, 1983, p. 99) which are very difficult to influence or change.

MLA 方式

Thomas claims that pragmatic failure can be divided into two types, pragmalinguistic failure and sociopragmatic failure (99). The former has something to do with the inappropriate use of linguistic forms and is considered easy to overcome. However, the latter refers to "the social conditions placed on language in use" (Thomas, 99) which are very difficult to influence or change.

　英文中ひとつ目の引用個所では、参考文献の内容を「自分なりにまとめて引用」しており、2つ目の個所では「まったく変えずに引用」している。「自分なりにまとめて引用した場合」はAPA方式では執筆者名の次に参考文献の出版年度だけを書き、ページは書く必要はない。一方MLA方式では執筆者名に加え、引用した個所の最後にその内容が書いてあるページ数を明記することになる。

　これに対し、参考文献の内容を「まったく変えずに引用した場合」は、どちらも引用符（quotation mark：" "）でくくってあるが、APAは執筆者名、文献の出版年度、そしてページを書いておくのに対し、MLAは執筆者名とページを明記するにとどめる。また、ページの書き方も異なりAPAでは"p."（複数のページにわたるときは"pp."）を数字の前に書くが、MLAではただ数字だけを書く。

● 最後にまとめて参考文献を表示する場合
　次にペーパーなどの執筆に利用した参考文献の情報(タイトルなど)を巻末に表示するときの形式について、これもAPA方式とMLA方式に分けて説明しよう。表示の方法は文献の種類によっても異なるが、ここでは参考文献としてよく使われる学術誌（専門分野別のジャーナル）と著書に注目してその一部を紹介しておく。ちなみにAPAでは参考文献を"references"と呼び、MLAでは"works cited"と呼ぶ。

【学術誌の場合】
APA方式
Kawate-Mierzejewska, M. (2003). What is the relevance of sociopragmatics failure to language teaching? *The Language Teacher, 27* (5), 15-17.

MLA 方式

Kawate-Mierzejewska, Megumi. "What is the Relevance of Sociopragmatics Failure to Language Teaching?" <u>The Language Teacher</u>, 27. 5 (2003): 15-17.

【著書の場合】
APA 方式

Gass, S., & Selinker, L. (1994). *Second language acquisition: An introductory course*. Hillsdale, NJ: Lawrence Erlbaum Associates.

MLA 方式

Gass, Suzan, and Larry Selinker. <u>Second Language Acquisition: An Introductory Course</u>. Hillsdale, NJ: Erlbaum, 1994.

では上記の例について項目に分けて説明しよう。

(1) 執筆者名 (author)

APA 方式
- 「姓 (family name) ＋名 (first name) のイニシャル」で書く。
- 執筆者が何人いようと全員、「姓＋名のイニシャル」で書く。
- 個々の執筆者の名前は "&" でつなぐ。

MLA 方式
- フル・ネーム (full name) で書く。
- 執筆者が複数いる場合は、第一執筆者は姓、名の順に書き（その際には姓の後にコンマを入れる）、2人目以下は名、姓と書く。
- 個々の執筆者の名前は "and" でつなぐ。

(2) 出版年度

APA 方式
- 執筆者名のすぐ後に書く。

MLA方式
・学術誌の場合は最後に書くページの直前に、また著書の場合は文献情報の最後に書く。

（3）文献のタイトル
MLA・APA共通事項
・学術誌の場合には、その中の実際に引用したアーティクルのタイトルを先に書き、その後で学術誌の名前を明記する。著書から引用した場合にはその本のタイトルを書く。

APA方式
・学術誌の場合はアーティクルのタイトルの直後に、著書の場合は出版年の直後に書く。
・学術誌名を書くときは、それぞれの名詞の先頭の文字を大文字にする。著書のタイトルとアーティクルのタイトルは、最初の単語の先頭の文字のみを大文字にする。
・アーティクルのタイトルに引用符は不要。
・著書のタイトルやアーティクルが載っている学術誌名（アーティクルそのもののタイトルのことではない）は斜体にする。

MLA方式
・学術誌の場合はアーティクルのタイトルの直後に、著書の場合は執筆者名の直後に書く。
・著書、アーティクル、学術書のタイトルは、それぞれの名詞の先頭の文字を大文字にする。
・アーティクルのタイトルは引用符でくくる。
・著書のタイトルとアーティクルが載っている学術誌名（アーティクルそのもののタイトルのことではない）には下線を引く。

（4）出版社名
　学術誌の場合は、学術誌名(ジャーナル名)が著書で言う出版社のような役割をしている。例えば学術誌の購読を希望するときも、申込先は学術誌名で表された組織がその対象となる。またアーティクルの検

索も学術誌名で行われる。こうした事情から、学術誌から引用した場合、文献情報として出版社名は出てこない。したがって下記は著書から引用した場合の表記方法を示している。

APA 方式
・書物の最初のページに記載されている正式名で表示する。

MLA 方式
・省略名で表示する。例えば Oxford University Press は Oxford UP などと記載されるが、社名の省略の仕方は多種多様なので、必要に応じて個々に調べること。

以上、学術誌と著書だけについてみてきたが、実際には博士論文、出版されていないペーパー、ウェブからの引用、編者によってまとめられたリサーチ・ペーパーを集めた著書などさまざまな参考文献があり、それぞれに書き方が決まっている。詳細に関しては大学の書籍部などでそれぞれのマニュアルの最新版を購入し、ペーパーを書くたびに参考にしながら徐々に慣れていってほしい。

c. 》剽窃行為 (plagiarism)

剽窃行為とは簡単に言ってしまえば盗作のことだ。剽窃行為には、他人が書いたペーパーを自分のものとして提出するというとんでもないものから、参考文献の情報を表示しなかった、あるいは表示し忘れたというものまでいろいろある。最近ではウェブからのテクストをそのまま使用してペーパーを完成させ、自分が書いたものとして提出するというケースもあるようだ。

まず、他人が書いたペーパーを自分のものとして提出した場合だが、これは言い訳の余地がまったくない悪質な行為であり、**単位取得ができないばかりか退学にもつながりかねない**。他人が書いたテクストを切り張りしてペーパーを完成させるという例もあるようだが、いずれにせよ受け入れられない行為である。最近は盗作を見つけるソフトも開発され、怪しいペーパーはすぐにわかるようになってきた。

次に、参考文献の情報を表示しなかった、あるいは表示し忘れたと

いうケースだが、こうしたミスを防ぐためにも、他人のアイディアや主張、言い回しなどを引用した場合は、その都度出典をノートなどに控えておこう。こうした情報がちゃんと表示されていないと、それが**故意であれ偶然であれ、結果だけを見て剽窃行為と判断される**ようだ。

たとえ読んだ文献の内容を自分の言葉に直していたとしても、ペーパーの中で参考文献として使っているときは、テクストの中に必ず出典を書いておこう。また、参考文献の内容をまったく変えずにそっくり引用した場合は、必ず引用符でくくってページも書いておく。ちなみに**そっくり引用する場合はその量の限度が決まっている**ので、APAやMLAのマニュアルをしっかり読んでそれも確かめておこう。

3 プレゼンテーション（発表）

リサーチ・ペーパーを書き上げたら、次はプレゼンテーションを想定してみよう。プレゼンテーションとは自分の書いたペーパーを発表することだ。中には、与えられた時間に合わせて、書き上げたペーパーを短く調整して読む人もいるが、ここでは**アウトラインに沿って聴衆に話し掛ける一般的なプレゼンテーションのスタイル**を取り上げる。

1 プレゼンテーションでの一般的注意点

ポイント
- A 会場の下見をする
- B 聞き手を想定する
- C 制限時間を厳守する
- D リラックスする
- E ジェスチャーを使う
- F アイコンタクトを取る
- G 声のトーンや話の速度などに注意する
- H 転換語やリスニング・キューを使う
- I 練習をする

A 会場の下見をする

まず、**自分はどんな場所でプレゼンテーションをするのかということを調べておこう**。たとえ勝手がわかっているいつもの教室で行う場合でも、自分はどの位置に立って話すのか、コンピューターなどを使うのであればどこにそれを置くのかといったことも考えておく。

学術会議（学会）など、外部でのプレゼンテーションに臨む場合は、発表会場の所在地を確認し、**当日迷わずに行けるようにすることがいちばん重要**だ。OHP (overhead projector) など、プレゼンテーションに必要な設備が会場にきちんとあるのか、使い方はわかるかなども前もって確認しておきたい。特に LL 教室 (language lab) などが割り当てられ、そこに設置してあるプロジェクターやコンピューターなどを使用するとき、下見は不可欠だ。前もって現場へ行って機器の使い方をひととおり習得しておかなければならない。

B 聞き手を想定する

プレゼンテーションはコース課題のひとつとしてクラスの中で行うものから、学会に出向いて行うものまでいろいろあるが、大切なのは、

聞き手をしっかり想定することだ。例えば、クラスで行う場合はクラスメートが聞き手となるので、専門用語などもきちんと説明してだれにでもわかるような発表を心掛けなくいてはいけない。一方、学会でのプレゼンテーションであれば聴衆はおそらくその分野の専門家と考えられるので、専門用語などは知っているものとして話を進めていってもいいだろう。

C 制限時間を厳守する

いかなるプレゼンテーションであれ、与えられた時間を超過するのはいただけない。**決められた時間内に発表できるように発表内容を十分調整しておくことが大切だ。**例えば持ち時間が30分であれば、一般的にはプレゼンテーションは20分に収め、質疑応答が10分という具合になる。なお、時間が50分与えられたら最初の「はじめに」から最後の「結論」まで話すこともできるが、30分の場合は最初の「はじめに」と「先行研究」は省略し「研究の目的」から入るのが一般的である。いずれの場合でも**「結果と考察」はほかの項目より時間をかける**ように心掛けることが大切だ。また「結論」はその発表の総仕上げとなるものなので、しっかりと的を絞って時間内にまとめよう。

D リラックスする

プレゼンテーションの当日は**時間に余裕を持って会場に入り、緊張をほぐしてから本番に臨める**ようにしよう。プレゼンテーションの経験が少ないと、上がってしまったりすることもあるが、きちんと準備さえできていればどうにか乗り切ることができるものだ。

E ジェスチャーを使う

プレゼンテーションでは、**ジェスチャーを適度に入れることで、聴衆を引きつける**ことができる。物の大きさを説明するときだけでなく、聴衆にインパクトを与えたいときなども、身振り手振りを交えて話すとよい。聴覚に加え視覚からも情報を吸収できるので、聞き手の理解は一段と深まり、プレゼンテーションの効果が上がる。

ただしジェスチャーに関しては、**文化や言語によって示す意味が異なることもある**ので、その点は十分心しておかなければならない。つまり日本社会で使われているジェスチャーがそのままほかの国でも同じ意味を持つとは限らないということである。例えば"My name is Megumi Kawate-Mierzejewska. I am teaching at Temple University Japan."と言うとき、「私は」という動作をするとすれば、北米では手のひらを胸の上部に置く。日本人が一般にするような「人差し指で鼻を指す」というしぐさはしないのである。

F アイコンタクトを取る

　プレゼンテーションの最中は、下を向いて原稿を読んでばかりいてはいけない。また視線を遠くに向けるのではなく聴衆のほうを見て、**適度にアイコンタクトを取る**ようにしよう。また、同じ人や同じ方向ばかり見ているのではなく、**全体を見回す**ようにする。もちろんこれは落ち着きなく目線を動かすということではない。会場の右側、左側、手前、中央、後ろを満遍なく見渡して、聴衆が理解しているかどうかを確認しながら発表を進めていくということである。たとえペーパーを読む場合でも、区切りのいいところで目線を上げ、聴衆の反応を確認しながら読んだほうがいい。

G 声のトーンや話の速度などに注意する

　一本調子の抑揚のない話し方は避けよう。これはとても聞きづらいものだ。聴衆に話し掛けるような口調で、しかもポイントを強調したりして話し方に抑揚をつけるなど、より聞きやすい話し方を工夫していくとよい。これらは、ペーパーを読み上げるときにも言えることだ。
　次に話す速度だが、あまり早口にならないように話しながら自分自身をモニターしていく必要がある。自分が**早口になっている**と感じたら、**意識的にゆっくり話す**ようにして調整しよう。
　息継ぎも意外と大切なポイントだ。おかしなタイミングで息継ぎをしたりすると、話が聞きにくくなったりする。ひとまとまりのフレーズや表現ごとに息継ぎをするように心掛けよう。

口の中でもぐもぐと話すのではなく、はっきりと明瞭に発表をすることが大切だ。

H 転換語やリスニング・キューを使う

プレゼンテーションの最初には**転換語を上手に使って**、これから何をどのように話すのかといったアウトラインを説明しておくとよい。そうすることで自分自身の**話す方向が定まる**し、聴衆も概要がわかるので**聞く準備ができる**。

具体的には、まず簡単なあいさつや自己紹介をし、それから自分はそのプレゼンテーションで何を話すのかということを述べる。以下、転換語の使い方とともに、あるプレゼンテーションの冒頭部分をみておこう。

(1) Good morning. (2) My name is Megumi Kawate-Mierzejewska. (3) I am teaching at Temple University Japan. (4) This presentation begins with a definition of *error correction* and then goes on to briefly talk about previous research studies. There then follows a description of the present study and . . . (omitted) . . . Finally, the study considers . . .

上記の例ではまずあいさつをし (1)、自分の名前 (2) と所属 (3) を述べ、それから簡単なアウトライン (4) を説明している。その際、"... begins with ...（…で始まります）"と言って、まず何を話すのかを明確にし、続けて"and then（そしてその後）"を使い、次に何が来るのか話している。さらに"then（それから）"とひと言入れてから次の見出しを明確にし、"Finally（おしまいに）"でアウトラインの説明を終えている。このように、**転換語を使ってアウトラインの流れを順序よく解説していく**のである。

この後はさっそく内容に入るが、まず冒頭で"This presentation begins with a definition of *error correction* ..."と予告したとおり、本論ではエラー・コレクションの定義をきちんと済ませなくては

いけない。その後で先行研究へと話を進め、続いてリサーチの概要を説明したり結果や考察について話したりすることになる。この際「Ⅳ章　リスニングとノート・テイキング」で紹介したさまざまなリスニング・キューが使える。つまり自分が受けた講義で使われたような**リスニング・キューを使って、話をつないだり話題を変えたりしていく**のである。

例えば、最初に内容に入るときは "So, let me first talk about . . . (ではまず…について話します)" などと切り出せばいいだろう。次のセクションに進むのなら "Now, let's move on to . . . (じゃあ次に…に入りましょう)" などと言う。そして最後まで話したら "Now, in conclusion . . . (では結論ですが…)" というような表現を使う。こうして組み立てていけばプレゼンテーションの流れが構造的にわかりやすくなる(Ⅳ章の表4-1も参照)。

1 練習をする

プレゼンテーションの経験が少ない、もしくは人前での発表に自信がないといったときは、やはり練習をしたほうがいいだろう。その際最も大切なのは、与えられた時間内にプレゼンテーションを終えることができるよう、**話す内容や話す速度などを調整しておく**ということだ。時間を計って本番のつもりで練習してみよう。プレゼンテーションの2日くらい前から予行演習をしておけばいいだろう。

2 プレゼンテーションで役立つ資料やメディア

プレゼンテーションの際には、以下のような資料やメディアがたいへん役に立つ。ではひとつひとつ説明しよう。

> **ポイント**　
> A ハンドアウト
> B OHPやドキュメント・プロジェクター
> C PowerPoint®
> D ウェブ・サイト
> E その他のメディア（ボイスレコーダー、ビデオカメラ）

A ハンドアウト

　プレゼンテーションに不慣れなうちは、聴衆に配ったのと同じ**ハンドアウトに、自分用として重要なポイントをすべて書き足したものを作成**し、それらのポイントをつなげるだけで発表の体を成すようにしておくとよい。さらに重要なポイントをつなげていくときの具体的なせりふ、あるいはそこまでいかなくても、転換語など**話の展開を明確にするうえで必要となる言葉や言い回しもできる限り書き込んでおこ**う。この場合、色違いのボールペンでわかりやすく書いておくと、本番で慌てずに済む。こうした準備をしておけば、話に詰まったり、まごついて訳のわからないことを言ってしまったりといった失敗はかなり避けられる。

　発表に慣れてくると、アウトラインや重要事項さえハンドアウトに列挙しておけば必要なことはすべて言えるようになる。例えば、前述の例でエラー・コレクションの定義をするときも、以下のように異なってくる。

プレゼンテーションに慣れていないとき
Definition
　　Error correction in this study refers to all information provided by native speakers in reaction to non-native speaker errors.

プレゼンテーションに慣れてきたら
Definition　　*Error correction*

このように、慣れてくると細かい説明を書いておかなくても、必要な定義をきちんと説明することができるようになる。

なお、ハンドアウトは発表が終わってから配ったほうがいいという説もある。発表の前にハンドアウトを配ると聴衆はそちらに目がいってしまい、発表を聞くのがおろそかになってしまうというのだ。もちろんハンドアウトに書かれた内容にもよるので、一概には判断できないが、自分のプレゼンテーションの状況を考えて、臨機応変に対応しよう。

B OHP やドキュメント・プロジェクター

OHP とはオーバーヘッド・プロジェクター (overhead projector) のことで、専用の透明なプラスチック用紙に文字や図表をコピーし、それをこの装置に載せて壁やスクリーンに映し出すのである。OHP に似た装置に**ドキュメント・プロジェクター**があるが、こちらはハンドアウトなど、普通の紙にコピーしたものや雑誌や著書からのページがそのまま使えるので便利だが、**画像の鮮明さから言えば OHP のほうが断然上**だ。ドキュメント・プロジェクターはかなり見にくい映像になると考えたほうがいい。いずれにしてもこうした機器を使用すると、聴衆は映し出された文字や図表に否応なく目を向けるので、彼らの注意を引きつけることができる。

C PowerPoint®

コンピューターにインストールされている **PowerPoint® というソフトを利用してプレゼンテーションする**こともできる。具体的には、このソフトを使ってハンドアウトに記載されている内容を反映させたスライドを作成するのである。出来上がったスライドはコンピューターに保存しておく。PowerPoint® にはスライドに使えるさまざまな背景や色彩が用意されているし、アニメーション化などの機能もついているので、これらを有効に使えば聴衆の視覚に訴える効果的なプレゼンテーションが可能になる。

PowerPoint® を使う場合、コンピューターとプロジェクターをつな

いで画像を映し出すので、当日はプロジェクターも忘れずに用意すること。

クラスでプレゼンテーションをするときは、大学の機材管理課などに問い合わせれば、こうした機材は比較的容易に確保できるはずだ。自分が使いたいコンピューターが Windows なのか Macintosh なのかをきちんと告げ、もちろん PowerPoint® のソフトが入っているものを確保する。

　自前のラップトップ・コンピューターを持参するという手もあるが、プロジェクターとつなげなければならないので、**適切な接続コードがあるかどうかを確認しておく必要がある**。外部の会議などでは、会議の主催者にコンピューターやプロジェクターを手配してもらうこともできるが、**手数料やレンタル料がけっこう高い**（北米で開催される国際的な学会でプロジェクターを手配してもらうと 100 ドルが相場と考えていい）ので、PowerPoint® の利用はあきらめ、どの発表会場にも置いてある OHP（無料）を使ったほうがいいかもしれない。どうしても PowerPoint® が使いたければ、大学のポータブルのプロジェクターを借りて持参することもできるが、**国際学会などではプラグの形状が違ったりする**のであまりおすすめできない。

D ウェブ・サイト

　会場で提供されたコンピューターがインターネットに接続されている場合、後はプロジェクターさえあれば、**ウェブ上の情報をそのままスクリーンに映し出して発表する**ことができる。自分の携帯電話などを使ってコンピューターをインターネットにつなぐ方法もあるだろう。いずれにせよ、インターネットを利用するのであれば**接続環境などを事前に確認しておこう**。

E その他のメディア（ボイスレコーダー、ビデオカメラ）

　ボイスレコーダーやビデオカメラなどを使用するときも、それらの使い方だけでなく貸し出しのための手続きなども前もって確認しておく必要がある。プレゼンテーションは発表する本人が責任を負うもの

であるから、こうした機器の手配も**他人任せにせず、しっかり自分で行おう**。直前になって、使うはずの機器が会場にそろっていないといった事態になると、せっかく集まってくれた聴衆に迷惑が掛かる。プレゼンテーション当日は早めに会場に入って、発表のための準備がすべて整っているかどうか確認しておくことが大切だ。

参考文献

Gass, S., & Selinker, L. (1994). *Second language acquisition: An introductory course*. Hillsdale, NJ: Lawrence Erlbaum Associates.

Gibaldi, J. (2003). *MLA handbook for writers of research papers* (6th ed.). New York: The Modern Language Association of America.

Heineman, A. & Willis, H. (1998). *Writing term papers* (3rd ed.). Orlando, Florida: Harcourt Brace Jovanovich.

Kawate-Mierzejewska, M. (1996). Non-native speaker attitudes towards and preferences for the correction of spoken errors. In J. Field, A. Graham, & M. Peacock (Eds.), *Insighst, 1* (pp. 100-105). International Association for Teachers of English as a Foreign Language (IATEFL).

Kawate-Mierzejewska, M. (2002). Refusal sequences in conversational discourse. *UMI Dissertation Services* (UMI Number 3057084).

Kawate-Mierzejewska, M. (2003). What is the relevance of sociopragmatics failure to language teaching? *The Language Teacher, 27* (5), 15-17.

Publication Manual of the American Psychological Association (4th ed.) (1994). Washington DC: American Psychological Association.

Thomas, J. (1893). Cross-cultural pragmatic failure. *Applied Linguistics, 4*, 91-112.

IX章

成績の評価方法と試験対策

1 成績の評価方法

　各コースの成績の出し方については、最初の授業で配られるコース計画を記した**シラバス**(syllabus：**授業計画**)に書かれているので確認しておく必要がある。

　一般に**成績をつける際の基準になるのは、試験やクイズ、そしてライティング・アサインメントの結果**である。各コース、または教官によりそれぞれのアイテムの配点が全体に占める割合は異なる。あるコースでは中間試験が30％、期末試験が50％、そして残りの20％はクイズの結果で決まるとか、また、あるコースでは試験がなく中間ペーパーが40％で期末ペーパーが60％であるとか、**シラバスがコースごとに異なるのと同様、配点の割合もコースによって違う**。

　一般的な傾向として試験やクイズ、ペーパーの結果を点数化して全体で100になるようにし、それによって成績を決めていく教官が多い。例えば、定期試験(中間や期末試験)の代わりにコースのアサインメントでさまざまなトピックについて、短いペーパーを学期中に10回書かせ、それぞれのペーパーを0〜10で評価し、全体で100になるようにしてコースの成績を決める教官もいれば、クイズを4回と短いペーパーを3本書かせてクイズそれぞれを10点に置き換え、ペーパーが20点ずつで全体を100とする教官もいる。また、これも教官によって多少異なるのだが、一般に総合点数が100〜80の範囲であれば何らかの形のA(A、A−)、79〜60であればB(B+、B、B−)、そして59〜40であればC (C+、C、C−)、そして39〜20の範囲であればD(D+、D、D−)であるとして成績が決まる。**1点差でプラス・マイナスというような微妙な評価を決めるときにクラス参加の態度などが考慮されることもある**。

　成績の解釈に関してはII章を参照してほしい。

2 試験勉強の準備

この章でいう試験とは、いわゆるイン・クラス・イクザム(in-class exam)と呼ばれる大学の教室で受ける試験である。以下のセクションには、持ち帰り試験(take-home exam)などでも役に立つ情報が含まれている。

1 試験に関する情報収集

試験勉強をするにはまず、試験に関する情報の収集が必要となる。最低でも試験の日時と時間(試験の長さ)、試験の範囲、そしてどんなタイプの試験かということを知っておく必要がある。以下、有効な情報収集の方法をみておく。

> **ポイント**
> A 公開されている情報を確認する
> B シラバスからの情報を確認する
> C 教官からの情報を確認する
> D クラスメートからの情報を確認する

A 公開されている情報を確認する

大学の掲示板に張ってある情報や大学のウェブ・サイトに載っている情報にざっと目を通して、試験の日時や長さを調べておく。中間試験は学期中に教官のシラバスに基づいて行われることが多いが、期末試験は学期最後の試験週間に各コースの試験が割り当てられる。

B シラバスからの情報を確認する

ほとんどの教官が最初の授業でコース・シラバスを配ってくれるの

で、これを読んで、試験までの授業の進み具合や成績のつけ方などを確認することもできる。

ただし、**シラバスはあくまでも目安**であり、実際には授業がそのとおりに進まないほうが多いと考えておいたほうがよい。したがって、シラバスに書いてある授業計画は一応のめどにはなるが、**試験範囲や日時は試験前に必ず別の方法で確認しよう**。教官によっては、コースごとにウェブ・サイトを作成し、シラバスをそこに載せて適宜修正しているケースもあるが、それでもやはり、試験が近づいたら再度最新の情報を確認しよう。

さらに、試験範囲に関しては、学習した事項の**どのトピックに焦点を当てた問題を出すのか、主に何から試験問題が出されるのか**（教科書、講義ノート、それともハンドアウトからなのか）も確認しておく必要がある。

成績のつけ方については「1　成績の評価方法」でも触れたが、試験の点数が成績にどのくらい反映されるのかはシラバスにきちんと明記されているので、それも考慮して試験勉強をしよう。実際には試験の点数は成績のかなりの部分を占めるし、**クラスメートとの差が出るのも試験の点数**である。

C 教官からの情報を確認する

多くの場合、試験が近づくと教官は出題範囲を含め、あれこれと説明する。試験のポイントなどについてかなり詳しく話すこともあるので、**この時期は特に注意深く教官の話を聞こう**。その際、**教官が何度も繰り返して言うことや板書したりする事項は大切**である。また、はっきりと "This concept will be on the test.（この概念についてはテストに出します）" などと言ったら、しっかりノートを取って聞き漏らすことのないようにしよう。言うまでもないが、試験が近づいたら病気などの場合は別として、**授業に出席することを最優先させるべきだ**。

試験の１週間前になっても教官が試験のことについて何も触れなかったら、授業の始まる前などに聞いてみるといいだろう。実際には、教官の研究室に個人的に聞きに行く学生もいるようだが、授業の前な

どにほかのクラスメートもいる所で聞けば、クラス全員に貢献できる。また、教官の説明をクラス全員が聞いているわけだから、教官もいちいち説明する手間が省け、さらに一貫性も保てる。

D クラスメートからの情報を確認する

クラスメートから情報を得る方法もあるが、**完全に人に頼ってしまうのはよくない**。間違った情報が伝わってくることがあるし、中には教えてくれない学生もいるようだ。また、間違った情報を信じてしまっても、クラスメートを責めるわけにはいかず、結局のところ自分の責任となる。さらに、そのような情報をほかのクラスメートに流してしまったりすると厄介だ。聞いてそのまま確認もしなかった相手のほうが悪いのだが、中には攻撃的な人もいるだろう。自分としても間違った情報を流してしまったことに気づけば後悔するに違いない。やはり、**情報収集は自分で行い、自分なりに納得したうえで試験勉強に取り組む**ことをおすすめする。もちろん、クラスメートと**情報を共有することは構わないが、確認を怠らないようにしよう**。

2 試験勉強の計画作成

情報収集をした後は、試験勉強の計画を大まかに立てよう。その際の注意点を挙げてみる。

> **ポイント**
> A 時間的余裕を持って試験勉強をする
> B 集中して勉強する
> C 計画倒れにならないようにする
> D チェック・リストを作成する

A 時間的余裕を持って試験勉強をする

計画を立てるときに大切なことは、**試験勉強の開始時期を早めにす**

ることだ。十分な時間を取らなかったために詰め込み勉強になったのでは、よい結果は期待できない。そこで、あくまでも目安だが、英語の母語話者ではないことも考え、**試験の２週間くらい前から試験勉強に取り掛かる**ようにするとよいだろう（もちろん必要であればもう少し前から始めても構わない）。２週間前から始めた場合は、最初の１週間は重要ポイントを試験範囲に合わせて整理し、毎日それを復習しながら大切なポイントを習得していくようにする。そして、２週目つまり試験直前の１週間は、予想問題を作成して練習テストをするといった作業も入れるようにする（詳細は p.327「3 実際の試験勉強」参照）。また、時間的余裕を持って復習していれば、わからない個所が出てきても、オフィス・アワーのときに教官に聞くことができる。

B 集中して勉強する

人間の集中力には限界がある。それを超えると脳のメカニズムがうまく働かなくなり、いくら勉強しても能率は上がらない。また、疲労がたまっても勉強の能率は上がらない。そこで、試験勉強の計画を立てるときは、**数時間集中したら少し休憩を入れてまた数時間集中するようなペース配分**を心掛けるとよい。

C 計画倒れにならないようにする

いったん計画を立てたら、できる限りそれに従うように心掛けよう。せっかく**計画を立てても、実行が伴わなければ意味がない**。前にも述べたが、計画表を壁など、すぐ目につく所に張っておくとよい。また、実行できたものは、計画表に×印などを書いておく。それにより、達成感が得られ、やる気も増してくる。計画どおりにできなかったときは、できなかった事項をはっきりと書き込み、**計画の調整をしてい**くとよいだろう。

D チェック・リストを作成する

試験前にはやることがいろいろあるので、チェック・リストを作って、**済んだ項目をひとつひとつ消し込んでいく**とよい。チェック・リスト

は試験勉強開始日から試験前日までのものを作成しておく。チェック・リストは下記「3　実際の試験勉強」で取り上げる一般的な注意点などを参考に項目をまとめて一覧にし、これも壁に張っておくとよい。

3 実際の試験勉強

試験に関する情報収集をして計画を立てたら、後は計画に従って実行するだけだ。以下、このセクションでは、どんな試験の勉強にも役立つ一般的な注意点と試験のタイプに合わせた勉強方法を考えてみる。

1 試験勉強の一般的な注意点

ポイント
- A 復習としての試験勉強
- B 重要ポイントのまとめ
- C 試験問題の予測
- D 練習用テストの作成と実施
- E クラスメートとの連携

A 復習としての試験勉強

Ⅲ章でも触れたが、試験勉強には普段からの予習や復習が役に立つ。つまり、予習のときにまとめたノートやクラスで取ったノートは授業終了後にざっと見直し、次回の授業に臨む前には前回やったことを見直して復習しておくという、**日ごろの繰り返しが大切**であるということだ。また、それまでに習ったことすべてに定期的に目を通すようにしておくのもよい。そうしておけば普段の蓄積があるので、試験勉強のときには試験の範囲を中心に取り組めば済む。最初から新たにやり

Ⅸ章　成績の評価方法と試験対策

直さなくてもよいわけだ。

B 重要ポイントのまとめ

試験の範囲がわかったら、それに合わせて**講義ノートや予習時にまとめたノートを再び整理し直す**。教官が講義中に板書した事項は特に大切なので、それを中心にまとめるとよい。その際、クラスで配られたハンドアウトや資料などにも目を通しながらノートを整理し直すようにしよう。また、授業中に実施されたクイズやテスト、あるいは以前提出したペーパーですでに手元に返っているものがあれば、それらをもう一度復習し、忘れかけていたところや重要ポイントを簡単にまとめておく。

まとめてしまったら何回も繰り返し見直して覚えていこう。以前のクイズやテストなどの**間違えた個所は、きちんとやり直して正しく理解しておくこと**。さらに、ペーパーの評価がAでなかったときは、どこが悪かったのかを分析して内容を改善しておくことも試験勉強のひとつである。戻ってきたものをそのままにしておくと、いつまでたっても同じ間違いを繰り返すことになる。

C 試験問題の予測

試験の問題を予測しながら、その解答を考えてみたり、試験に出そうな個所を集中的に勉強したりすることも大切だ。その際は、上記 B でまとめた重要ポイントを中心に、**自分が試験問題を作成するとしたらどのようなものにするかを考えて予測してみる**とよい。

また、これまでにも何度か指摘したが、試験直前に教官が説明した試験のポイントは大切なので、しっかりとノートを取り、それらに関する問題も考えてみよう。

D 練習用テストの作成と実施

個々の試験問題を予測しながら復習ができたら、それらをひとまとめにして練習用の**総合的な試験問題を作成してみる**ことも大切だ。また、この総合テストは1種類だけではなく内容の異なるものを**3種類**

くらい作成しておき、それを印刷して実際のテストのときのように時間を計って解答していくとよい。この勉強方法は、1〜2回試したら終わりというのではなく、試験前の1週間にはそれぞれの種類を**毎日もしくは1日置きに繰り返し**、1回目の練習テストでできなかったところは2回目からはできるようにして、**常に完ぺきな解答ができる**ようにしておくのである。

　また、コースによってはスタディ・クエスチョンズ（study questions）といって、教官が復習問題を作成して配ってくれることもある。そのような場合はすべての問題（問題数はかなりあり、学習したことすべてを網羅していることが多い）の答えを作成し、それらを復習して、その中の問題、もしくはそれらと似たようなものが出たら解答できるようにしておこう。ちなみに、実際の試験ではその**スタディ・クエスチョンズの中から出題される問題もけっこう多い**。

E クラスメートとの連携

　前にも述べたがクラスメートに頼り切るのはよくないし非現実的だ。試験勉強は、**基本的には自分で進めたほうがいい**。仮に、友人のノートを借りられたとしても、自分に合ったまとめ方をしていないと、読んでもなかなか頭に入ってこない。省略して書いてある個所などは本人にしかわからないので、結局自分でやったほうが能率的になる。やはり**クラスメートとの意見交換は、自分なりに準備が整ってから**にしたほうがいいだろう。

　クラスメートと意見を交換する利点のひとつに、試験問題の予測がある。クラスメートと一緒に試験問題を考えれば、自分とは異なる予測をする人もいるので、いろいろな問題ができるかもしれない。また、自分が見落としていたポイントがわかったりして役に立つ場合もある。機会があれば、たまにはクラスメートと一緒に勉強するのもお互いに刺激があっていいかもしれない。ひとりで勉強しているとついテレビを見てしまったりビールを飲んでしまったりしそうだが、横に一生懸命頑張っているクラスメートがいれば、誘惑に負けることもないだろう。ただし、「一緒に勉強しよう」と誘われても「教えてもらえる

に違いない」などとは考えないことだ。これは**あくまでも、「一緒に、それぞれの勉強を自分のやり方でやろう」という意味**であり、「勉強を教えてあげよう」ということではない。

エピソード 16

一緒に勉強しよう？

　留学して2学期目のことだ。「英語教授法（TESOL Method）」というコースを取っていたとき、クラスメートから「一緒に勉強しよう」と誘われた。「わからないところもあるし、教えてくれるかな」くらいに考えて約束した場所に出向いたのだが、いざ勉強が始まると、クラスメートは自分ひとりで黙々と勉強しだしたのである。日本での大学時代のように友人のノートを借りたり、答えを教わったり、予想問題を出し合って解答を言い合ったりしながら勉強をしていくものと思っていたのにと驚きつつ、黙々と勉強しているクラスメートに質問するのも悪いので、私も計画に従ってやるべきことをやり始めるしかなかった。このとき感じたのは、いくら一緒に勉強するといっても、友人は友人、自分は自分、やはり自分なりの計画をしっかりと立てて勉強を進めていかなければならないということ。傍らで真剣に勉強している友人がいれば、こちらも誘惑に負けずに集中して勉強ができる。人と一緒に勉強することのメリットはそういう点にあるのであって、勉強を教えてもらえるなどといった都合のよさにあるのではないとあらためて考えさせられた。

（広島　M.S.）

---

2 試験のタイプに合わせた学習方法

　前のセクションでは、どんなタイプの試験にも役立つ一般的な勉強法をみてきたが、ここでは試験のタイプに合わせた学習方法について説明する。以下、その種類をポイントとして挙げてみた。

> **ポイント**　A 客観的(objective)テスト
> 　　　　　　B 主観的(subjective)テスト
> 　　　　　　C 理系やビジネス関係のコースのテスト

A 客観的テスト

　客観的テストとは、*True / False*（*T / F*）の問題や多項選択方式の問題のように、正解を見分けさせたり指摘させたりすることにより、内容をきちんと理解しているかどうかを確認する試験だ。言うまでもないが、これらのテストでは、**常に正解はひとつである**。

　T / F の問題とは下記のように、問題文の記述が正しいかどうかを判断させるものである。

　　例1　Nathaniel Hawthorne lived in Concord, Massachusetts for all his life.
　　　　a) True
　　　　b) False

　一方、**多項選択方式**は「マルティプル・チョイス（multiple choice）」と呼ばれている。よくあるのがマークシート方式の試験などで、4つの選択肢の中からひとつ正解を選びなさいというものだ。この形式の問題はどんなに文章を書くことが苦手な学生でも解答できるし、採点に時間もかからないので**意外と使われる**（詳細は p. 350「B 多項選択方式の問題」参照）。

　こうした客観的テストでよい成績を収めるためには、選択肢の細かい記述にまで気を配って正解を見分けられるように、**学習事項を満遍なく復習し、その内容を覚えていなければならない**。以下、そのためにできることを3つのポイントに分けて確認しておく。ここで大切なのは特に**詳細な部分について、知識を確実なものにしていく**という作業である。

a. 》自己の知識の確認

　まず、学習事項について**自問自答する形で自分の知識を確認**し、忘れかけているところは復習して覚えていくようにする。教科書を使うのであれば、最初にアウトラインにざっと目を通し、忘れていた情報を発見したら、その時点でしっかりと覚えてしまうのである。あるいは講義ノートを読みながら、学習事項をどのくらい覚えているのかをテストしてみて、**忘れてしまっている個所は集中的に復習**しておくのもよい。

b. 》重要ポイントの確認

　授業中に配布されたハンドアウトを使って、**重要ポイントを繰り返し復習**しておくのもいいだろう。教官によって作成されたハンドアウトは、重要ポイントの羅列のようなものなので試験勉強にはとても役立つ。ハンドアウトを見ながら知識の確認をし、そこにある事項について、知っていることをすべて肉付けしながら学習内容を思い出すこともできる。

c. 》確認テストの実施

　試験が近づくと、教官がスタディ・クエスチョンズ（study questions：試験勉強のための問題）を作成してくれることもあるので、それらの問題に答えながら復習を進めていくこともできる。

B　主観的テスト

　主観的テストの問題には大きく分けて2種類あり、短い解答を書く問題（short answer questions）とエッセイを書く問題（essay questions：以下、エッセイ・テストと呼ぶ）によって構成される。主観的テストでは、同じことを言うのであっても学生によって表現方法や使用語句などが異なり、さまざまな解答が予測されるが、**テストの採点は書かれている内容に基づいて行われる**。

a. 》短い解答を書く問題（short answer questions）

短い解答を書く問題とは、ある概念や言葉の定義（definitions）を書いたり、何かが起こった過程、経過、原因やある事柄の構成要素を列挙したり、あるいは W/H（what、why、where、who、which、how）の質問に答えたりというようなものだ。これらは、長くても**100語以内のワン・パラグラフで答えられるもので、短い場合には個条書きで答えられるものや、単文で答えられるもの**もある。

このような質問に答えられるようにするには、まず、各章のタイトル、サブタイトルなど、教科書に太字で書かれている見出し部分をざっと見て**アウトラインを理解する**。次に各章内でサブタイトルとなっているような重要なポイントや文中に太字や斜体で書かれている事項を列挙し、覚えていく。それから、**専門用語などの定義は自分なりにまとめ、何回も見直して覚えていくことだ**。その際に似たような用語が出てきたらそれらはどう違うのかも明確にしておく（例えば、「人類学[Anthropology]」でよく見かける "monotheism[一神教]" と "polytheism[多神教]" のそれぞれの定義と違いなどもその一例）。

さらに、W/H の質問に答えられるように、何かが起こった**経過やある現象の原因や結果などを手短にまとめて繰り返し目を通しておく**必要もある。教官がスタディ・クエスチョンズをくれたときはそれらの解答を作成し、それを毎日見直すなどして覚えていく。

b. 》エッセイ・テスト（essay questions）

エッセイを書く際に大切なことは「何をどのように書くか」だ。まず「何を書くか」だが、エッセイを読んだ教官が「**この学生は与えられたトピックを理解しているな**」と判断してくれるものでなくてはならない。そのためには試験勉強で身につけた知識をすべて出し切れるように、学習事項の概要をつかんでいる必要がある。

さらに、「どのように書くか」という点について言えば、エッセイの構成なども考え、**言いたいことを適切な構成方法で書かなければならない**。同じことを書いてあっても**理路整然と構成されているほうが得点は高い**。以下、クラスで与えられた時間内に書く、このようなエッ

セイ・テストの準備の方法を考えてみる。

●問題を予測する

　まず、講義ノートやハンドアウト、教科書の章末問題などを参考にしてエッセイ・テストの問題を予測しよう。

●予測問題に関する情報を収集する

　問題を予測したら、次はエッセイを書く際に必要な情報を収集するブレーン・ストーミングだ(詳細は「Ⅶ章　ライティング」参照)。

●アウトラインを作成する

　収集した情報を基に例題なども含めた詳しいアウトラインを作成し、予測したような問題が出された場合に書くことを記憶しておこう。

●解答(エッセイ)を作成する

　ここまで準備しておけば、本番でもすぐ書き出すことができ、時間内に書き上げることができる。また、時間が許せば、実際にエッセイを書いて練習をしてみてもよい。教官が試験勉強のためのエッセイ問題を作成してくれたら、解答を作成して覚えていくことをおすすめする。実際の試験はその中から出るか、あるいはそれにかなり近いトピックが出されると考えてよい。

C 理系やビジネス関係のコースのテスト

　ここでは試験内容がまったく異なる、「数学(Mathematics)」「物理(Physics)」や「コンピューター(Computer Science)」などのクラスを称して理系のコースとしておく。コンピューター関係のコースの試験では、**実際にコンピューターを使って何らかの作業をする**ことになる。最近では実践的なビジネス関係のコースにはコンピューターが欠かせない。

　数学や物理の応用問題は公式、決まりや定理を知っていても解けないこともあるので、**練習問題をいくつもこなし、さまざまな形式の問**

題に慣れておく必要がある。

　コンピューターやそれを応用したビジネス関係のコースでは、例えば、プログラミングをしたり、Excel を使って経営管理の方法を学んだりというように、コースごとの用途は異なるものの、いずれもコンピューターを使いながら実践的にコースを進めていく点は共通だ。試験のためには授業で習った技術が身についていなければならないが、こうした技術は頭で覚えるより、実際の作業を通して覚えていくものなので、記憶が確かなその日のうちに**学習した操作手順を再度試してみて、完全に自分のものにしてしまおう**。授業中には自分の覚書のつもりで**作業手順をノートに書いておく**。後で部分的に忘れてしまってもこのノートを見れば使い方などがわかるので、試験勉強にも役に立つ。

3 学習事項を、試験に役立つ記憶にするこつ

　学習した内容は、何回も繰り返し復習して身につけていくわけだが、ただ単にノートや教科書の重要事項を眺めていてもあまり効率がよいとは言えない。短期記憶として保持することが目的なので、**効率のよい反復学習を心掛けなくてはならない**。そのためには何らかの工夫を凝らしながら、学習内容をできるだけ早く覚えてしまうことがポイントだ。いったん覚えてしまえば、後はそれらを忘れないように定期的にチェックする程度で済むので、復習に時間がからず能率も上がる。ちなみにすでに紹介した予測試験問題を作成し、繰り返してやってみるのも能率を上げるためのひとつの方法である。試験勉強期間という限られた時間内に何度も繰り返し復習することができれば、本番で取り出せる記憶として保持できる。

　では、試験に役立つ記憶につながるような復習の仕方を、「一般的な注意点」と「知っておくと役に立つ工夫」に分けて具体的に考えてみよう。

A 復習をする際の一般的な注意点

　復習をするときには**意識して重要ポイントを覚えよう**。その際、集

中して学習する習慣をつけることも忘れてはいけない。また、前にも述べたが**自分に合った方法で勉強する**と能率が上がる（詳細はⅢ章参照）。この理屈からすれば、書かなくても覚えられる学生もいるかもしれないが、実際の試験では書く作業が不可欠なので、目で追って覚えた情報は**試験前に少なくとも一度は書いて確認しておく**ことをすすめる。なお、**学んでいる内容に自分から積極的にかかわって興味を持つ**ことも大切である。

B 知っておくと役に立つ工夫

ここでは、おすすめの記憶法を紹介しよう。確かに、学習方法は十人十色かもしれないが、試してみる価値はある。以下の方法は筆者がよく使うもので、一般的に紹介されている記憶術とは異なるものもあるかもしれない。

> **ポイント**
> **a.** イメージ化
> **b.** 結び付け
> **c.** こじつけ
> **d.** 頭文字

a. 》イメージ化

ここでいうイメージ化というのは、図や絵などに新情報を結び付けて覚えるということではない。この方法では、まずノートなどにまとめた重要ポイントを、自分が一度に覚えていられる量に集中して**読み返す**。その直後に頭の中で覚えていることを**復唱する**。その後すぐに確認の意味で、**どれだけ覚えているかをテストする**。その際に、**教室にある黒板（もしくはホワイト・ボード）に自分がたった今覚えたポイントを書いている姿を想像する**。いかにも、覚えていることをクラスメートに講義するかのように板書している姿だ。またそれと同時に、**イメージの中で書いている文章を頭の中で追っていく**ことで、直前に学習した内容を覚えているかどうかを確認していく。

これは、イメージの中での作業だが、そのイメージをアカデミック

な活動の根拠地となる教室での動作に結び付けることにより、不思議なことにやる気になってくる。**途中で思い出せなくなったらもう一度ノートに戻りポイントを確認して、イメージの中で完全に書けるようにする。同じ動作を繰り返す**ことによりすべてを覚えていくわけだ。何度か同じ作業を繰り返して小さなセクションを覚えたら、もう一度最初に戻って板書を繰り返す。

　この作業では、あくまでも重要事項を何かに書いている姿をイメージすればいいのだから、板書でなくても、**ノートなどに書いている姿や試験を受けているところを想像してもよい**。この方法の長所は、集中さえできればどこにいても、そして鉛筆や紙などがなくてもできることだ。また、イメージの中で書くと実際に書くときより時間が短くて済み、短時間で復習ができる。

b. 》結び付け

　ここでいう「結び付け」とは、新たな情報をそれ単独で覚えようとするのではなく、**既存の情報に結び付けて、それに加味した形で覚えていく**ものである。この方法は内容中心に新たな知識を身につけるときに役立つ。

　例えば、地球温暖化に関する新情報として「地球温暖化はただの自然現象である」という新説に接した場合、当然その根拠となる主張や科学的なデータなども同時に与えられるだろうが、こうした新情報を単独で覚えるのではなく、「地球温暖化の原因は空気中の二酸化炭素の増加である」という従来の説と一緒に覚えていくということだ。そうすることにより、それまではひとつしか知らなかった温暖化の原因を体系立てて増やすことができる。

c. 》こじつけ（ごろ合せ）

　この方法は**人名や年代、専門用語などの言葉を覚えるときに使われ、音声を中心にしたもの**だ。例えば、「望(のぞむ)」という名前をいつも間違えて「のぞみ」と読んでしまったり、「のぞむ」だったのか「のぞみ」だったのか忘れてしまったりするようなときは、長期記憶として保持

されている「鉄腕アトム」という単語にこじつけて、「アトム」の最後の「ム」であると覚えておくとよい。そうすれば、名前の読み方を忘れてしまっても「アトムのムなので、のぞむだったな」と思い出せる。

　年代に関しては多くの人が経験済みだと思うが、例えば「大化の改新はむしごひき（645年）」というように**ごろ合わせで覚える**といい。多少理屈っぽく説明するとこの場合、ごろ合わせの文字列を考えるので意識が高まり、その過程さえも記憶を助長することになるのである。

　英語の専門用語は、**音が似ている日本語の単語にこじつけて覚える**こともできる。例えばあるコースでヒンズー教について学習していて"karma（カルマ）"という概念が出てきたとする。この専門用語を覚えるのであれば、音が似ている「くるま」にこじつけるという方法もある。

d. 》頭文字

　当然のことながら、長い文章より短い文章のほうが記憶に残りやすい。さらに、先行研究によれば、思い出す手掛かりとなる最初の出だし（retrieval cue）がわかれば後はすらすらと出てくると考えられている（Gleitman, Fridlund, & Reisberg, 2000）。この理屈に従えば、**頭文字を使って重要ポイントを覚えていく**と効率のいい学習ができることになる。この方法はある物事の過程、経過や原因、そして事柄の構成要素などを個条書きにして覚えるのに特に役立つ。例えば、「1945年のヤルタ会議に出席した3カ国の指導者の名前と国名を列挙せよ」というような問題に答えられるように、CRSという頭文字で"Churchill" "Roosevelt" そして "Stalin" を覚え、それぞれの指導者の国名（Britain、the United States、the Soviet Union）も一緒に頭に入れておく。ここでのRSというつながりは、アルファベットの前後なのでそのことにも注意しておくと覚えやすい。試験のときにはCRSが何の頭文字だったのかをまず思い出す。そして、人名が出てくればそれぞれの指導者がどこの国の人かも芋づる式に出てくるわけだ。

4 緊急時に役立つ学習方法

　学期を通して定期的な復習をし、試験前の2週間くらいは特に集中して復習をしていれば試験の準備は万全に整うわけで、もちろん、そうあることを願いたいのだが、実際はそうもいかないことがけっこうある。例えば、病気になったり、忙しさのあまり復習を怠ってしまったり、遊び過ぎてしまったり、不慣れで思うように学習がはかどらなかったり、プロジェクトなどに時間をかけ過ぎて復習の時間がなくなってしまったりすることもあるようだ。

　そこで、試験までに時間があまりない状況（試験数日前、あるいは試験前日）におかれたとき、あきらめてしまうのではなく、**限られた時間内に行う試験対策**も紹介しておく。ただし、この学習方法は**緊急時の非常手段**であることを理解しておいてほしい。以下、詰め込み勉強をするときの注意点を挙げてみる。

> **ポイント**
> A 試験範囲をざっと見る
> B 重要事項だけをざっと復習する（講義ノートや教科書、ハンドアウトなどを利用）
> C 的を絞って試験問題を予測する
> D 予測した問題の解答を作成する
> E 暗記する

　理想的な時間的配分を考慮すればA～Dまでは1日目に済ませるべきことだが、Dがすべて終らなかったら2日目にそれを完成し、その後すぐ暗記に取り掛かる。少なくとも試験の前日には暗記を残すのみにしておきたい。

　なお、試験前日になってようやく試験勉強に取り掛かるという場合は、時間が極端に限られるので、とりあえず最も出題されそうな問題をひとつ予測してその解答を作成し、それを暗記したら次の問題を予測するという具合にひとつずつできるところまでやっていこう。

A 試験範囲をざっと見る

　まずしなくてはならないのは、試験範囲の把握だ。講義ノートなどを参考にしてどこが試験範囲なのかを調べる。この場合、緊急なのでクラスメートに試験範囲を聞いてもいいだろう。

B 重要事項だけをざっと復習する

　試験範囲がわかったら、教科書の太字で書いてあることやアウトラインなどの重要事項にざっと目を通して概要を大まかに頭に入れておく。細かいところまで見ている時間がないので、すべてに手を広げようとせず重要ポイントだけつかんで、**最低でも試験問題は理解できるようにしておこう**。問題が何のことかわからないようではそこから先には進めない。問題がわかればそれを基に推測することができるし、短いエッセイなどを書くのであれば、何かは書くことができるだろう。

C 的を絞って試験問題を予測する

　重要事項に目を通したら、それらに関する試験問題を予測して書き出す。教科書の章末に掲載されていたり、教官が配ってくれたりしたスタディ・クエスチョンズを使うときは、まずそれらすべての質問に目を通して、その中から試験に出そうなポイントを自分で予測し集中的に勉強するようにする。目安としては、数日で完ぺきにできるであろうと考えられる5〜8問に的を絞る。

D 予測した問題の解答を作成する

　次に予測した試験問題や的を絞ったスタディ・クエスチョンズの解答を作成する。ここでは、いちいち問題まで書く必要はない。**解答だけを書いていけば十分だ**。これは書くという作業を通して覚える利点もあるので、タイプするより手書きをしていったほうがいい。

E 暗記する

　解答が出来上がったらそれを暗記していくことになる。まずは**解答**

を読みながら暗記し、ひとつのセクションが終わったら**暗記したことを書いてみよう**。同様の作業を試験範囲の全セクションで繰り返し、それでも時間があったら**もう1度書いてみる**。2度も書いておけばほとんどの場合は試験終了くらいまでは覚えているはずだ。ただし度忘れをしてしまうこともあるので、念には念を入れて、時間があるのなら**3度目は頭の中で復唱**しておくとよい。

　注意してほしいのは、これはあくまで単なるその場しのぎであるという点と、自分が予測した部分が試験に出るとは限らないという点である。また、緊急時に重要ポイントを適切に見分けることができるようになるには、やはり**普段からの学習の積み重ねが大切**になってくる。

4 試験前日の注意点

> **ポイント**
> A 十分に睡眠を取る
> B リラックスする
> C 持ち物の点検をする

A 十分に睡眠を取る

　試験勉強は、**試験の前日までに終了し、その晩は十分な睡眠を取る**ことが大切である。もちろん、徹夜してでももう少しやりたい気持ちは理解できるのだが、そのような労力を費やしても能率は上がらない。つまり、試験前日に夜更かししてもしなくても学習量は大差ないということだ。むしろ寝不足になる分、**夜更かしはデメリットが多い**。

B リラックスする

　試験前夜は余裕を持っておいしいものでも食べてリラックスするこ

とだ。もちろん、アルコールはあまりすすめられないが、食事と一緒に飲む程度ならかえってリラックスできる人もいるかもしれない。また、「**自分はしっかり試験勉強をやってきたので、後は本番でベストを尽くすだけ**」と考え、早めに床に就こう。試験が待ち遠しいくらいになればしめたものだ。

C 持ち物の点検をする

試験前日には、当日使う筆記用具や必要な場合は定規や電卓（数学や統計の試験用）、辞書などをそろえておく。また、時間を知るための腕時計などは持って行ったほうがよい。鉛筆を使うならきちんと削って予備として3、4本は持って行きたい。また、試験はノート持ち込み可のもの（open notebook）もあるので、その場合はノートも忘れずにかばんに入れ、**すべて準備が整った状態にしてから床に就こう**。試験当日にと思っていると時間がないことが多く、忘れ物をしたりすることもある。**準備は必ず、前日にしておくべきだ**。ノートの持ち込みが許されている試験でノートを忘れたりすると悲惨な結果になる。次の「エピソード」では、ノートの持ち込みが許された試験に触れているので、参考にしてほしい。

エピソード 17

せっかくのチャンスをふいに……

私が取っていた「人類学（Anthropology）」のコースでは、中間試験へのノートの持ち込みが許されていた。その試験は、短い解答を書くタイプのもので、2週間前に、教官は親切にも2～5行くらいの短い解答が要求される試験勉強用の問題を学生に配ってくれていた。試験にはこの練習問題と似たような問題が出るという話だった。つまり、練習問題の解答をノートに作成して試験会場に持ち込めば、よい成績が収められるということだ。試験当日、筆記用具など必要なものはすべてかばんに入れて登校したつもりだったのだが、いざ試験が始まってみると、肝心のノートを忘れたことに気づいた。クラスメ

ートがノートを参考にすらすら答えを書いている様子を見てとても焦ってしまい、結局、試験の結果は C に終わってしまった。試験で好成績を上げられるチャンスをみすみす逃してしまったようなものだ。前の日から持ち物をしっかり準備しておけば、こんな悔しい思いはしなくても済んだのに。

(長野　Y.K.)

5 試験当日の注意点

さていよいよ試験当日だ。ここまで来たらもうすべきことはないと考えてはいないだろうか。実は、少しでも成績を上げるためにできることはまだあるのだ。いくつかポイントを絞ってみてみよう。

ポイント
- A 時間的余裕を持って試験会場に入る
- B 席を確保し、気持ちを落ち着かせる
- C 自信を持って臨む
- D ベスト・コンディションで臨む

A 時間的余裕を持って試験会場に入る

試験当日は、交通事情なども考慮して早めに家を出よう。具体的には、**試験開始の10分前には教室に入っているのが望ましい**。試験開始時間ぎりぎりに到着して息つく暇もないまま試験に臨むのはすすめられない。また、1分たりとも遅刻が認められないこともあるので、十分に注意しよう。

B 席を確保し、気持ちを落ち着かせる

　試験当日、教室に入ったら自分の好きな席を確保し、気持ちを落ち着かせて試験開始を待とう。席に着いたら、余計なおしゃべりはしない。特に、**クラスメートとの試験に関する会話は避けたほうがいい**。学習内容について土壇場でクラスメートと見解が食い違えば、あたふたしてしまうからだ。また、直前に見直しなどをしてもそれが点数につながる確率は低い。**教室に入ったら、リラックスする**ように努めたほうがよい。

C 自信を持って臨む

　当日は、しっかりと準備をしてきたので試験に何が出ても大丈夫というくらいの**自信を持ってＡを目指そう**。自信があればやる気が向上し、いい結果へとつながっていく。やってできない人間なんていないのだから。

D ベスト・コンディションで臨む

　言うまでもないが試験には体調を整えて、ベスト・コンディションで臨むようにする。そのためにも前夜は十分な睡眠を取ろう。試験当日は朝食をきちんと取り、一日の活力を蓄える。**試験直前になってから満腹になるほどたくさん食べることはすすめられない**が、スナックなどを少し食べ、空腹を満たしておくのはよいだろう。よくいわれることだが、試験の直前には砂糖の塊のようなお菓子は食べないほうがよい。砂糖には神経を刺激する成分が入っているので、落ち着きがなくなったりする可能性があるからだ。

6 試験中のストラテジー

さていよいよ試験開始だ。ではまずどんな試験にも共通する一般的なストラテジーを説明し、その後で試験の種類別のストラテジーにも触れてみたい。

1 一般的なストラテジー

> **ポイント**
> A 最初にすべての問題に目を通す
> B 時間配分を決める
> C 簡単な問題や得意な問題から解答する
> D 試験問題をよく読む
> E わかりやすく書く
> F すべてに答える
> G 焦らない
> H カンニングはしない

A 最初にすべての問題に目を通す

問題が配られたら、すべての問題にざっと目を通す。あまり時間をかける必要はないが、問題のタイプや難易度、配点をひととおり見て、**どの問題から取り掛かるかを決める**。また、試験問題は何セクション（何番）まであるかということも確認しておいたほうがよい。さらに、ざっと目を通しているとき、わからない問題があっても慌てないことだ。**わかる**問題に集中すればいいだけのことである。そこで気が動転してしまうと、わかるものまで書けなくなってしまうこともある。何問かわからなくても大したことではないくらいに考えよう。

B 時間配分を決める

　すべての問題に目を通したら、**簡単に時間配分を決める**。例えば、ある試験問題が6セクション（1〜6番）まであり、試験時間が1時間であれば、単純計算ではひとつのセクションに10分以上はかけられないことになる。だからといって1問当たり10分と設定したのでは余裕がなさすぎる。この場合ならひとつのセクションを8分くらいで済ませるように心掛け、**見直しもできるようにしよう**。もちろん、簡単な問題、得意とする問題、難しい問題と問題もさまざまだが、それらに合わせて細かい時間配分を決める必要はなく、**大まかな目安だけでよい**。簡単な問題や得意とするものなら8分かからないだろうから、そこで時間が余り、難しい問題に8分以上かけることが可能となる。

C 簡単な問題や得意な問題から解答する

　試験問題は必ずしも最初から解いていく必要はない。最後のほうに自分の得意な問題があったら、そこから始めてもかまわない。一般的には、**やさしい問題から解答していく**ことをおすすめする。そうすれば、難しい問題に時間をかけてじっくり考えることができる。また、わからない問題があったら後回しにし、**わかるものからやっていく**とよい。わからないものを考えていて時間がなくなってしまって、わかるものもできなかったというのでは後悔する。何となくわかるような気がするがちょっと考えたいという問題は、知らず知らず時間をかけ過ぎてしまうこともよくある。このような問題は捨て難く、ほかのやさしい問題を差し置いてもこだわりたくなるが、後回しにしたほうがよい。

D 試験問題をよく読む

　試験問題は注意深く読もう。必要であれば2度読むこともおすすめする。質問の意味がわからなければ、それ以上先には進まないことだ。もし、どうしても理解できなかったり、はっきりしなかったりする個所があったら、試験監督をしている**教官のところに行って聞く**しかな

いだろう。仮に教えてくれなくても失うものはないので聞く価値はある。1度か2度なら、たいていは教官も教えてくれるはずだが、**聞き方には工夫**して "I don't understand this direction.（この設問が理解できない）" と言うのではなく、"I wonder if you could explain what you mean by . . .（この設問はどういうことなのか説明してほしい）" という具合に聞けばよい。教官に聞きに行くとなると勇気がいるだろうが、そこであきらめてしまうと後で後悔するかもしれない。また、何らかの理由で試験中に教官が教室からいなくなったら、帰って来るまで待とう。試験中はクラスメートとの会話は禁じられているので、わからないからといってクラスメートに聞くことは絶対にできない。カンニングをしたのではないかと疑われても仕方ないし、それより相手のクラスメートに迷惑を掛けることになりかねない。

　次に、それぞれの設問の最初に書いてある問題の**解答方法の指示(directions)もしっかり読み**、何をするのかをはっきりさせてから解答していく。例えば空欄に適語を入れる問題の場合、「同じ言葉は使えない」という注意書きがあるかもしれない。解答方法の指示を読まずに、もしくは一部しか読まずに問題に取り掛かったりすると、こうした大事なポイントを見落としかねない。

E　わかりやすく書く

　解答を書くときは、読み手（教官）のことを考え、**きれいに読みやすく書く**必要がある。自分だけが読めるような字では困るし "a" なのか "d" なのかわからないような字でも困る。下手でもそれなりにきちんと書くことだ。教官は何十枚というペーパーを読まなくてはいけないので、スムーズな採点作業を妨げるような読めない字やわかりにくい字は当然印象が悪くなる。また、訂正個所はきちんと消しゴムで消して書き直そう。鉛筆やボールペンで訂正個所を真っ黒にしているようなペーパーはとても印象が悪い。さらに、意外と多いのが極端に小さな字で書いてある答案用紙だ。字の汚さには多少目をつぶるとしても、**字のサイズくらいは普通の大きさ（タイプで打つときの12フォント・サイズくらい）を心掛けてほしい。**

IX章　成績の評価方法と試験対策

F すべてに答える

　一般的には、間違えても減点されることはないので、正解がわからなくても推測してとにかく**すべてに答えるのが望ましい**。また、**迷ったら最初に決めた答えや頭に浮かんできた考えを変えないほうがいい**。正解がわからなかったり、迷ったりしたときの対応方法は試験の種類別に次の「**2** 試験の種類別ストラテジー」で詳しく述べる。

G 焦らない

　試験は落ち着いて受けよう。おかしなもので、慌てたり焦ったりすると、試験問題を読み違えたり、わかっているところを飛ばしてしまったり、肝心なことを度忘れしてしまったりと、ろくなことがない。例えばひとつの問題に時間をかけ過ぎてしまってすべての問題ができそうになくても、焦らずに、取り掛かっている問題をきちんと仕上げよう。基本的には F で説明したようにすべての問題に答えるようにしたいが、**できないものはあきらめるしかないくらいの気持ち**でやることも大切だ。

H カンニングはしない

　どんな形であれカンニングは認められない。ノートや教科書を持ち込んでもいい試験は別だが、通常は、資料を見て書いたり、試験中にクラスメートとしゃべったり、ましてやクラスメートの答案用紙を見たりするのはルール違反だ。北米では**カンニングに対しては厳重な措置が採られる**。見つからなければいいという不健全なことは考えず、カンニングは絶対にやってはいけないという考えをしっかり持とう。**カンニングが発覚すれば単位を落とすのは当たり前**だ。

　試験中にクラスメートに話し掛けられることはないと思うが、万が一何か聞かれたら、相手のほうは見ずに解答に集中し（例えば、答えを書きながら）、ひと言 "Don't ask me, please.（話し掛けないで）" と声に出さずに（無声音を使って）言えばいいだろう。聞こえないふりをして無視するのは簡単だが、聞こえないのかと思い何度も聞かれると

迷惑だ。聞かれたからといってクラスメートと話をしていると、聞いてきた相手だけでなく、**聞かれた自分も処分の対象になる。**

2 試験の種類別ストラテジー

このセクションではそれぞれの試験の特徴を中心に、知っていれば役に立つ試験でのストラテジーをみておく。正解がわからなかったり、迷ったりしたときにどのように推測したり対応したりしていくかも踏まえて考えてみる。テストの種類は以下の4つに大別されるので、順に説明しよう。

テストの種類

A *True / False* (T / F)の問題
B 多項選択方式の問題（multiple - choice questions）
C 短い解答を書く問題（short answer questions）
D エッセイ・テスト（essay questions）

A True / False の問題

T / F の問題は前にも述べたが、記述が事実であるか否かということを問う問題なので、その性質上、「歴史（History）」や「心理学（Psychology）」「地理学（Geography）」「ビジネス（Business）」などでよく使われる。この手の問題に取り組む際に注意してほしいポイントは以下の4つだ。

> **ポイント**
> **a.** 正しい文章のほうが多い
> **b.** 極端な頻度や程度、全体を表す言葉には注意する
> **c.** 長い文章や理由を表す文章には注意する
> **d.** 否定文には注意する

IX章 成績の評価方法と試験対策

a. 》正しい文章のほうが多い

T / F 問題は一般に正しい文章 **T のほうが多い**といわれている。つまり問題が 10 問あれば少なくとも半分の 5 問は T となるものである。したがって、わからない個所が出てきたら、とりあえず **T にしておけば正解の確率は高くなる**ようだ。

b. 》極端な頻度や程度、全体を表す言葉には注意する

極端な頻度を表す "no, never, always" や極端な程度を表す "none, only, entirely, completely" そして全体を表す "all, every, not at all" **というような言葉が使われていると、たいてい答えは F だ**。T のときはそれらの言葉の代わりに "usually, seldom, often, sometimes, probably, many, most, a few" などが使われている。解答がはっきりわからなかったらこれらの言葉を手掛かりにしてみるとよい。

c. 》長い文章や理由を表す文章には注意する

たいていの場合、**長い文章や理由を表す文章は F のことが多い**。長い文章はそこに書かれているすべてが正しくないと T にはならないし、理由を表す文章は内容が間違っていたり、すべての理由が述べられていなかったりするので、注意深く読む必要がある。

d. 》否定文には注意する

"not" や "un-, dis-, im-, ir-, non-" といった**否定の接頭辞は注意**しよう。見落としてしまうことがあるので、問題を読みながらそれらに下線を引いてもいいくらいだ。答案を戻してもらってから「そういえばここに "not" って書いてあるじゃない!」と自分の間違いに気づくことはよくある。また、二重否定は混乱しやすいので落ち着いて考えることだ。

B 多項選択方式の問題

多項選択方式では、まず試験の採点方法を知ることが大切で、**間違った解答が減点されるかどうかを確かめておく必要がある**。そして、

問題文をしっかりと読んで質問の意味を理解し、それから選択肢を選ぶ。**正しい答えがわからないときは消去法を採用し**、絶対に間違っていると確信の持てるものから消していくとよい。さらに、**最初に選んだ答えは変えないほうがよい**。これはよく言われることだが意外と当たっている。それでは、以下、Shepherd (1994) より、消去法を使う際のポイントを紹介しよう。ただし、ここで紹介するポイントは**あくまでも多項選択が持つひとつの傾向を示しているにすぎない**。つまり、ここで紹介するポイントを利用すればいつでも正解できるというわけではないので、その点をくれぐれも注意してほしい。

> **ポイント** **a. 正しい選択肢の特徴**
> ・"all of the above" という選択肢
> ・情報量の多い選択肢
> ・似たような選択肢
> **b. 正しくない選択肢の特徴**
> ・極端な頻度や程度や全体を表す言葉
> ・なじみのない用語
> ・理路整然としていない選択肢や批判的な選択肢
> ・極端な数

(Shepherd, 1994, pp. 250-254)

a. 》正しい選択肢の特徴

Shepherd (1994) によれば、"all of the above" という選択肢があれば、それが**正解**となる傾向があるという。

　　例1　Benjamin Franklin was
　　　　a) a printer
　　　　b) a diplomat
　　　　c) a scientist
　　　　d) all of the above

例1では正解は d) の "all of the above" である。つまり、この例

では、ベンジャミン・フランクリンがどういう人物か知らなくても "all of the above" を選択すれば正解になる。

次の傾向として、**情報量の多い選択肢は正解**であるとされている。

例2　Meriwether Lewis was
　　　a) quiet
　　　b) pessimistic
　　　c) both *a* and *b*
　　　d) none of the above

例2では c) が正解なのだが、確かに "both *a* and *b*" という選択肢がメリウェザー・ルイスに関する情報を最も多く含んでいる。

最後に、**似たような選択肢があれば答えはそのうちのどちらか**であるという特徴がある。

例3　Distances north or south of the Equator are measured by
　　　a) lines of longitude
　　　b) lines of latitude
　　　c) topography
　　　d) plateaus

例3では a) と b) が似たような選択肢なので、このうちのどちらかが正解ということになる。ちなみにこの場合の正解は b) だ。

b. 》正しくない選択肢の特徴

まず、**極端な頻度や程度、全体を表す言葉**に関してだが、これは前述の「T/F の問題」と同様に考えればいいので、上記のセクションを参照してもらいたい。具体例としては、前述の例2の d) の選択肢の "none of the above" が正解ではないということである。

次に、**なじみのない用語を含んでいる選択肢は正解ではない**場合が多い。なじみのない用語とはたいていの場合は難しい専門用語である

ことが多い。

> **例4** Many researchers at the present time believe that attention-deficient hyperactivity disorder (ADHD) is caused by
> a) retrograde amnesia
> b) dysfunction in brain circuits
> c) agoraphobia
> d) anorexia nervosa

例4では選択肢 a)、c)、d) はなじみのない専門用語である。したがってだれもが理解できる b) が正解となる。ただしこの特徴に関しては逆もあり得るので注意してほしい。つまり**選択肢のひとつだけがなじみのない専門用語で、あとの３つはよく耳にする理解できる表現であれば、そのなじみのない専門用語が正解**となる傾向にあるということだ。

さらに、**論理性や客観性に欠けるような選択肢や批判的な選択肢も正解ではない場合が多い**。

> **例5** A reason William Clark became one of the leaders of an expedition planned by Thomas Jefferson was that he
> a) hated his life at home.
> b) was treated badly by his wife.
> c) could not do anything else due to his lack of knowledge.
> d) had gained a reputation as an explore.

例5では a)、b)、c) はちょっと考えただけでも何かおかしいと感じる。客観性に欠けるし、ありそうにもない。c) に関して言えばちょっと批判的だ。そこで正解は最も客観的な d) ということになる。

最後に、選択肢として複数の数値が提示されている場合、それらの数値の上限と下限は正解ではない傾向にある。つまり、**選択肢が４つ**

の場合なら、真ん中の2つの値のうちどちらかが正解になる確率が高いということだ。

例6 In the national government of the United States, the executive branch consists of

a) 20 departments.
b) 6 departments.
c) 14 departments.
d) 10 departments.

例6では数の上限である a)と下限である b)をまず消去する。そこで残ったのがそれらの間にある c)と d)となり2つの選択肢のいずれかが正解となる。ちなみに、ここでは、c)が正解である。

C 短い解答を書く問題

もう一度確認しておくと、ここでいう短い解答の問題とは、個条書きや単文で答えられるものから、長くてもワン・パラグラフ(100語以内)で答えられるものを指す(詳細は p. 332「B 主観的テスト」参照)。

このような短い解答を求める質問に答えるときは、**要点を簡潔明瞭に書く**必要がある。まず、質問に対する解を書き、日本語の文章によく見られる前置きは、必要であればその後につけよう。

また、何かの原因などを問われる問題は答えを**個条書きにする**といい。原因がいくつもあるのであれば**5つくらいをめど**に大切なものだけ書こう。さらに、正解がわからなくても何か関連のあることを書いておこう。試験勉強をきちんとしておけば、まったく何も書けないことはないはずだ。

それでは、試験問題にはどのようなものがあるかをテンプル大学ジャパンのコースを例に取り、紹介しておく(カッコの中には、問題を提供してくれた教官名とコース名を掲載してある)。太字の部分は解答の仕方を示しているので注意して、どういうことを問われているのかを考えてみよう(詳細は p. 362「7 試験やライティング・アサインメントでよく使われる指示用語」参照)。

(1) **Define** (to recognize a definition or examples of) each of the following:
 -Adjacency pair
 -Prosody
 -Pragmatic knowledge
 (Noel Houck [California State Polytechnic University, Pomona], *Analysis of Spoken Discourse*)

(2) **List** "Characteristics of Intonation Units."
 (Noel Houck [California State Polytechnic University, Pomona], *Analysis of Spoken Discourse*)

(3) **How** did the European powers treat the Native Americans?
 (Hubert Lerch, *Introduction to American History*)

(4) **Who** controlled the Triangular Trade?
 (Hubert Lerch, *Introduction to American History*)

(5) In class we discussed more than a dozen so-called "discourse structures" that are signaled by suprasegmentals in English. **Name** five of the discourse structures that you think are important, and give a new example of each (Be sure to transcribe each example and add appropriate suprasegmental notations.)
 (Kenneth Schaefer, *Sound System of American English*)

(6) Sociolinguist William Labov has written extensively on social stratification based on pronunciation. **Briefly describe** any one of the experiments Labov conducted on the use of dialect pronunciation in America.
 (Kenneth Schaefer, *Sound System of American English*)

(7) **What**'s the difference between a phonemic and a phonetic transcription? **Why** do linguists feel that two kinds of transcription are necessary?
(Kenneth Schaefer, *Sound System of American English*)

(8) Is there a "prestige" pronunciation of English in North America? If so, **what**'s the name of that type of pronunciation? **Where** is this prestigious American English spoken?
(Kenneth Schaefer, *Sound System of American English*)

(9) **What** are Special Economic Zones and **what** has been their impact on changing the economy and society of China?
(Roman Cybriwsky, *Urban Issues and Globalization in Pacific Asia*)

(10) **Explain** in detail how the distribution of human sex chromosomes determines the sex of a human baby.
(Jonathan N. Wu, *Biology*)

D エッセイ・テスト

　エッセイ・テストでは、**4～6パラグラフくらいの短いもの**が要求される。エッセイを書く際の注意点に関してはⅦ章で紹介したが、書き方の順序について1点付け加えておく。限られた時間内に書くこうしたエッセイではまず**アウトラインを書き、そこに肉付けする**とよい。具体的には以下の順序で書くと仮に時間がなくなっても**形だけはできているので、多少でも点数をもらえる**ことになる。では具体的にみていこう。

> **エッセイ・テストを書く順序**
> 1) 導入パラグラフ(introduction)で主題を書く
> 2) 主題を肉付けするそれぞれのパラグラフ（supporting paragraphs）のトピック・センテンスを書く
> 3) 結論(concluding paragraph)を書く（要約）
> 4) トピック・センテンスをサポートする事実や経験、例題などを書く
> 5) 導入パラグラフのフックを書く

　まず、**導入のパラグラフで主題を書いて**エッセイで何を書くのかをはっきりさせよう。それから、その主題をサポートするトピック・センテンスを書き、それらを要約して結論の部分を書く（ここまでできていれば何点かはもらえる）。このとき、後から加筆する内容のためのスペースを空けておこう。次にそれぞれのトピック・センテンスをサポートする詳細部分を書き加え、最後に導入パラグラフのフックの部分を書くわけだ。もし時間がなくてフックが書けなくても**トピックに関する解答はできている**ということになる。

　次に、このセクションでもテンプル大学ジャパンでのコースを例に取り、試験問題にはどのようなものがあるか紹介しておく。太字の部分は解答の仕方を示しているので注意し、どういうことをどのように書けばいいのかを考えてみてほしい（詳細は p. 362「7　試験やライティング・アサインメントでよく使われる指示用語」参照）。

(1) **What, in your opinion,** are the most important things a teacher can do here in Japan to improve the pronunciation of English language learners?
(Kenneth Schaefer, *Sound System of American English*)

(2) A. You have done an experiment on grammar teaching techniques with three groups of students: a control group, and two experimental groups.　First, check to see whether

you have met the assumptions of the one-way ANOVA. B. Calculate a source table for your ANOVA and a table for any post-hoc tests results. C. **Interpret** your results (2 pages total). (David Beglar, *Introduction to Educational Statistics*)

(3) A. Calculate the following descriptive statistics using the data set shown below for a listening and reading test (max. score = 100 on each test). Write the answers in the space provided . . . B. **Briefly comment** on the descriptive statistics. What would please or displease you about them if they were data from one of your own research projects? (1-2 pages total). (David Beglar, *Introduction to Educational Statistics*)

(4) **Discuss** the role of intonation in transcription.
(Noel Houck [California State Polytechnic University, Pomona], *Analysis of Spoken Discourse*)

(5) **Compare** Agreement and Disagreement turns.
(Noel Houck [California State Polytechnic University, Pomona], *Analysis of Spoken Discourse*)

(6) **Explain** CA methodology as concisely and as completely as possible.
(Noel Houck [California State Polytechnic University, Pomona], *Analysis of Spoken Discourse*)

(7) **Compare and contrast** the impact of Protestantism and Confucianism on, respectively, Western and Eastern styles of capitalism and business practices.
(Kirk Patterson, *Asian Business Perspectives*)

(8) Choose four questions and answer them in short essay form. Use regular A4 paper size. Each answer should be between 200-300 words, one or two pages . . . **Compare and contrast Paul Tillich's understanding of reality with the classical scientific worldview.** (Lee Roser, *Philosophy of Religion*)

以上、試験でみられる問題のタイプを紹介してきたが、理系の「数学」「物理」やコンピューターの使用が欠かせないビジネス関係のクラスの試験は、エッセイ・テストとは異なるようだ。

そこで最後に、*Practical Business Computing* など、ビジネスを実践的に学ぶコースの試験はどんなものか、概略を知っていただくために、これもテンプル大学ジャパンのコースの例を挙げておく。これは、Excel の持つ機能のひとつであるピボット・テーブル (pivot table)の使い方を習得しようというものである。つまり経営管理（Business Management）とコンピューターの利用を同時に学ぼうというものだ。この例を通して、省略記号の使い方なども理解しておこう。

ビジネスを実践的に学ぶコースの試験例

The Pivot Table Feature

Case Study — Diversity in Organization: The file 'diversity pivot. xls' contains simulated 'diversity' data for 438 employees in the Teracom organization. The data captured is summarized in the table below . . .

Field Name	Description
EMPID	Unique employee ID number
DOH	Date of hire
LateralFlag	Was the individual a lateral hire (yes / no)?
DOB	Date of Birth
AgeAtHire	Age on the date of hire

MBA	Does the individual hold an MBA degree (yes / no)?
LOS	Length of service in days
CompYr	Completed years service
YearFrac	Length of service in years (decimal)
CustLOS	Length of service in years and months
FamilyName	Employee's family name
GivenName	Employee's given name
Nationality	Nationality
USFlag	Does the individual hold US citizenship (yes / no)?
NonJFlag	Is the individual classified as non-Japanese national (yes / no)?
Gender	Employee's gender (M / F)
DeptCode	Employee's current department cost code
DeptName	Employee's current department name
Group	Employee's current group
ProdFlag	Is the employee's group classified as producing 1, 2 or support 0?
OptFlag	Housing benefits option (yes / no)
JobGrade	Employee's current job grade
VPStatus	Is the employee VP status (yes / no)?
MDStatus	Is the employee MD status (yes / no)?
LastYrTComp	Employee's total compensation in previous fiscal year
JUniRank	Japanese employee's university rank group (1,2,3,4)
JUniName	Japanese employee's university name
JUniDept	Japanese employee's university department
JUniArea	Japanese employee's university area (Tokyo / Kansai)
JuniEngName	Japanese employee's university English name

Task 1 Use this file to create your own pivot tables using the techniques demonstrated in class. An example is shown below:

Count of EMPID   NatGroup

Group	Japan	Other	USA	Grand Total
Administration	85	11	5	101
Operations	79	10	14	103
Research	30	4	3	37
Sales	106	12	11	129
Technology	55	9	4	68
Grand Total	355	46	37	438

Task 2 Use the pivot table feature to build a report that highlights any diversity issues that this organization might have. One example might compare average compensation by gender and group:

Average TotComp   Gender

Group	F	M	USA
Administration	$ 91,651.29	$112,585.86	$100,978.57
Operations	$117,684.45	$136,744.25	$126,566.69
Research	$106,519.17	$114,615.96	$108,269.03
Sales	$135,986.96	$146,664.40	$140,870.44
Technology	$102,620.45	$130,996.71	$118,060.47
Grand Total	$113,670.10	$132,218.75	$122,012.76

(Paul Tagg, Practical Business Computing)

　ここではまず、フィールドネームに使われたそれぞれの省略記号を説明している表を参考にし、与えられたExcelのデータ（Teracomという架空の会社の社員438人に関する情報だが、量が多いため本著には記載してない）にざっと目を通す。それから、与えられたデータを使い、例に倣ってピボット・テーブルをいくつか作成し(task 1)、次にピボット・テーブルの持つ機能を使ってデータを解析するわけだ(task 2)。

7 試験やライティング・アサインメントでよく使われる指示用語

1 頻繁に使われる指示用語

「短い解答を書く問題」や「エッセイ・テスト」など、解答として何らかの文章を要求される場合には、問題やエッセイのトピックを読むと同時に、何をどのように書いたらいいのかを考えていかなければならない。そこで、ここでは、**試験問題の解答の仕方を指示する**、"directives" **と呼ばれる指示用語に焦点を当ててみる**。これらを知っていると、エッセイの種類や要求される基本的な構成と発展方法を判断するうえで大変役に立つ。

【頻繁に使われる指示用語】
――本章で紹介した問題に使われたもの――

Comment	意見を述べる。
Compare	特徴を吟味し**類似点を述べる**。この用語は**比較する**という意味でも使われる。
Contrast	特徴、物事、問題点などの**相違点を述べる**(対照)。
Define	正確で明瞭な**定義をする**。この場合、詳細は必要ないが的を射た定義を要求される。
Describe	W/H の質問に答えるようなつもりで、詳しく特徴付けたりして**叙述する**(説明する)。
Discuss	吟味、分析を経てトピックに関する**賛否を表明する**。ただし完ぺきな議論が要求される。
Explain	理由、原因、経過、事実、経験などを使って裏付けをしながらトピックを明らかにし**説明する**。
Interpret	結果や事情を裏付けたり解決したりしながら**解釈し**、自分の意見を組み立てる。

List	正確に**列挙する**。
Name	**羅列する**。

――――そのほかよく使われる用語――――

Analyze	カテゴリーに分けて**分析する**。
Criticize	分析を通して長所や短所を**指摘する**。
Defend	自分の意見を裏付けて**論説する**。
Enumerate	正確に**列挙する**。
Evaluate	短所や長所を議論し、トピックを論理的に**検討・評価する**。
Illustrate	概念や重要点を明らかにするための例題を使って**説明する**。
Relate	**関連性やつながりを強調して**解答する。
Review	問題点や特徴を分析して**指摘する**。
Summarize	主題や事実を**要約する**。

2 アサインメントの種類を表す用語

では最後に、アサインメントの種類を表す専門用語に関しても簡単にみておく。よく使われるのが以下の用語である。

> **ポイント**
> A ブック・レビュー (book review)
> B アーティクル・レビュー (article review)
> C リテラチュア・レビュー (literature review)
> D リテラチュア・クリティーク (literature critique)
> E リサーチ・クリティーク (research critique)

A ブック・レビュー

まず「ブック・レビュー」と呼ばれるアサインメントがあるというこ

とを知ってほしい。一般的にはまず、レビューする本を選択する（参考文献のリストを与えられてその中から選択することもある）。そして選んだ本を読み、**内容を章ごとに要約していく**。この場合、専門用語が出てきたら読み手のために定義をしていくことが大切である。

B アーティクル・レビュー

基本的に「ブック・レビュー」と同じだが、「アーティクル・レビュー」のほうが**アサインメントとして課される頻度が高い**。ちなみに、学術的な専門誌に掲載するアーティクル・レビューのことは「**マニュスクリプト・レビュー (manuscript review)**」と呼ぶ。この手のレビューは問題点を中心にアーティクルを分析・指摘して、原稿がその雑誌にふさわしいものであるかどうかを決定するときに使われる。

C リテラチュア・レビュー

これは、複数の参考文献を読み、それらを**要約して共通点を指摘し**たりするものだ（詳細は「Ⅷ章　プロジェクトとプレゼンテーション」参照）。

D リテラチュア・クリティーク

文学関係のコースでは、このアサインメントを単に「クリティーク」と呼ぶことが多い。このアサインメントでは、**文学作品や詩などを読んでそれを解釈し、作品を通して著者が何を言いたいのかを明らかにする**。具体的には文中のある表現をとらえてその象徴事項を解釈したりしなければならない。

E リサーチ・クリティーク

このアサインメントにはしょっちゅうお目にかかるはずだ。まず対象となる**リサーチ・アーティクルを要約する**。それから、評価すべき点や問題とすべき点を内容とリサーチ・メソッドの両方向から**吟味する**。書き方としては全体を要約してから、問題点や特筆すべき点をリサーチ・アーティクルの見出し (abstract → introduction → previous research studies → research questions → method → results → discussion → conclusion)に沿って、セクションごとに指摘していく。

参考文献

Landsberger, J. (the University of St. Thomas, 2002). *The study guides and strategies*.
　　http://www.iss.stthomas.edu/studyguides/
Gleitman, H., Fridlund, A.J. & Reisberg, D. (2000). *Basic psychology* (5th ed.). New York:W.W. Norton & Company.
McWhorter, K.T. (1995). *College reading & study skills* (6th ed.). New York:Harper Collins Publishers.
Shepherd, J. F. (1994). *College study skills*. NY: Houghton Mifflin Company.

さくいん

*本文中にカタカナでしか表記していない言葉には、カタカナを併記した。

A
abstract	189, 275, 294, 364
academic writing（アカデミック・ライティング）	12, 13, 225, 226
academic year	16
acknowledgement(s)	191
alphabetical order	191, 288
annotated bibliography	286
APA（American Psychological Association）	278, 305
appendix	190
argumentative essay	227, 238, 261, 264
article	275, 276, 277, 282
audit	23

B
background knowledge	186
book review	224, 363, 364
brain storming（ブレーン・ストーミング）	254

C
call number	285
class discussion（クラス・ディスカッション）	151, 172, 173
community college	206, 207, 208, 209
contents	190
critical paper	282
critical thinking	192
critique	224, 282, 364

D
directions	347
directives	362
drop	19

E
EFL（English as a Foreign Language）	190
ESL（English as a Second Language）	190
essay（エッセイ）	12, 224, 225, 230, 238, 253, 272, 333, 356
expository essay	227, 238

G
GPA（Grade Point Average）	21
grope discussion（グループ・ディスカッション）	172, 173, 181

I
in-class exam	323
incomplete	23, 27
index	190
in-text citations	306

J
journal（ジャーナル）	307, 309

L
letter grade（レター・グレード）	21
library research	282
listening cue（リスニング・キュー）	57, 58
literature review	224, 282, 364

M
methods of development	228
MLA（Modern Language Association）	278, 305

	multiple choice	331, 349
N	narrative	227, 235, 238, 245, 249
	note taking（ノート・テイキング）	74, 83
O	office our（オフィス・アワー）	171
	OHP（overhead projector）	318
	open notebook	342
	organization	227
	orientation（オリエンテーション）	16, 284
	original research	282
P	pair work（ペア・ワーク）	172, 173, 174, 181
	paper（ペーパー）	13, 32, 224, 278, 282, 305
	paragraph	225
	pivot table	359
	plagiarism	310
	PowerPoint®	318
	presentation（プレゼンテーション）	311
	project（プロジェクト）	282, 283
Q	quarter system	16
	quotation mark	276
R	reading comprehension	186
	references	190, 294, 307
	registrar	19
	registration	19
	requisite courses	17
	research paper	224, 282
	rhetorical question	57
	rhetorical structure	168, 226
S	semester system	16
	short answer questions	332, 354
	SQ3R	196
	statistics	292
	study questions	42, 329, 332
	study skills	10
	summary	224, 275, 277
	syllabus	20, 322
T	take-home exam	323
	transition word	57, 215, 236
	True/False	331, 349
W	withdrawal	21
	works cited	307

| 留学応援シリーズ | 新装版 | 海外の大学・大学院で授業を受ける技術 |

発 行 日	2009年7月9日　（初版）
	2017年5月31日　（第2刷）
著　　　者	川手-ミヤジェイエフスカ　恩

編　　　集	文教教材編集部
英 文 校 正	Peter Branscombe / Christopher Kossowski
AD・デザイン	株式会社ディービー・ワークス
録音・編集	有限会社ログスタジオ
CDプレス	株式会社学研教育アイ・シー・ティー
Ｄ　Ｔ　Ｐ	株式会社秀文社
印刷・製本	萩原印刷株式会社

発 行 者	平本照麿
発 行 所	株式会社アルク
	〒102-0073　東京都千代田区九段北4-2-6市ヶ谷ビル
	TEL：03-3556-5501　FAX：03-3556-1370
	Email：csss@alc.co.jp
	Website：http://www.alc.co.jp/

- 落丁本、乱丁本は、弊社にてお取り替えいたしております。
  アルクお客様センター（電話：03-3556-5501　受付時間：平日9時～17時）までご相談ください。
- 本書の全部または一部の無断転載を禁じます。著作権法上で認められた場合を除いて、本書からのコピーを禁じます。
- 製品サポート：http://www.alc.co.jp/usersupport/
- 定価はカバーに表示してあります。

©2009 Megumi Kawate-Mierzejewska/ALC PRESS INC.
Printed in Japan.
PC：7009097
ISBN：978-4-7574-1607-9

地球人ネットワークを創る

アルクのシンボル
「地球人マーク」です。

川手-ミヤジェイエフスカ　恩
(Megumi Kawate-Mierzejewska, Ed.D)
テンプル大学大学院教育学研究科英語教授法博士号取得（専門は中間言語語用論）。テンプル大学日本校大学付属英語研修課程助教授を経て、2000年より、TOEFLなどの標準テストで知られる米国ETS（Educational Testing Service）の日本における公認コンサルタント（TOEFL部門）を務めてきた。2012年より2014年2月まで、ETS Authorized Propell Trainerを務めた。